ENSAIOS SOBRE O CONCEITO DE CULTURA

Obras de Zygmunt Bauman:

- 44 cartas do mundo líquido moderno
- Amor líquido
- Aprendendo a pensar com a sociologia
- A arte da vida
- Babel
- Bauman sobre Bauman
- Capitalismo parasitário
- Cegueira moral
- Comunidade
- Confiança e medo na cidade
- A cultura no mundo líquido moderno
- Danos colaterais
- O elogio da literatura
- Em busca da política
- Ensaios sobre o conceito de cultura
- Estado de crise
- Estranho familiar
- Estranhos à nossa porta
- A ética é possível num mundo de consumidores?
- Europa
- Globalização: as consequências humanas
- Identidade
- A individualidade numa época de incertezas
- Isto não é um diário
- Legisladores e intérpretes
- Mal líquido
- O mal-estar da pós-modernidade
- Medo líquido
- Modernidade e ambivalência
- Modernidade e Holocausto
- Modernidade líquida
- Nascidos em tempos líquidos
- Para que serve a sociologia?
- O retorno do pêndulo
- Retrotopia
- A riqueza de poucos beneficia todos nós?
- Sobre educação e juventude
- A sociedade individualizada
- Tempos líquidos
- Vida a crédito
- Vida em fragmentos
- Vida líquida
- Vida para consumo
- Vidas desperdiçadas
- Vigilância líquida

Zygmunt Bauman

ENSAIOS SOBRE O CONCEITO DE CULTURA

Tradução:
Carlos Alberto Medeiros

Copyright © 1999 by Zygmunt Bauman

Tradução autorizada da segunda edição inglesa, publicada em 1999 por Sage Publications Ltd., de Londres, Inglaterra

Publicado originalmente em 1975, por Routledge & Kegan Paul, de Londres, Inglaterra

Grafia atualizada segundo o Acordo Ortográfico da Língua Portuguesa de 1990, que entrou em vigor no Brasil em 2009.

Título original
Culture as Praxis

Capa e imagem
Bruno Oliveira

Preparação
Angela Ramalho Vianna

Indexação
Nelly Praça

Revisão
Eduardo Monteiro
Eduardo Farias
Thiago Passos

Dados Internacionais de Catalogação na Publicação (CIP)
(Câmara Brasileira do Livro, SP, Brasil)

Bauman, Zygmunt, 1925-2017
　　Ensaios sobre o conceito de cultura / Zygmunt Bauman ; tradução Carlos Alberto Medeiros. – 1ª ed. – Rio de Janeiro: Zahar, 2022.

　　Título original: Culture as Praxis.
　　ISBN 978-65-5979-055-5

　　1. Antropologia 2. Cultura 3. Estrutura social 4. Sociologia – Metodologia I. Medeiros, Carlos Alberto. II. Título.

21-92807　　　　　　　　　　　　　　　　CDD: 306

Índice para catálogo sistemático:
1. Antropologia cultural　306

Eliete Marques da Silva – Bibliotecária – CRB-8/9380

[2022]
Todos os direitos desta edição reservados à
EDITORA SCHWARCZ S.A.
Praça Floriano, 19, sala 3001 – Cinelândia
20031-050 – Rio de Janeiro – RJ
Telefone: (21) 3993-7510
www.companhiadasletras.com.br
www.blogdacompanhia.com.br
facebook.com/editorazahar
instagram.com/editorazahar
twitter.com/editorazahar

· Sumário ·

Introdução *7*

A cultura como autoconsciência da sociedade moderna, *11* • Sistema ou matriz?, *29* • Cultura e identidade, *44* • Relatividade da cultura e universalidade dos homens, *69*

1. Cultura como conceito *83*

A cultura como conceito hierárquico, *90* • A cultura como conceito diferencial, *103* • O conceito genérico de cultura, *130*

2. Cultura como estrutura *155*

O conceito de estrutura, *157* • Condição ontológica e epistemológica da estrutura, *166* • Síntese do projeto estruturalista, *178*

3. Cultura como práxis *215*

O cultural e o natural, *231* • Cultura e sociologia, *278*

Notas *305*

Índice remissivo *321*

· **Introdução** ·

Reeditar um livro escrito há quase três décadas exige uma explicação. Se por acaso o autor ainda é vivo, recai sobre ele o trabalho de explicar.

A primeira parte dessa tarefa é descobrir, passados todos esses anos, o que o livro ainda tem de atual e novo o suficiente para justificar apresentá-lo uma vez mais aos leitores – a leitores diferentes, uma ou duas gerações mais jovens que aqueles que devem ter lido o exemplar na edição original. O segundo trabalho é oposto ao primeiro, mas o complementa: ponderar o que o autor teria alterado no texto caso o estivesse escrevendo pela primeira vez.

A primeira tarefa não é fácil, seja qual for o padrão, dada a velocidade desconcertante com que todas as ideias desaparecem e caem no esquecimento antes de ter a chance de amadurecer e envelhecer de forma adequada em nossa era, como diz George Steiner, de coisas e pensamentos calculados "para o impacto máximo e a obsolescência instantânea". Uma época em que, como outro autor observou, a vida de um best-seller nas estantes das livrarias é algo entre o leite e o iogurte. À primeira vista, este é um trabalho assustador, talvez impossível...

Mas quem sabe não se possa extrair algum consolo da suspeita, não de todo fantasiosa, de que, dada a velocidade com que os "temas quentes" da moda são substituídos e esquecidos, não se pode saber ao certo se as ideias antigas realmente envelheceram, sobreviveram ao uso ou foram abandonadas por motivo de obsolescência. Será que certos temas deixaram de ser comentados por ter perdido a relevância, ou deixaram de ser relevantes porque as pessoas ficaram cansadas de falar a respeito deles? Sobre nós, cientistas sociais, Gordon Allport disse uma vez que jamais resolvemos problema algum, só nos entediamos com eles. Mas, desde então, se tornou marca registrada de nossa sociedade como um todo o fato de não mais nos movermos nem acreditarmos nos mover "para a frente"; nós nos deslocamos de lado, com frequência de trás para a frente, e novamente para trás. Por sua vez, vivemos na era da *reciclagem*; nada parece morrer de uma vez por todas, nada – nem a vida eterna – parece destinado a permanecer para sempre.

Assim, as ideias devem ser enterradas vivas – muito antes de estarem "bem mortas" –, e sua morte aparente é apenas um artefato de seu desaparecimento de nosso campo visual. O ato do enterro, mais que qualquer teste clínico, é que garante o atestado de óbito. Se resgatadas da amnésia coletiva em que foram destinadas a hibernar, elas podem – quem sabe? – ganhar mais um tempo de vida (com certeza, não muito longo). E não apenas porque foram espremidas até secar em sua primeira visita, mas porque, como manda a dinâmica dos discursos, as ideias estimulam o debate e o colocam em movimento "por impacto", embora esse efeito inicial dificilmente seja seguido de plena assimilação. A princípio, não há limite para o número de retornos; a cada vez o impacto tem novo efeito – como se o retorno fosse uma primeira apresentação. É verdade que não se pode entrar no "mesmo" rio duas vezes, mas também é verdade que "a mesma" ideia não pode entrar duas vezes no rio dos pensamentos. Hoje avançamos não tanto pelo aprendizado cumulativo e contínuo, mas por uma mistura de esquecimento e lembrança. Essa parece, em si mesma, uma razão boa o suficiente para reeditar um livro – ainda mais pelo fato de que ele não voltará sozinho. O texto foi escrito num diálogo ativo com outros que então se encontravam na linha de frente do debate intelectual, mas que hoje também acumulam poeira nas estantes das bibliotecas. Recordar os problemas que enfrentaram e tentaram resolver juntos não será inoportuno para todos aqueles que estão imersos e engajados nas preocupações atuais.

A segunda das duas tarefas é mais simples, pelo menos em aparência. Para o autor, também é mais gratificante. Exige algo que os autores dificilmente têm tempo de fazer em seu pensar e escrever cotidianos: examinar em retrospecto a estrada que percorreram – ou melhor, organizar as pegadas esparsas para produzir um simulacro de estrada. Ao atender a essa exigência, eles têm a rara oportunidade de imaginar (descobrir? inventar?) uma progressão lógica naquilo que vivenciaram como uma sucessão de problemas e temas singulares, "um de cada vez" – trabalho em geral deixado aos estudantes encarregados de produzir dissertações sobre a obra dos autores. E, confrontando-se mais uma vez com seus próprios pensamentos iniciais, podem colocar em relevo suas ideias atuais. Afinal, todas as identidades – incluindo as identidades das ideias – são feitas de diferenças e continuidades.

O objetivo desta Introdução é tentar realizar essas duas tarefas.

Vamos antecipar a direção que a tentativa irá tomar: quando lido trinta anos depois de ter sido escrito, o livro parece passar no teste da "verdade". Tem desempenho um pouco inferior no teste de "somente a verdade". E fracassa terrivelmente no teste de "nada mais que a verdade". Creio que a maior parte do que nele há de errado se refere ao que falta – mas deveria estar presente, tal como o vejo agora – em qualquer avaliação da cultura que se pretenda abrangente e correta. Se fosse escrever este livro outra vez, talvez eliminasse pouca coisa do texto antigo, mas muito provavelmente acrescentaria alguns tópicos, e com toda a certeza remanejaria as ênfases. O restante desta Introdução portanto, contém algumas revisões, mas seu principal foco é preencher os espaços em branco que o texto original deixou de forma inadvertida.

Mais uma observação se faz necessária, tendo em vista sobretudo o tempo de vida curto de nossa memória coletiva. Um livro sobre cultura escrito trinta anos atrás tinha de confrontar leitores muito diferentes daqueles que estarão presentes em sua segunda encarnação. Pouco se podia fiar nas ideias arraigadas dos leitores naquela época, enquanto hoje o mesmo texto pode contar com leitores experimentados na "problemática da cultura", com estruturas cognitivas básicas e conceitos essenciais firmemente estabelecidos. Certas ideias que há trinta anos teriam de ser explicadas com muito labor agora parecem evidentes, no limite da trivialidade.

Nesse sentido, o caso mais evidente é o da própria noção de cultura: na década de 1960, na Grã-Bretanha, ela estava quase ausente do discurso público, em particular do discurso sociocientífico – e isso apesar dos esforços pioneiros de Matthew Arnold para inseri-la no vocabulário das classes letradas britânicas e da brava luta posterior por sua legitimidade, empreendida por Raymond Williams e Stuart Hall. Admito desde logo que – por sorte da opinião culta britânica – é difícil acreditar hoje que esse era o estado de coisas apenas há trinta anos. Mas, algum tempo depois de vir a público a primeira edição deste livro, passei pela agonia de explicar aos ilustres intelectuais membros da comissão de planejamento da universidade o que significa a palavra "cultura". A ocasião para isso foi a proposta de instituir um Centro de Estudos Culturais interdepartamental – então um espécime extraordinariamente raro nas Ilhas Britânicas. Da mesma forma, a ideia de estrutura como fenômeno diacrônico, e não sincrônico, não era fácil de transmitir, tampouco de ser apreendida e digerida pelos potenciais leitores, antes que a "estruturação" de Anthony Giddens atingisse o status canônico no primeiro ano dos cursos de sociologia.

Hoje, aquilo que no passado parecia uma ousada aventura intelectual se transformou na repetição irrefletida da rotina. É da natureza das ideias que elas nasçam como heresias perturbadoras e morram como ortodoxias aborrecidas. É necessário muito poder de imaginação para fazer ressurgir (que dirá reviver) seu antigo e poderoso impacto emancipatório, instigador da reflexão: por exemplo, a agitação causada pela visão de cultura como uma série infindável de permutas, da autoria de Claude Lévi-

Strauss. Afinal, a função de toda rotina é transformar a reflexão, o exame, a comprovação, a vigilância e outros esforços árduos e demorados em luxos sem os quais se pode passar.

Assim, somando-se às duas tarefas antes mencionadas, cabe ao autor remodelar algumas das ideias agora incorporadas à "rotina", na esperança de restaurar, se possível, seu poder de corte. Ou, se preferirem, fazer ressurgir numa canção de ninar o seu passado de toque de alerta...

A cultura como autoconsciência da sociedade moderna

Em sintonia com a visão sociológica prevalecente três décadas atrás, para mim a cultura era um aspecto da realidade social – um dos muitos "fatos sociais" que deviam ser adequadamente apreendidos, descritos e representados. A principal preocupação do livro agora reeditado é como fazer isso da maneira apropriada. Eu pressupunha a existência de um fenômeno objetivo chamado "cultura" que – em função do notório "retardo do conhecimento" – talvez tenha sido descoberto com atraso, porém, uma vez descoberto, poderia ser empregado como ponto de referência objetivo em relação ao qual tornava-se possível medir e avaliar a propriedade de qualquer modelo cognitivo. Quem sabe houve três diferentes discursos em que o mesmo termo teve seu significado alterado, causando certo grau de confusão semântica? Assim, era preciso distingui-los com cuidado, de modo que o significado em que o termo "cultura" é usado em cada caso ficasse claro e livre de contaminação; mas a presença, o convívio e a interferência mútua dos três discursos me pareciam então, em si mesmos, não problemáticos. Era outro "fato social", e não um quebra-cabeça a exigir o esforço de uma escavação arqueológica ou necessitando ser "desconstruído". Ainda não havia por perto Michel Foucault e Jacques Derrida para dar uma ajuda...

É uma espécie de paradoxo o fato de que a desconstrução do conceito de cultura tenha acabado por vir na onda da "culturalização" das ciências sociais. Originalmente, na segunda metade do século XVIII, a ideia de cultura foi cunhada para distinguir as realizações humanas dos fatos "duros" da natureza. "Cultura" significava aquilo que os seres humanos podem fazer; "natureza", aquilo a que devem obedecer. Porém, a tendência geral do pensamento social durante o século XIX, culminando com Émile Durkheim e o conceito de "fatos sociais", foi "naturalizar" a cultura: os fatos culturais podem ser produtos humanos; contudo, uma vez produzidos, passam a confrontar seus antigos autores com toda a inflexível e indomável obstinação da natureza – e os esforços dos pensadores sociais concentrados na tarefa de mostrar que isso é assim e de explicar como e por que são assim. Só na segunda metade do século XX, de modo gradual, porém contínuo, essa tendência começou a se inverter: havia chegado a era da "culturalização" da natureza.

Qual a razão de tal reviravolta? Pode-se apenas conjecturar que, depois de um período dominado pela busca frenética dos fundamentos sólidos e inabaláveis da ordem humana, consciente de sua fragilidade e carente de confiança, veio um tempo em que a espessa camada de artifícios humanos tornou a natureza quase invisível – e suas fronteiras, entre elas as ainda intransponíveis, cada vez mais distantes e exóticas. Os pilares da existência humana construídos pelo homem foram plantados em profundidade suficiente para tornar redundante qualquer preocupação com outras e melhores bases. Podia começar a era do contra-ataque: as armas, a vontade e a autoconfiança agora estavam a postos. A "cultura" não precisava mais mascarar sua própria fragilidade humana e desculpar-se pela contingência de suas escolhas. A naturalização da cultura foi parte e parcela do moderno desencantamento do mundo. Sua desconstrução, que se seguiu à culturalização da natureza, tornou-se possível – talvez inevitável – com o reencantamento pós-moderno do mundo.

Reinhart Koselleck batizou o século XVIII de "a era das passagens da montanha" (*"Sattelzeit"*).[1] O nome é merecido, já que, antes do final daquele século, um abrupto divisor de águas filosófico foi negociado e deixado para trás, em vários pontos ao mesmo tempo. Para a história do pensamento humano, as consequências desse evento não foram menos seminais do que o foram, para a história política, aquelas provocadas pela travessia do Rubicão por César. Em 1765, o conceito de "filosofia da história" apareceu no *Essai sur les moeurs*, de Voltaire, gerando uma leva de tratados de *Geschichtsphilosophische*. Em 1719, Gottfried Müller começou a dar um curso de antropologia filosófica em que o sujeito cognitivo cartesiano se expandiu para o modelo em tamanho natural do "homem total". E em 1750, Alexander Gottlieb Baumgarten publicou seu livro *Aesthetica*, ampliando ainda mais a ideia da "humanidade" dos seres humanos, ao adicionar às faculdades racionais as da sensibilidade e do impulso criativo. Em suma, emergiu uma visão do "homem" que, nos duzentos anos seguintes, deveria servir de eixo em torno do qual iriam girar as imagens do mundo.

Aquela era uma nova visão, produto coletivo de uma nova filosofia – uma filosofia que via o mundo como uma criação humana e um campo de testes para as faculdades do homem. Daí em diante, o universo deveria ser entendido basicamente como o ambiente para atividades, escolhas, triunfos e equívocos humanos. Numa tentativa de explicar o súbito aparecimento de uma nova *Weltanschauung*, Odo Marquard cita Joachim Ritter: de repente, o futuro foi "desacoplado" do passado – começou a se desenvolver a percepção de que um futuro cujo ponto de partida é a sociedade humana não guarda continuidade com o passado. O próprio Koselleck assinala a nova experiência de uma brecha entre realidade e expectativa. Não se poderia continuar a ser uma criatura do hábito, não se poderia mais deduzir o estado de coisas futuro a partir de seus estágios presente e passado. Como o ritmo da mudança se acelerava a cada ano, o mundo parecia cada vez menos algo feito à semelhança de Deus – ou seja, cada vez menos eterno, impenetrável e refratário. Em vez disso, assumiu uma forma cada vez mais humana, tornando-se, aos poucos, algo feito "à imagem do homem" – multiforme, instável e instabilizante, caprichoso e cheio de surpresas.

Havia mais que isso, porém: o ritmo acelerado da mudança revelava a temporalidade de todos os arranjos mundanos, e a temporalidade é uma característica da existência humana, não da divina. O que algumas gerações atrás teria sido uma criação divina, um veredicto contra o qual era impossível apelar em qualquer tribunal humano, agora, de forma problemática, parecia consistir no traço característico das realizações humanas – certas ou erradas, mas mortais e revogáveis. Se a impressão não estava equivocada, então o mundo e a forma como as pessoas nele viviam constituíam uma tarefa, e não algo dado e inalterável. Dependendo de como as pessoas a encarassem, era possível realizar essa tarefa de maneira mais ou menos satisfatória. Ela podia ser feita com desleixo, mas também ser bem-executada, para benefício da felicidade, da segurança e da expressividade da existência humana. Para garantir o sucesso e evitar o fracasso, era necessário começar com um cuidadoso inventário dos recursos humanos: o que as pessoas podem fazer, se levam até o limite suas faculdades cognitivas, sua capacidade lógica e sua determinação.

Essa era, em resumo, a premissa da nova *Weltanschauung*, do humanismo moderno, sobre o qual John Carroll escreveu:

> Ele tentou substituir Deus pelo homem, colocar o homem no centro do Universo. ... Sua ambição era encontrar uma ordem humana sobre a Terra, na qual prevalecessem a liberdade e a felicidade, sem apoios transcendentais ou sobrenaturais – uma ordem inteiramente humana. ... Mas, para que o indivíduo se tornasse o ponto focal do Universo, ele deveria ter um lugar para se apoiar que não se movesse sob seus pés. O humanismo precisava construir uma rocha. Tinha de criar do nada algo tão forte quanto a fé do Novo Testamento, capaz de mover montanhas.[2]

Em *Legisladores e intérpretes*, procurei as raízes comuns e a ressonância mútua, a "afinidade eletiva", entre o novo desafio que confrontava os administradores da vida social – a tarefa de substituir a desintegrada ordem divina ou natural das coisas por uma ordem feita pelo homem, artificial, de base legislativa – e a preocupação dos filósofos em substituir a revelação pela verdade de base racional. As duas preocupações em essência modernas e intimamente interligadas convergiam numa terceira – a pragmática da construção da ordem, envolvendo a tecnologia do controle e da educação comportamentais: a técnica da moldagem da mente e da vontade. Esses três interesses então recém-chegados, embora penetrantes e irresistíveis, deveriam juntar-se e fundir-se na ideia de "cultura" – esta última considerada, ao lado da *Geschichtsphilosophie*, da antropologia e da estética, um dos marcos da "passagem na montanha" do século XVIII, talvez o mais notável entre eles.

O que levou o pensamento do século XVII à passagem na montanha foi a dúvida corrosiva quanto à fidedignidade das garantias divinas da condição humana. Veredictos inegociáveis do poder supremo de repente pareciam sedimentos, por vezes da sabedoria humana, por vezes da ignorância ou da estupidez. O destino inapelável, predeterminado no instante da Criação, começou a parecer mais um momento na história – uma realização humana e um desafio à inteligência e à vontade do homem; não uma questão de abrir e fechar, mas um capítulo inacabado esperando ser concluído pelos personagens da trama. Em outras palavras, por sob os meandros do destino humano fora vislumbrada a autodeterminação.

A liberdade de autodeterminação é uma bênção – e uma maldição. Estimulante para o ousado e diligente, atemorizante para o fraco – de espírito, de braços ou de vontade. Mas não é só isso. A liberdade é uma relação social: para que alguns sejam livres a fim de atingir seus objetivos, outros devem ser não livres no que se refere a opor resistência aos princípios. A liberdade de uma pessoa pode ser desconcertante, já que está impregnada do risco de erro. Mas a liberdade dos outros parece, à primeira vista, um obstáculo perigoso à liberdade de ação de uma pessoa. Ainda que a liberdade de alguém possa ser contemplada como uma bênção indubitável, a perspectiva de liberdade ilimitada para todos os outros poucas vezes é agradável. Mesmo para os mais ardentes entusiastas da autodeterminação humana, a noção de "restrições necessárias" dificilmente foi algo estranho.

Em sua manifestação mais radical, incorporada na ideia de emancipação e transcendência, a apoteose da liberdade humana era uma regra complementada pela preocupação com os limites que precisavam ser impostos às ações dos protagonistas. O que era orgulhosamente apresentado como um exercício do livre-arbítrio, no caso de uma pessoa, tendia a ser considerado esquisitice, irresponsabilidade, preconceito ou apenas um capricho mal-intencionado quando percebido como possibilidade universalmente disponível. Os arautos do duplo padrão nem sempre ousaram ir tão longe quanto Nietzsche, supostamente protofascista ("a grande maioria dos homens não tem direito à existência, mas são uma desgraça para os homens superiores"[3]), ou quanto o socialista H.G. Wells ("os enxames de pessoas pretas, e pardas, e brancas sujas, e amarelas" que não atingem os elevados critérios estabelecidos para a autoafirmação humana "devem ir embora"[4]). Mas ninguém teria dúvida quanto à necessidade de amarrar as mãos daqueles em quem não se pode confiar.

A ideia de cultura que entrou em uso perto do fim do século XVIII refletia de modo fiel essa ambivalência de atitudes. O caráter de dois gumes – simultaneamente "permitindo" e "restringindo" – da cultura, sobre o qual muito se tem escrito nos últimos anos, na verdade estava presente desde o começo. Num modelo "universalmente humano" de cultura, duas características muito diferentes do homem se fundiram numa condição conjunta; assim, desde o início, houve um paradoxo endêmico a essa noção.

O conceito de cultura foi cunhado para distinguir e colocar em foco uma área crescente da condição humana destinada a ser "subdeterminada", ou algo que não podia ser plenamente determinado sem a mediação das escolhas humanas: uma área que, por essa razão, abriu espaço para a liberdade e a autoafirmação. Mas o conceito devia significar, a um só tempo, o mecanismo que permitia o emprego dessa mesma liberdade para limitar o escopo, cercar escolhas potencialmente infinitas num padrão finito, compreensível e administrável. A ideia de "cultura" serviu para reconciliar toda uma série de oposições enervantes pela sua incompatibilidade ostensiva: entre liberdade e necessidade, entre voluntário e imposto, teleológico e causal, escolhido e determinado, aleatório e padronizado, contingente e obediente à lei, criativo e rotineiro, inovador e repetitivo – em suma, entre a autoafirmação e a regulação normativa. O conceito de cultura foi planejado para responder às preocupações e ansiedades da "era da passagem na montanha" – e a resposta se mostrou tão ambígua quanto eram ambivalentes as aflições nascidas dessas ansiedades.

Autores que tiveram a cultura como tema fizeram um esforço honesto para eliminar a ambiguidade. Sem sucesso, porém, já que a ideia de cultura como "determinação autodeterminada" deve seu atrativo intelectual exatamente à ressonância de sua ambivalência interna com as ambivalências endêmicas da condição moderna. Isso não faz muito sentido, a menos que se tente "fundamentar" a liberdade e a falta dela. A esse respeito, ela tende a compartilhar a qualidade de "inconclusivibilidade" com o *pharmacon* (suplemento) de Derrida, ao mesmo tempo veneno e cura; ou com o *hymen*, simultaneamente a virgindade e sua perda.

O discurso da cultura tornou-se famoso por fundir temas e perspectivas que se ajustam com dificuldade numa narrativa coesa e não contraditória. O volume de "anomalias" e incongruências lógicas teria há muito feito explodir o mais resistente dos "paradigmas" kuhnianos. É difícil conceber um discurso que pudesse ilustrar melhor a observação de Foucault sobre a capacidade das formações discursivas de gerar proposições mutuamente contraditórias sem se desintegrar.

Trinta anos atrás, tentei desemaranhar as incoerências evidentes nos usos de "cultura" separando três contextos discursivos distintos em que o conceito se enredava. Nessa tentativa, parti do pressuposto de que as incoerências em questão eram em princípio corrigíveis. Fui guiado pela crença de que elas haviam surgido de falhas sobretudo analíticas, e pela esperança de que, com o devido cuidado, a confusão de categorias distintas ocultas por trás de um só termo poderia ser evitada e prevenida. Ainda acho que manter a distinção entre esses três conceitos que oferecem três significados correlatos, porém diferentes, para a ideia de cultura continua a ser condição básica para qualquer tentativa de esclarecer o tema da discordância. Contudo, não creio mais que essa operação acabe por eliminar a ambivalência que o discurso da cultura necessariamente encerra. Mais importante ainda: não acho que a eliminação de tal ambivalência, se ela for ao menos concebível, seria uma coisa boa, reforçando, por assim dizer, a utilidade cognitiva do termo. Acima de tudo, não aceito mais que a ambivalência que de fato importa – a que primeiro me estimulou a dissecar o complexo significado de cultura, mas não foi afetada pela operação e continuou a ser um alvo fugidio – tenha sido o efeito acidental de uma negligência ou de um erro metodológicos. Creio, pelo contrário, que a ambivalência inerente à ideia de cultura, a qual refletia fielmente a ambiguidade da condição histórica que ela pretendia captar e descrever, era o que tornava essa ideia um instrumento de percepção e reflexão tão proveitoso e persistente.

A ambiguidade que importa, a ambivalência produtora de sentido, o alicerce genuíno sobre o qual se assenta a utilidade cognitiva de se conceber o hábitat humano como o "mundo da cultura", é entre "criatividade" e "regulação normativa". As duas ideias não poderiam ser mais distintas, mas ambas estão presentes – e devem continuar – na ideia compósita de "cultura", que significa tanto inventar quanto preservar; descontinuidade e prosseguimento; novidade e tradição; rotina e quebra de padrões; seguir as normas e transcendê-las; o ímpar e o regular; a mudança e a monotonia da reprodução; o inesperado e o previsível.

A ambivalência central do conceito de "cultura" reflete a ambiguidade da ideia de construção da ordem, esse ponto focal de toda a existência moderna. A ordem construída pelo homem é inimaginável sem a liberdade humana de escolher, a capacidade humana de se erguer acima da realidade pela imaginação, de suportar e devolver suas pressões. Inseparável, contudo, da ideia de uma ordem construída pelo homem está o postulado de que essa liberdade deve afinal resultar no estabelecimento de uma realidade a que não se possa resistir – na noção de que a liberdade deverá ser empregada a serviço de sua própria anulação.

Essa contradição *lógica* da *ideia* de construção da ordem é, por sua vez, reflexo da genuína contradição *social* constituída pela *prática* dessa construção.

"Ordem" é o oposto de aleatoriedade, significa o estreitamento do leque de possibilidades. Uma sequência temporal será "ordenada", e não aleatória, à medida que nem tudo possa acontecer, ou pelo menos que nem tudo tenha a mesma possibilidade de acontecer. "Construir a ordem" significa, em outras palavras, manipular as probabilidades dos eventos. Se o que se deve ordenar é um conjunto de seres humanos, a tarefa consiste em incrementar a probabilidade de certos padrões de comportamento, ao mesmo tempo que se restringe, ou se elimina totalmente, a possibilidade de outros tipos de conduta. Essa tarefa envolve dois requisitos: primeiro, deve-se projetar uma distribuição ótima das probabilidades; segundo, deve-se garantir a obediência às preferências projetadas. O primeiro requisito pressupõe a liberdade de escolha; o segundo significa sua limitação, ou mesmo sua eliminação total.

Os dois requisitos foram projetados sobre a imagem de cultura. A genuína oposição entre as condições de legislar e ser legislado, administrar e ser administrado, estabelecer regras e segui-las (sedimentada em divisões sociais igualmente genuínas de papéis e potenciais para a ação) tinha de ser subsumida, resolvida, superada e obliterada num único conceito: um projeto incapaz de ser concluído com sucesso.

A ideia de cultura foi uma invenção histórica instigada pelo impulso de assimilar, do ponto de vista intelectual, uma experiência inegavelmente histórica. E, no entanto, a ideia em si não podia apreender essa experiência de outra maneira senão em termos supra-históricos, da condição humana como tal. As complexidades reveladas no curso do confronto de uma tarefa historicamente determinada de construção da ordem (nenhuma determinação se impõe, como assinalou Gadamer, a menos que seja reconhecida como tal) foram elevadas à categoria de paradoxos existenciais da humanidade, por meio da ideia de cultura como propriedade universal de todas as formas humanas de vida.

Como nos lembra Paul Ricoeur, "paradoxo" compartilha com "antinomia" a característica da insolubilidade: em ambos os casos, "duas proposições contrárias resistem com igual firmeza à refutação e, assim, só podem ser aceitas ou rejeitadas em conjunto". Mas paradoxo difere de antinomia porque, neste caso, as duas teses em questão se ancoram no mesmo "universo discursivo". Nesse sentido, pode-se falar da *paradoxicalidade* incurável da ideia de cultura formada no limiar da era moderna, embora projetada sobre a condição humana de todas as épocas, já que ideias inconciliáveis assimiladas nesse conceito aparecem a partir da mesma experiência histórica.

O paradoxo que surge no universo do discurso cultural é entre *autonomia* e *vulnerabilidade* – ou, como prefere Ricoeur, *fragilidade*. O ser humano autônomo só pode ser frágil. Não é possível haver autonomia sem fragilidade (ou seja, sem a ausência de uma formação sólida, sem subdeterminação e contingência). A "autonomia é uma característica do ser frágil, vulnerável". Observemos que o íntimo vínculo entre autonomia e fragilidade só se torna um "paradoxo" quando concebido como um problema da filosofia, que tende, por sua natureza, a procurar *Eindeutigkeit* (não ambiguidade), lógica, coerência e clareza num mundo que não tem qualquer dessas características, e a tratar toda ambivalência como um desafio à razão. Quando visto como um problema filosófico, o parentesco entre autonomia e vulnerabilidade apresenta um problema exasperante: as figuras da vulnerabilidade e da fragilidade

> são portadoras de marcas particulares, adequadas à nossa modernidade, que dificultam o discurso filosófico, condenando-o a misturar considerações da condição moderna e até extremamente contemporânea com características que podem ser tratadas, quando não como universais, ao menos como de longa ou mesmo muito longa duração.[5]

Podemos acrescentar que o que torna particularmente pouco promissor o tratamento filosófico dispensado ao tema da autonomia/fragilidade é sua recusa a levar a sério a história (como a *causa* da "condição humana", e não como o *caso* que a exemplifica); recusa que traz em seu interior a tendência a encobrir contradições sociológicas que se refletem em paradoxos lógicos. Falando do ponto de vista sociológico, o par autonomia/fragilidade reflete a polarização de capacidade e incapacidade, desenvoltura e falta de expediente, poder e falta de poder de autoafirmação. Essencialmente moderna é a condição em que o lugar entre os dois polos que assinalam o continuum ao longo do qual todos os indivíduos humanos são posicionados nunca é plenamente "estabelecido", estando sempre sujeito a negociação e luta. É destino dos indivíduos modernos – livres e, portanto, subdeterminados –, subconstituídos e assim destinados à autoconstituição, oscilar entre os extremos da força e da falta de poder, e assim perceber sua liberdade como uma "bênção dúbia", uma modalidade saturada de ambivalência.

Quando traduzida como problema filosófico, a ambivalência real da vida se torna um paradoxo lógico. Não há mais a questão de enfrentar a ambivalência que estrutura o fluxo da vida real. Em vez disso, há o problema de refutar um paradoxo que ofende a lógica. Como diz Ricoeur:

> Inúmeros pensadores contemporâneos, em particular cientistas políticos, veem a era da democracia como algo que teve início com a perda de garantias transcendentais, que deixou para arranjos contratuais e procedimentais a tarefa de preencher o "vácuo fundamental". ... [Entretanto, eles] não podem evitar situar-se, em certo sentido, após os alicerces, após um big bang moral – e assumindo o fenômeno da autoridade com seus três membros que são a antecedência, a superioridade e a externalidade.[6]

O impulso dos filósofos para abrandar no pensamento a contraditoriedade da vida é poderoso e tende a jamais perder muito de sua potência. As contradições repercutem como paradoxos: espinhos dolorosos na carne da filosofia – esse projeto hercúleo de reconstruir o mundo confuso da experiência humana segundo o padrão de elegância e harmonia encontrado apenas na serena regularidade do pensamento.

O conceito de cultura comporta todas as marcas desse impulso filosófico. Incorpora a visão da moderna condição humana já reciclada em paradoxo lógico. Seu objetivo é superar a oposição entre autonomia e vulnerabilidade, concebidas como *proposições* – enquanto encobre a contradição da "vida real" entre o autônomo e o vulnerável: entre a tarefa da autoconstituição e o fato de ser constituído.

Como o esforço de resolver o paradoxo não produzisse resultados convincentes, não surpreende que tenha nascido outra tendência para separar as duas proposições desconfortavelmente enredadas – esquecer ou colocar em segundo plano a origem comum e a comunalidade do destino, elevar o insolúvel *paradoxo* de duas qualidades incompatíveis brotando das mesmas raízes ao status de *antinomia* entre duas forças mutuamente estranhas e não relacionadas. É uma guerra travada entre exércitos distintos, e, portanto, uma guerra capaz, em princípio, de ser ganha ou perdida, de terminar com a derrota ou o desgaste final de um dos antagonistas. Ideias que não podem ser facilmente combinadas num só conceito tendem a exercer uma pressão centrífuga, e cedo ou tarde explodem uma totalidade que é frágil.

Não admira que dois discursos diferentes e não facilmente conciliáveis se tenham ramificado a partir de um tronco comum, afastando-se cada vez mais. Em suma: um discurso gerou a ideia de cultura como atividade do espírito que vaga livremente, o lócus da criatividade, da invenção, da autocrítica e da autotranscendência; o outro apresentou a cultura como instrumento da rotinização e da continuidade – uma serva da ordem social.

O produto do primeiro discurso foi a noção de cultura como capacidade de resistir à norma e de se elevar acima do comum – *poïesis*, arte, criação *ab nihilo* à semelhança de Deus. Significava aquilo que, presumivelmente, distinguia os espíritos mais ousados, menos submissos e conformistas: irreverência em relação à tradição, coragem de romper horizontes bem-delineados, ultrapassar fronteiras bem-guardadas e revelar novas trilhas. Assim entendida, era possível possuir ou não a cultura; ela era propriedade de uma minoria, e assim estava destinada a continuar. Para o resto da humanidade, ela vinha, na melhor das hipóteses, sob a forma de um presente: sedimentava "obras de arte", objetos tangíveis que podiam ser adquiridos ou, pelo menos, compreendidos para ser apreciados por outros seres, não criativos. Esforços para aprender como estimar os produtos da alta cultura não tornariam esses seres criativos – eles continuariam, tal como antes, recipientes mais ou menos passivos (espectadores, ouvintes, leitores). Mas, ao ganhar de forma oblíqua uma compreensão do mundo arcano da alta cultura, os membros da maioria não criativa se tornariam, não obstante, "pessoas melhores" – passando por um processo de elevação, intensificação e enobrecimento espirituais.

O produto do segundo discurso foi a noção de cultura formada e aplicada na antropologia ortodoxa. Nela, "cultura" queria dizer regularidade e padrão – com a liberdade classificada sob a rubrica de "desvio" e "rompimento da norma". Cultura era um agregado ou, melhor ainda, um sistema coerente de pressões apoiadas por sanções, valores e normas interiorizados, e hábitos que asseguravam a repetitividade (e portanto a previsibilidade) da conduta no plano individual e a monotonia da reprodução, da continuidade no decorrer do tempo, da "preservação da tradição", da *mêmeté*, de Ricoeur, no plano da coletividade. "Cultura", nesse sentido, queria dizer, em outras palavras, "preencher o vazio" deixado pelo desaparecimento da ordem preordenada (seja como experiência factual, seja como artifício explanatório). Ela transmitia uma imagem de escolhas voláteis, indeterminadas, solidificando-se em fundações. Implicava a "naturalização" da ordem artificial, construída pelo homem. Contava a história do modo como uma espécie destinada à liberdade usava-a para invocar necessidades não menos poderosas e resistentes que as da "natureza" cega, desprovida de propósito. A narrativa antropológica ortodoxa da "cultura" surgiu, no período inicial da era moderna, caracterizado por um "pânico à ordem", ao mesmo tempo como teoria da coerência social e um apólogo.

As duas noções de cultura estavam em total oposição. Uma negava o que a outra proclamava; uma se concentrava nos aspectos da realidade humana que a outra apresentava como impossíveis ou, na melhor das hipóteses, como anormalidades. A "cultura artística" explicava por que os meios e métodos humanos não permanecem; a cultura da antropologia ortodoxa, pelo contrário, explicava por que eles são duradouros, obstinados e tremendamente difíceis de mudar. A primeira era a história da liberdade humana, da aleatoriedade e contingência de todas as formas de vida produzidas pelo homem; a segunda atribuía à liberdade e à contingência papel semelhante ao dos mitos etiológicos, concentrando-se, em vez disso, nas maneiras pelas quais seu poder de destruição da ordem é esvaziado e sem consequências.

Foi a segunda história que prevaleceu nas ciências sociais por mais ou menos um século. Ela alcançou sua versão mais ampla (como seria de se esperar, exatamente quando estava para entrar em colapso e perder a autoridade) no monumental sistema teórico de Talcott Parsons, em que a cultura ganhou o papel de fator "desaleatorizante".

Parsons reescreveu a história da ciência social como uma sucessão de tentativas fracassadas de responder à pergunta hobbesiana: como agentes humanos voluntários, dotados de livre-arbítrio e buscando seus objetivos aparentemente individuais e livremente escolhidos, não obstante se comportam de maneira notavelmente uniforme e regular, de modo que sua conduta "siga um padrão"? Na busca de uma resposta adequada a essa pergunta perturbadora, afirmou Parsons, a cultura é chamada a desempenhar o papel decisivo de meio que garante o "ajuste" entre sistemas "sociais" e de "personalidade". "Sem a cultura, nem as personalidades humanas nem nossos sistemas sociais seriam possíveis" – eles são possíveis apenas em coordenação mútua, e a cultura é precisamente o sistema de ideias ou crenças, de símbolos expressivos e orientações de valor, que garante a perpetuidade dessa coordenação.

As seleções [de orientações de valor] são, evidentemente, sempre ações de indivíduos, mas elas não podem ser interindividualmente aleatórias num sistema social. Com efeito, um dos mais importantes imperativos funcionais da manutenção dos sistemas sociais é que as orientações de valor de diferentes atores no mesmo sistema social *devem ser* integradas, em alguma medida, num sistema *comum*. ... O compartilhamento de orientações de valor é especialmente crucial. ... A regulação de todos esses processos de alocação e o desempenho das funções que mantêm o sistema ou subsistema em funcionamento de maneira suficientemente integrada *são impossíveis* sem um sistema de definição de papéis e sanções para a conformidade ou o desvio.[7]

"Não pode ser", "deve ser", "é impossível". Não fosse pela função coordenadora desempenhada por valores, preceitos e normas atribuídas, todos compartilhados e consensualmente aceitos (isto é, pela cultura), não se pode imaginar qualquer tipo de vida ordenada (ou seja, nenhum sistema durável, capaz de se equilibrar e perpetuar, assim como de manter sua identidade). A cultura é o posto de abastecimento do sistema social; ao penetrar nos "sistemas de personalidade", no curso dos esforços de manutenção de padrões (ou seja, sendo "internalizada" no processo de "socialização"), ela garante a "identidade consigo mesmo" do sistema ao longo do tempo – "mantém a sociedade funcionando" em sua forma distintamente reconhecível.

A cultura de Parsons, em outras palavras, é o que torna o afastamento de um padrão estabelecido algo impossível, ou pelo menos altamente improvável. A cultura é um fator imobilizante, "estabilizador". Ela estabiliza tão bem que, a menos que ocorram "disfunções", toda mudança de padrão é inacreditável, e a ocorrência concreta de alguma mudança é um quebra-cabeça que não pode ser resolvido utilizando-se o arcabouço da mesma teoria que trata da inércia do sistema. Na descrição idealtípica da cultura em termos de "deves" e "só podes", não havia lugar para a alteração de padrões consagrados. Explicar a mudança era o evidente calcanhar de aquiles da versão parsoniana (e a mais definitiva) da visão ortodoxa de cultura. Mas foi ela que colocou em relevo o que fora a fraqueza essencial da abordagem antropológico-cultural da época.

Essa fraqueza acabou eliminando toda esperança de escapar ao paradoxo da cultura que divide a moeda ao meio e segura separadamente cada uma das faces. O atual estado de teorização da cultura reflete a nova determinação (ou acordo resignado) de enfrentar o paradoxo em toda sua complexidade, em toda a ambivalência de habilitar/desabilitar, de liberdade/restrição.

Tal como ocorreu com tantas ideias "novas" em teoria social, foi Georg Simmel quem – muito antes da tentativa de Parsons, abortada e autodestrutiva, de superar o paradoxo reduzindo a imagem da cultura apenas a uma de suas faces inseparáveis – anteviu a inutilidade dessas tentativas; ele também previu a necessidade de uma teorização da cultura que pudesse abarcar a ambivalência endêmica do modo existencial da cultura sem tentar negá-la nem reduzi-la a um simples erro de método.

Simmel preferiu falar da tragédia – e não do paradoxo – da cultura. A seu ver, o símile mais adequado para lidar com os mistérios da cultura deveria ser extraído do universo do drama grego e não do emaranhado lógico. De fato, no modo de existência humano, duas forças formidáveis se opõem num contraste radical: "A vida subjetiva, que é agitada, mas temporalmente finita, e seus conteúdos, que, uma vez criados, são estacionários, mas de validade atemporal. ... A cultura vem a ser criada pelo encontro dos dois elementos, nenhum dos quais a contém por si mesmo."[8] O que transforma o drama em tragédia real é o fato de os dois adversários serem parentes próximos. O "estacionário e de validade atemporal" descende do "agitado e finito" – nada mais que a característica solidificada, "reificada", dos trabalhos autoexpressivos do primeiro; mas Simmel confronta seu progenitor, à maneira de Electra, como uma força estranha, hostil. O impulso emancipatório gerou a repressão, a inquietação repercute na fixidez: o espírito rebelde e indomável cria seus próprios grilhões.

> Falamos de cultura sempre que a vida produz certas formas pelas quais se expressa e se realiza – obras de arte, religiões, ciências,

tecnologia, leis e uma infinidade de outras. Essas formas abrangem o fluxo da vida e lhe fornecem conteúdo e forma, liberdade e ordem. Mas embora surjam a partir dos processos da vida, em função de sua singular constelação, elas não compartilham seu ritmo agitado. ... Adquirem identidades estáveis, uma lógica e uma legitimidade próprias. Essa nova rigidez as coloca inevitavelmente a certa distância da dinâmica espiritual que as criou e que as torna independentes. ...
    Eis aí a principal razão pela qual a cultura tem uma história. ... Cada forma cultural, uma vez criada, é consumida a ritmos variáveis pela força da vida.

A batalha jamais cessa – é o modo de vida próprio de todas as culturas. A sedimentação das formas e sua erosão caminham de par, embora obedeçam a "ritmos variáveis"; e, assim, o equilíbrio entre os dois aspectos do processo cultural muda de uma época para outra. Nossa própria época – a moderna –, segundo Simmel, é marcada por uma particular agitação das forças da vida: "O impulso básico da cultura contemporânea é um impulso negativo, e é por isso que, ao contrário dos homens em todas as épocas anteriores, já temos vivido por algum tempo sem qualquer ideal comum, talvez mesmo sem quaisquer ideais."[9]

Fica-se imaginando por que é assim. Talvez a moderna busca da ordem – o salto corajoso, autoconsciente, da temporalidade à atemporalidade, da inquietação à fixidez – seja autodestrutiva. Se nenhuma "forma estável" pode afirmar ter algum alicerce além daquele que lhe foi dado pela força criativa humana, então é improvável que alguma forma, qualquer que seja, venha a atingir o status de *um* "ideal" – no sentido de um "estado final", ou "derradeiro objetivo", que, uma vez alcançado, interrompesse toda crítica das formas e levasse a "vida subjetiva" e "seus conteúdos" a coexistir em paz. Quanto mais autoconsciente, determinado e desembaraçado é o impulso de construção da ordem, mais visível é a marca de nascença da fragilidade que portam seus produtos; quanto mais frágeis parecem ser os produtos da autoridade, menos "atemporal" se mostra sua fixidez.

A tragédia da cultura de Simmel, como todas as tragédias, carece de um final feliz. Como todas as tragédias, ela conta a história de atores golpeados por forças que se tornam cada vez mais selvagens quanto mais eles tentam domá-las, guiados por um destino que não controlam. Em termos mais prosaicos, porém não menos dramáticos, as ideias seminais de Simmel são agora pesquisadas por todo o campo das ciências sociais – sobretudo no modelo de *sociedade de risco*, de Ulrich Beck, e na ideia de *incerteza fabricada*, de Anthony Giddens. Ou, nesse sentido, na visão de Cornelius Castoriadis sobre a democracia moderna como um "regime de reflexividade e autolimitação", como uma sociedade que sabe, deve saber, que não tem significação garantida, que vive sobre o caos, que ela própria é o caos que precisa dar a si mesmo uma forma, forma esta que não pode ser estabelecida de uma vez por todas.[10]

Para resumir: a cultura, como tende a ser vista agora, é tanto um agente da desordem quanto um instrumento da ordem; um fator tanto de envelhecimento e obsolescência quanto de atemporalidade. O trabalho da cultura não consiste tanto em sua autoperpetuação quanto em garantir as condições para futuras experimentações e mudanças. Ou melhor, a cultura se "autoperpetua" na medida em que não o padrão, mas o impulso de modificá-lo, de alterá-lo e substituí-lo por outro padrão continua viável e potente com o passar do tempo. O paradoxo da cultura pode ser assim reformulado: o que quer que sirva para a preservação de um padrão também enfraquece seu poder.

A busca da ordem torna toda ordem flexível e menos que atemporal; a cultura nada pode produzir além da mudança constante, embora só possa produzir mudança por meio do esforço de ordenação. Foi a paixão pela ordem nascida do medo do caos – assim como a descoberta da cultura, a percepção de que o destino da ordem está em mãos humanas – que levou o mundo humano a uma era de ininterrupto e acelerado dinamismo de formas e padrões. Na busca de ordem e *Eindeutigkeit*, a ambivalência da liberdade encontrou o método patenteado de sua própria preservação.

Sistema ou matriz?

A imagem da cultura como uma oficina em que o padrão estável de sociedade é consertado e mantido harmonizava-se com a percepção de todas as coisas culturais – valores, normas comportamentais, artefatos – estruturadas num *sistema*.

Ao falar de um grupo de itens como um "sistema", temos em mente que todos os itens estão "interconectados" – ou seja, que o estado de cada um deles depende dos estados que todos os outros assumem. A gama de variações possíveis no estado de cada item é, portanto, mantida dentro de certos limites impostos pela rede de dependências em que está envolvido. Enquanto esses limites forem observados, o sistema estará "em equilíbrio": manterá a capacidade de retomar sua forma adequada, preservar sua identidade, apesar dos distúrbios locais e temporais, e impedirá que toda e qualquer unidade atinja um ponto sem retorno. Enquanto permanecerem dentro do sistema, todos os itens (unidades, ingredientes, variáveis) tenderão a se conservar unidos na rede de determinação recíproca e a se manter na linha, pois do contrário irão transgredir o limite permitido e desequilibrar o todo. Ou, para reformular a mesma exigência de forma negativa, nenhum item que não seja mantido na linha, ou que não possa ser colocado na linha quando necessário, será ou poderá ser parte do sistema. Em sua essência, a sistematicidade é a forma de subordinar a liberdade dos elementos à "manutenção de padrão" da totalidade.

Do que se afirmou depreende-se que, para atender aos critérios da sistematicidade, o conjunto de itens precisa ser circunscrito – deve ter fronteiras. Só se pode falar de sistema quando sempre for possível decidir que item lhe pertence e qual está fora dele. Sistemas não gostam de áreas indefinidas nem de terras de ninguém. É preciso vigiar as fronteiras, limitar e sobretudo controlar os movimentos que nela se dão; a existência de passagens de fronteira sem controle equivale ao colapso do sistema. Elementos de fora podem ter sua entrada permitida no sistema sob certas condições: devem passar por um processo de *adaptação* ou *acomodação* – uma modificação que os torne "ajustados" ao sistema, permitindo que ele os *assimile*. A assimilação é uma via de mão única: é o sistema que estabelece as regras de admissão, projeta os procedimentos de assimilação e avalia os resultados da adaptação – e continua a ser um sistema enquanto for capaz de fazê-lo. Para os recém-chegados, assimilação significa transformação, enquanto para o sistema significa reafirmação de sua identidade.

Em tese, houve uma mistura de experiências heterogêneas que se combinaram nessa imagem da cultura como uma totalidade encerrada em si mesma, à maneira de um sistema. Pode-se supor que esse casamento complicado da visão dos de dentro com a dos de fora era necessária para que se pudesse invocar a visão sistêmica.

Essa perspectiva foi um produto da prática dos antropólogos culturais criada por Bronislaw Malinowski, de visitar as "populações nativas" com um modo de vida evidentemente distinto do seu; imergir nas atividades cotidianas, registrar os meios e modos nativos e tentar "extrair um sentido" deles, encaixando cada um dos hábitos ou ritos observados, ou relatados por "informantes", numa totalidade abrangente de rotinas que, supostamente, tornam o modo de vida investigado viável e capaz de se autoperpetuar.

A primeira visão baseava-se na experiência de seletividade da sociedade da própria pessoa, suas práticas de inclusão/exclusão, suas pressões assimilatórias sobre "elementos estranhos" no interior das fronteiras do Estado-nação e sua luta por uma identidade particular.

As duas visões estavam naturalmente disponíveis, na época em que o modelo ortodoxo de cultura se tornou predominante. Havia, contudo, numerosas áreas do globo com pouca ou nenhuma comunicação com as áreas vizinhas; populações que poderiam, sem distorcer muito os fatos, ser descritas como totalidades fechadas em si mesmas. E havia Estados-nação que promoviam, de modo explícito e forçado, a unificação nacional de línguas, calendários, padrões de educação, versões da história e códigos de ética juridicamente fundamentados – Estados preocupados em homogeneizar o vago conjunto de dialetos, costumes e memórias coletivas locais para formar um conjunto único, comum, nacional, de crenças e estilos de vida.

Tal como era natural para os exploradores culturais da época presumir, literalmente, que todas as populações devem ter se preocupado com os problemas conhecidos a partir das práticas domésticas dos próprios exploradores, também é natural para nós duvidar da credibilidade das "totalidades" semelhantes a sistemas invocadas pela antropologia cultural ortodoxa. É difícil saber ao certo se a classificação das culturas exploradas como sistemas era uma ilusão de ótica estimulada por um ponto de vista transitório e historicamente concebido, ou uma percepção adequada de uma realidade agora distante. Qualquer que tenha sido o caso, essa imagem se choca de modo estridente com nossa experiência atual de símbolos culturais que flutuam livremente; da porosidade das fronteiras que algumas pessoas gostariam de fechar, embora não sejam capazes; e de governos de Estado que promovem ativamente o "multiculturalismo", não mais interessados em privilegiar algum modelo particular de cultura nacional, mas preocupados em não infringir qualquer das incontáveis "opções culturais" individual ou coletivamente assumidas. Sobre a França atual – terra em particular famosa no passado por governos que equiparavam a cidadania e a condição de Estado à cultura nacional –, Marc Fumaroli comentou de maneira ácida que

> ainda se fala de sociedade francesa, de política cultural francesa; porém, esse adjetivo não é mais que um termo de conveniência que serve para denotar o presente imediato, assim como o fluxo agregado de modismos e opiniões registrados pelas pesquisas de opinião. ... Não é nem um lugar nem um ambiente – apenas uma zona. Em vez de falar da França, falamos de cultura – mesmo que esse termo seja apenas um substituto para "Babel", este muito mais vulgar. ...
>
> A palavra "cultura" se tornou um enorme conglomerado composto de "culturas", cada qual em igualdade de condições com

todas as outras. ... O "Estado cultural", embora aspirando a ser um Estado nacional, também deseja ser tudo para todo mundo, um Estado-fantoche e até camaleônico, seguindo os fluxos e refluxos dos modismos e das gerações.[11]

À luz da experiência agora comum, parece plausível que, tendo havido ou não uma cultura "de tipo sistema", a possibilidade (e a probabilidade) de perceber os fenômenos culturais como constituindo uma totalidade coesa e fechada em si mesma (um "sistema", no sentido antes descrito) foi uma contingência histórica. Temos agora a oportunidade de compreender melhor do que antes o verdadeiro significado da observação (de resto banal) de que os fenômenos espaciais são socialmente produzidos – e que, portanto, seu papel de separar e reunir entidades sociais tende a mudar com a mudança de técnicas e procedimentos produtivos.

Olhando a história em retrospecto, pode-se indagar em que medida fatores geofísicos, fronteiras naturais ou artificiais entre unidades territoriais, distintas identidades de populações e *culturas*, assim como a distinção entre "dentro" e "fora" de uma entidade sociocultural, foram, em sua essência, nada mais que derivativos conceituais dos sedimentos/artifícios materiais produzidos pelos "limites de velocidade"; ou, de modo mais geral, pelas restrições de tempo e custo impostas à liberdade de movimentação pelo espaço.

Paul Virilio insinuou que, embora a declaração de Francis Fukuyama sobre o "fim da história" tenha parecido altamente prematura, hoje se pode falar com confiança cada vez maior sobre o "fim da geografia".[12] As distâncias não são mais tão importantes quanto costumavam ser, enquanto a ideia de fronteira geofísica é cada vez mais difícil de se defender no "mundo real". De repente parece claro que as divisões dos continentes e do globo como um todo em enclaves mais ou menos fechados ou até autossustentáveis eram função das distâncias – tornadas forçosamente reais graças sobretudo ao caráter primitivo dos transportes e às dificuldades e aos custos exorbitantes das viagens.

Longe de ser um "dado" objetivo, impessoal e físico, a "distância" é um produto social. Sua extensão varia com a velocidade com que pode ser percorrida e, para todas as finalidades e propósitos práticos, superada (embora, numa economia monetária, também com os custos para que se atinja essa velocidade). Todos os outros fatores socialmente produzidos, relativos à constituição, separação e manutenção de identidades coletivas – tais como fronteiras entre Estados ou barreiras culturais –, parecem, em retrospecto, apenas efeitos secundários dessa velocidade.

As oposições entre "aqui" e "lá fora", "perto" e "longe", e também a oposição entre "dentro" e "fora", registravam o grau de subjugação, domesticação e familiaridade de vários fragmentos (humanos e não humanos) do mundo circundante.

"Dentro" é uma extrapolação de "estar em casa", caminhar num terreno que se domina, conhecido até a evidência ou mesmo a invisibilidade. "Dentro" envolve seres humanos e coisas que são vistos, encontrados e tratados, ou com os quais se interage diariamente, interligados à rotina habitual e às atividades do dia a dia. "Dentro" é um espaço em que raras vezes, se é que alguma vez, alguém se sente prejudicado, em que lhe faltam palavras ou no qual se fica inseguro sobre como agir. "Fora" – "lá fora" –, por outro lado, é um espaço onde se vai apenas ocasionalmente, ou nunca se vai, em que tende a acontecer coisas que não se podem prever nem compreender, diante das quais não se saberia como reagir, caso elas acontecessem – um espaço onde estão coisas das quais pouco se sabe, de que não se espera muito e do qual ninguém se sente obrigado a cuidar. Comparado com a confortável segurança do lar, encontrar-se num espaço assim é uma experiência irritante; aventurar-se "lá fora" significa estar além de seu horizonte, fora de seu lugar e de seu elemento, representa atrair confusão e temer a mágoa.

Em resumo, a dimensão crucial da oposição "dentro-fora" é entre certeza e incerteza, autoconfiança e hesitação. Estar "fora" significa atrair e temer problemas – e exige esperteza, destreza, engenhosidade ou coragem, aprender regras estranhas sem as quais se passa muito bem em outros lugares, e dominá-las por meio de tentativas arriscadas e erros muitas vezes dispendiosos. A ideia do "dentro", por outro lado, significa o não problemático, hábitos adquiridos sem dor e desfrutados quase inconscientemente, habilidades que exigem pouca reflexão – e, sendo como são, eles parecem leves e não exigem escolhas, decerto não escolhas torturantes, não há espaço para a hesitação que gera ansiedade. O que quer que tenha sido retrospectivamente apelidado de "comunidade" costumava ser trazido à luz por essa oposição entre "bem aqui" e "lá fora", "interno" e "externo".

A história moderna tem sido marcada pelo progresso constante dos meios de transporte, e, portanto, do volume de mobilidade. Transporte e viagens constituíram um campo de mudanças particularmente rápidas e radicais. O progresso, nesse caso, como Schumpeter indicou há muito tempo, não foi resultado da multiplicação do número de carruagens, mas da invenção e produção em massa de meios de transporte novos – trens, automóveis e aviões. Foi a disponibilidade de meios de viajar que disparou o processo tipicamente moderno de erodir e minar as "totalidades" sociais e culturais enraizadas do ponto de vista local – o processo captado (e romantizado) pela primeira vez pela famosa fórmula de Tönnies da modernidade como passagem da *Gemeinschaft* (comunidade) para a *Gesellschaft* (sociedade).

Entre os fatores técnicos da mobilidade, papel de especial destaque foi desempenhado pelo transporte da informação – o tipo de comunicação que não envolve, senão secundária e marginalmente, o movimento de corpos físicos. Desenvolveram-se meios técnicos que permitiram que a informação viajasse *de forma independente* de seus portadores corpóreos, mas também dos objetos sobre os quais ela informava: esses meios estabeleceram "significantes" livres da custódia dos "significados". A separação entre o movimento da informação e a mudança espacial de seus portadores e de seus objetos, por seu turno, permitiu a diferenciação da velocidade de duas mobilidades. O movimento da informação ganhou velocidade numa taxa que excedia em muito aquela que a viagem dos corpos, ou a mudança de situações que a informação "informava", era capaz de alcançar. Afinal, o aparecimento de uma rede mundial servida por computadores pôs fim – ao menos no que se refere à informação – à própria noção de "viagem" (e de "distância" a ser percorrida), e tornou a informação instantânea disponível pelo globo. Os resultados gerais desse último desenvolvimento são enormes. Seu impacto sobre a interação entre associação/dissociação social tem sido amplamente observado e descrito em detalhes.

Uma consequência, contudo, é em particular importante para o nosso argumento. Martin Heidegger assinalou que a "essência do martelo" só chama nossa atenção – e, assim, se torna objeto de cognição – quando ele quebra. Por motivos semelhantes aos sugeridos por Heidegger, agora vemos com mais clareza do que nunca o papel desempenhado por tempo, espaço e meios de carregá-los na formação, instabilidade ou flexibilidade e no desaparecimento final das totalidades políticas e socioculturais. As chamadas "comunidades estritamente entrelaçadas" de outrora eram, como podemos ver agora, trazidas à luz e mantidas vivas pela brecha entre a comunicação quase instantânea dentro da pequena comunidade (cujo tamanho era determinado pelas qualidades inatas da "massa cinzenta", e portanto confinada aos limites naturais da visão, da capacidade de ouvir e de memorizar dos seres humanos) e a enormidade de tempo e despesas necessários para passar a informação *entre* localidades. Por outro lado, a fragilidade e o curto tempo de vida atuais das comunidades, assim como a permeabilidade e a falta de clareza de suas fronteiras, parecem ser o resultado do estreitamento ou desaparição total dessa brecha: a comunicação dentro da comunidade perde sua vantagem sobre o intercâmbio intercomunal quando *ambos* são instantâneos. "Dentro" e "fora" perderam grande parte de seu significado, muito claro no passado.

Michael Benedikt resume assim nossa descoberta retrospectiva e o novo entendimento da conexão íntima entre velocidade das viagens e coesão social:

> O tipo de unidade tornado possível em pequenas comunidades pela quase simultaneidade e o custo quase zero das comunicações por

voz natural, cartazes e panfletos se desintegra com a ampliação da escala. A coesão social em qualquer escala é função do consenso, do conhecimento compartilhado, e, sem atualização e interação constantes, essa coesão depende fundamentalmente da educação precoce e estrita na – assim como da memória da – cultura. A flexibilidade social, ao contrário, depende de uma comunicação esquecível e barata.[13]

Acrescentemos que a palavra "e" na última sentença citada é supérflua. A facilidade de esquecer e o baixo custo (assim como a alta velocidade) da comunicação são apenas dois aspectos da mesma condição, e dificilmente se pode concebê-los em separado. Comunicação barata significa inundar, sufocar ou empurrar a informação adquirida, assim como representa a rápida chegada de notícias. Mantendo-se inalterada a capacidade da "massa cinzenta" desde pelo menos a era paleolítica, a comunicação barata inunda e asfixia a memória, em vez de alimentá-la e estabilizá-la. A capacidade de retenção não é páreo para o volume de informações que competem pela atenção. As novas informações dificilmente têm tempo de submergir, ser memorizadas e se enrijecer num piso sólido sobre o qual poderão se depositar sucessivas camadas de conhecimento. Em ampla medida, em vez de se acrescentarem ao "banco da memória", as percepções têm início a partir de uma "tela em branco". A comunicação rápida beneficia a atividade de limpar a área e esquecer, em vez de aprender e acumular conhecimento.

Talvez o mais seminal dos desenvolvimentos recentes seja a diferença decrescente entre os custos de transmitir a informação em escala local e supralocal ou global (de modo independente da "distância geográfica" do lugar para onde você envia sua mensagem, você paga a tarifa de uma "chamada local", circunstância tão importante culturalmente quanto do ponto de vista econômico). Isso, por sua vez, significa que a informação que acaba chegando e exigindo atenção, querendo entrar e ficar (ainda que por curto prazo) em nossa memória, tende a se originar nos locais mais diversos e independentes. Não é provável, portanto, que possua qualquer parafernália da "sistematicidade" – acima de tudo, coerência e sequencialidade. Ao contrário, é possível que transmita mensagens mutuamente incompatíveis ou que se anulem – em contradição aguda com as mensagens que costumavam circular dentro de comunidades desprovidas de hardware e software, e baseadas apenas no *wetware*, ou "massa cinzenta", ou seja, com as mensagens que tendiam a reiterar e reforçar umas às outras, e assim contribuíam para o processo de memorização (seletiva). Agora não há vantagem na proximidade espacial da fonte de informação. Quanto a esse aspecto fundamental, a distinção entre "dentro" e "fora" perdeu o sentido.

Como afirma Timothy W. Luke, "o espaço das sociedades tradicionais se organiza em torno das capacidades mais imediatas dos corpos humanos comuns":

> As visões tradicionais da ação muitas vezes recorrem a metáforas orgânicas em suas alusões: o conflito era corpo a corpo; o combate era palmo a palmo; a justiça era olho por olho, dente por dente; o debate era face a face; a solidariedade era ombro a ombro; a comunidade era cara a cara; a amizade era de braços dados; e a mudança era passo a passo.[14]

Essa situação havia se alterado até um ponto além do reconhecimento, com o advento de meios que permitiam alongar os conflitos, as solidariedades, os combates e a administração da justiça muito além do alcance de olhos e braços humanos. O espaço então se tornou, nas palavras de Luke, "processado/centrado/organizado/normalizado" – e, acima de tudo, emancipado das restrições naturais do corpo humano. Foi, portanto, a capacidade da ciência, a velocidade de sua ação e o custo de seu uso que a partir de então "organizou o espaço": "O espaço projetado por essa ciência é radicalmente diferente: não dado por Deus, mas construído; não natural, mas artificial; não mediado pelo *wetware*, mas mediado pelo hardware; não comunalizado, mas racionalizado; não local, mas nacional."

Falando francamente, esse espaço – o espaço moderno – era o objeto da *administração*, do gerenciamento. Era o playground da autoridade encarregada da tarefa de "coordenação principal"; de criar as regras que tornaram o "dentro" uniforme, ao mesmo tempo que o separavam do "fora"; de aparar as extremidades e os atritos ásperos entre as normas e os padrões de comportamento existentes; de homogeneizar os heterogêneos e unificar os diferenciados – em suma, de remodelar um agregado incoerente, transformando-o num sistema coerente. O espaço global foi fatiado em domínios soberanos – territórios distintos com agências distintas e soberanas – para realizar as tarefas da autoridade moderna. As coisas que não tinham lugar nesse arranjo eram "terra de ninguém", "pessoas sem controle", condutas fora do padrão e mensagens ambivalentes. A imagem da cultura como um "sistema" segundo o padrão de um quadro gerencial era a projeção dessa tarefa/ambição de gerenciamento do espaço.

Planejado, o espaço moderno devia ser duro, sólido, permanente e inegociável. Concreto e aço deviam ser sua carne; a rede de ferrovias e autoestradas, seus vasos sanguíneos. Os autores das utopias modernas não faziam distinção entre ordem social e arquitetônica, ou entre unidades e divisões sociais e territoriais; para eles – como para seus contemporâneos encarregados da ordem social –, a chave para uma sociedade ordeira devia ser encontrada na organização do espaço. A totalidade social devia ser uma hierarquia de localidades cada vez mais amplas e inclusivas, com a autoridade supralocal do Estado no topo, supervisionando o todo, e ela própria protegida da interferência cotidiana pelo manto do sigilo oficial.

Mas esse quadro recua para o passado. Sobre o espaço territorial/urbanístico/arquitetônico construído, uma terceira divisão do mundo humano – a *cibernética* – se impôs com o advento da rede global de informações. Os elementos desse espaço, segundo Paul Virilio, são

> desprovidos de dimensões espaciais, porém estão inscritos na temporalidade singular de uma difusão instantânea. A partir daí,

as pessoas não podem ser separadas por obstáculos físicos ou distâncias temporais. Com a interligação de terminais de computador e monitores de vídeo, as distinções entre *aqui* e *lá* já não fazem sentido.[15]

O ciberespaço é territorialmente desancorado; situa-se numa dimensão diferente, impossível de atingir, muito menos de controlar, a partir das dimensões em que operam os "poderes soberanos" da Terra. Pode-se dizer que o fluxo de informações e o quadro de controle são "principalmente *des*coordenados". Se a ideia de cultura como um sistema era organicamente vinculada à prática do espaço "gerenciado" ou "administrado" em geral, e em particular de sua versão de Estado-nação, ela não se sustenta mais nas realidades da vida. A rede global de informações não tem, nem pode ter, agências dedicadas à "manutenção do padrão", assim como não é dotada de autoridades capazes de separar a norma da anormalidade, o regular do desviante. Qualquer "ordem" que possa aparecer no ciberespaço é emergente e não projetada. Ainda assim, não passa de uma ordem momentânea, "até nova orientação", que de maneira alguma poderia influenciar a forma de ordens futuras nem determinar sua ocorrência.

O primeiro insight sobre a futilidade da concepção "sistêmica" de cultura foi uma formidável façanha de Claude Lévi-Strauss, cuja obra inspirou a maior parte dos argumentos deste livro. No lugar do inventário de um número finito de valores supervisionando todo o campo das interações, ou de um código estável de preceitos comportamentais intimamente relacionados e complementares, Lévi-Strauss apresentou a cultura como uma estrutura de escolhas – uma matriz de permutações possíveis, finitas em número, mas incontáveis na prática. *En passant*, permitam-me observar que, embora negasse seu parentesco com essa estratégia, a ideia de formação discursiva, de Michel Foucault, capaz de gerar proposições mutuamente contraditórias, embora retendo sua própria identidade, dificilmente poderia ter sido concebida sem a decisiva guinada do discurso cultural empreendida com grande poder persuasivo por Lévi-Strauss.

A paixão regulatória dos cientistas sociais se estende a seu próprio playground, e assim Lévi-Strauss logo foi chamado de estruturalista (assim como a perspicácia revolucionária de Georg Simmel foi suavizada, domesticada e esvaziada durante anos quando ele foi classificado de "formalista"). Mas esse estranho "estruturalista" fez mais que qualquer outro pensador para destruir a ideia ortodoxa de estrutura como veículo de reprodução, repetitividade e mesmice monótona. Na visão de Lévi-Strauss, a estrutura se transformou de gaiola em catapulta; de instrumento desbastador/mutilador/restritivo/impeditivo em determinante da liberdade; de arma da uniformidade em ferramenta da variedade; de escudo protetor em motor da mudança infindável e eternamente incompleta.

Além disso, Lévi-Strauss negou veementemente a existência de algo como *a* estrutura de uma "sociedade" ou "cultura": embora seja verdade que todas as atividades humanas – da narração de mitos à arte culinária e à atribuição de nomes a animais domésticos, passando pela seleção de parceiros matrimoniais – são *estruturadas*, a ideia de "estrutura como tal" não passa de uma abstração desse caráter não aleatório dos tipos infinitamente variados de interações humanas.

Em retrospecto, isso se mostrou um passo decisivo – e na época parecia um evento libertador. Liquidou muitos temas estéreis que ocupavam a mente e as práticas dos estudiosos da cultura e desatou muitos nós. Pessoalmente, considerei o aspecto mais atraente da revolução de Lévi-Strauss o fim da atribuição unilateral da cultura ao "lado continuidade" do dilema continuidade-descontinuidade. Não se devia mais ver a cultura como uma restrição à inventividade humana, como instrumento de autorreprodução monótona das formas de vida, resistente à mudança, a menos que empurrada ou puxada por forças externas. A cultura de Lévi-Strauss era em si mesma uma força dinâmica (bastava um único passo dali à *iteração* de Jacques Derrida – a novidade embutida em cada ato de repetição), e a própria oposição entre continuidade e descontinuidade parece ter perdido muito de seu poder perturbador. Os antigos adversários agora pareciam mais aliados fiéis num processo de criatividade cultural interminável – a continuidade agora era impensável sob qualquer outra forma que não a cadeia infindável de permutas e inovações.

Suponho agora que a mensagem de Lévi-Strauss foi um tanto enfraquecida pela atenção que ele dedicou a mais um problema ilusório – o da sincronia versus diacronia, em detrimento de outros aspectos. Quem sabe não foi má sorte Lévi-Strauss ter sido manipulado por Jean-Paul Sartre no famoso debate sobre história e historicidade; ao longo desse período, o tema foi desviado para o que, do ponto de vista da teoria cultural, só poderia ser visto como uma via colateral – e ali foi mantido durante tempo excessivo, por parte de uma opinião acadêmica semi-informada e ávida de sensações.

Essa infeliz coincidência, porém, não absolve Lévi-Strauss da responsabilidade, ao menos parcial, pelos usos equivocados que os comentadores puderam fazer (e efetivamente fizeram) de sua insistência teimosa e indevida na oposição entre as visões sincrônica e diacrônica de cultura. A abordagem sincrônica, tirada da "guerra de libertação" travada por Ferdinand de Saussure contra a etimologia que então dominava o estudo da linguística, foi um remédio bem-vindo contra as debilidades mais repulsivas das visões evolucionistas ou difusionistas que anuviavam o domínio dos estudos culturais. Bom ponto de partida para a operação muito necessária de limpeza do terreno, a estratégia sincrônica, contudo, podia ser facilmente convertida em outra receita falsa, caso aplicada à construção de uma nova e melhorada versão da teoria cultural – em particular se o aguçamento, polemicamente justificado, da oposição entre sincronia e diacronia fosse transposto do campo da metodologia para o da "ontologia" da cultura.

Creio que o dilema sincronia/diacronia não passa de um reflexo metodológico da oposição entre continuidade e descontinuidade na vida da cultura. O grande mérito da renovação de Lévi-Strauss na teoria cultural foi mostrar o caminho para o desmascaramento da futilidade dessa última oposição. A posterior revolução no entendimento de como a cultura opera, de como continuidade e descontinuidade se interligam e condicionam uma à outra na vida da cultura, não foi acompanhada de um exame mais próximo da dialética das abordagens sincrônica e diacrônica; e pouco foi feito para alertar os estudiosos da cultura sobre a verdade de que os dois princípios metodológicos não são somente alternativas – decerto não no sentido firme, disjuntivo.

Agora me sinto inclinado a ler a mensagem de Lévi-Strauss com a réplica de Cornelius Castoriadis – uma crítica justa e adequada ao "radicalismo sincrônico" e um lembrete oportuno da interação sutil, embora vital, das redes de conexões diacrônicas e sincrônicas na produção cultural tanto de conhecimento quanto de compreensão. O que se pode aprender com a crítica de Castoriadis é que, embora a ênfase na oposição diacrônico/sincrônico e nos méritos até então negligenciados da perspectiva sincrônica possa ser proveitosa, a compreensão da cultura pouco tem a ganhar com um modelo teórico construído no plano (horizontal) do "agora". O que Castoriadis escreveu sobre a língua na passagem a seguir pode ser facilmente estendido à cultura como um todo:

> O "estado sincrônico" da língua francesa, ou seja, que essa mesma língua muda, por exemplo, entre 1905 e 1922, a cada vez que Proust completa uma sentença. Já que, ao mesmo tempo, Saint-John Perse, Apollinaire, Gide, Bergson, Valéry e tantos outros também estão escrevendo – cada qual não seria um escritor se não imprimisse a um grande número de "significantes" incluídos no seu texto uma alteração que é só sua, mas que daí em diante passa a pertencer às significações das palavras na língua –, o *que* é então o "estado sincrônico" do francês como língua no que se refere a significações, nesse período?
>
> É também obviamente uma propriedade essencial da língua, assim como da história, ... ser capaz de se alterar enquanto continua funcionando de maneira eficiente e constante para transformar o incomum em comum, o original em estabelecido, [estar apta a] se tornar uma aquisição ou eliminação contínua e, nesse sentido, perpetuar sua capacidade de ser ela mesma. A língua, em sua relação com as significações, mostra-nos como a sociedade instituída

funciona de maneira constante, e também ... como esse funcionamento, que existe apenas como instituído, não obstrui a continuada atividade institutiva da sociedade.[16]

A sociedade e a cultura, assim como a linguagem, mantêm sua distinção – sua "identidade" –, mas ela nunca é a "mesma" por muito tempo, ela permanece *pela mudança*. Além disso, na cultura não existe "agora", ao menos no sentido postulado pelo preceito da sincronia, de um ponto no tempo separado de seu passado e autossustentado quando se ignoram suas aberturas para o futuro. Recorrendo uma vez mais à distinção de Paul Ricoeur entre *l'ipséité* e *la mêmeté*, os dois ingredientes da identidade, pode-se dizer, com Castoriadis, que o segundo – a durabilidade da identidade – consiste na preservação do primeiro – a distinção; mas que o primeiro é inconcebível fora ou independentemente de sua duração, o que une sucessivas – diferentes – formas de distinção como pertencentes *à mesma* identidade, e, assim, faz surgir a identidade a partir da simples diferença.

Citando mais uma vez Castoriadis: "Não haveria linguagem, sociedade, história, coisa alguma, se um francês comum de hoje não fosse capaz de entender *O vermelho e o negro*, ou mesmo as *Memórias* de Saint-Simon, tanto quanto um texto inovador de um autor original."

Resumindo: "dominar uma cultura" significa dominar uma matriz de permutações possíveis, um conjunto jamais implementado de modo definitivo e sempre inconcluso – e não uma coletânea finita de significações e a arte de reconhecer seus portadores. O que reúne os fenômenos culturais numa "cultura" é a presença dessa matriz, um convite constante à mudança, e não sua "sistematicidade" – ou seja, não a natureza da petrificação de algumas escolhas ("normais") e a eliminação de outras ("desviantes").

O que nos leva a outro tema tratado de forma insuficiente no livro agora reeditado, porém hoje muito mais central para o debate cultural: o da cultura como – ao mesmo tempo – fábrica e abrigo da identidade.

Cultura e identidade

A atenção intensa que hoje se dá ao tema da identidade é em si mesma um fato cultural de grande importância e, ao menos potencialmente, de grande poder esclarecedor.

Aspectos da experiência entram em foco e começam a ser debatidos com seriedade quando já não podem mais ser tidos como certos, quando deixam de ser evidentes, ou de poder sobreviver por si mesmos, sem o estímulo da reflexão vigilante. Quanto mais frágeis parecem, mais forte é o impulso de descobrir ou inventar seus alicerces, e sobretudo de demonstrar sua solidez.

A "identidade" não é exceção: torna-se tema de reflexão aprofundada quando sua probabilidade de sobrevivência sem reflexão começa a diminuir – quando, em vez de algo óbvio e *dado*, começa a parecer uma coisa problemática, uma *tarefa*. Isso ocorreu com o advento da era moderna, com a passagem da "atribuição" à "realização": deixar os seres humanos perderem para que possam – precisem, devam – determinar seu lugar na sociedade.

Não se pensa em identidade quando o "pertencimento" vem naturalmente, quando é algo pelo qual não se precisa lutar, ganhar, reivindicar e defender; quando se "pertence" seguindo apenas os movimentos que parecem óbvios simplesmente pela ausência de competidores. Essa pertença, que torna redundante qualquer preocupação com a identidade, só é possível, como vimos, num mundo *localmente confinado*: somente quando as "totalidades" a que se pertence, antes mesmo de se pensar nisso, para todos os fins práticos, forem definidas pela capacidade da "massa cinzenta". Nesses "minimundos", estar "aqui dentro" parece diferente de estar "lá fora", e a passagem do aqui para o lá dificilmente ocorre, se é que chega a ocorrer.

A pertença, contudo, não é viável se a totalidade em questão transcender a capacidade da "massa cinzenta" – quando ela se torna, por esse motivo, uma comunidade abstrata, "imaginada". Alguém *pertence* a um congregado de pessoas igual ou menor que a rede de interações pessoais, face a face, vinculadas na rotina cotidiana ou no ciclo anual de encontros; é preciso *identificar-se* com a totalidade "imaginada". Essa última tarefa exige um esforço especial, diferente dos afazeres do dia a dia, e portanto é concebida como uma atividade de aprendizado distinta. Envolve passar por certos testes e exige um modo de confirmação de que o teste foi mesmo enfrentado com sucesso.

A marca da modernidade é a ampliação do volume e do alcance da mobilidade, e, por conseguinte, de forma inevitável, o enfraquecimento da influência da localidade e das redes locais de interação. Mais ou menos pela mesma razão, a modernidade é também uma era de totalidades supralocais, de "comunidades imaginadas" orientadas ou aspiradas, de construção de nações – e de identidades culturais "compostas", postuladas ou construídas.

Com sua perspicácia usual, Friedrich Nietzsche percebeu a maré montante do nacionalismo moderno: "Aquilo que hoje é chamado de 'nação' na Europa é mais *res facta* do que *nata* (por vezes confusamente semelhante a uma *res ficta et picta* [esculpida e pintada])."[17] Ernest Gellner explicou por que tinha de ser assim:

> As nações como uma forma natural, dada por Deus, de classificar os homens, como um destino político inerente, embora longamente protelado, são um mito; o nacionalismo, que às vezes toma culturas preexistentes e as transforma em nações, às vezes as inventa e frequentemente as elimina; *este* é uma realidade, para o bem ou para o mal, e em geral uma realidade inescapável.[18]

Como Frederick Barth apontou de modo enfático,

> categorias étnicas fornecem uma veia organizacional a que se podem atribuir variados conteúdos e formas em diferentes sistemas socioculturais. Podem ser de grande relevância para o comportamento, mas não necessariamente; podem permear toda a vida social, ou ser relevantes apenas em setores de atividade limitados.

Qual das opções se torna realidade, essa é uma questão em aberto. Foi tarefa do Estado moderno garantir que a opção de "permear toda a vida social" tivesse preferência em relação à marginalidade ou parcialidade do pertencimento étnico. Afinal, a existência continuada de uma "categoria étnica" só depende da *manutenção de um limite territorial*, não importa quanto sejam mutáveis os fatores culturais selecionados como postos de fronteira. Graças ao seu monopólio dos meios de coerção, o Estado moderno tinha o poder necessário para reivindicar e defender fronteiras.

No final, é "a fronteira étnica que define o grupo, não a substância cultural que ele encerra", insiste Barth.[19] Tudo dito e feito, a própria identidade dessa substância cultural (sua "unidade", "totalidade", "distinção") é artefato de uma fronteira firmemente traçada e vigiada com rigor, embora os planejadores e os guardiões das fronteiras em geral insistam na ordem oposta de causalidade. Os teóricos culturais ortodoxos quase sempre se postaram ao lado dos encarregados das fronteiras – em tese, naturais e genuínas, mas na verdade artificiais e muitas vezes apenas postuladas.

"Ter uma identidade" parece ser uma das necessidades humanas mais universais (embora, permitam-me repetir, seu reconhecimento como necessidade esteja longe de ser universal – uma evidência historicamente simultânea à sua fragilidade). Todos nós parecemos participar da busca do que Michel Morineau denominou, de forma adequada, *la douceur d'être inclu*:

> Por si mesma, em certo sentido, essa expressão diz tudo: corresponde a um desejo básico – o de pertencer, fazer parte de um grupo, ser recebido por outro, por outros, ser aceito, ser preservado, saber que tem apoio, aliados. ... Ainda mais importante que todas essas satisfações específicas, obtidas uma a uma, em separado, é aquele sentimento subjacente e profundo, sobretudo o de ter a identidade pessoal endossada, confirmada, aceita por muitos – o sentimento de que se obtém uma segunda identidade, agora uma identidade social.[20]

A identidade *pessoal* confere significado ao "eu". A identidade *social* garante esse significado e, além disso, permite que se fale de um "nós" em que o "eu", precário e inseguro, possa se abrigar, descansar em segurança e até se livrar de suas ansiedades.

O "nós" feito de inclusão, aceitação e confirmação é o domínio da segurança gratificante, desligada (embora poucas vezes do modo tão seguro como se desejaria) do apavorante deserto de um *lá fora* habitado por "eles". A segurança só é obtida quando se confia em que "nós" temos o poder da aceitação e a força para proteger aqueles que já foram aceitos. A identidade é percebida como segura se os poderes que a certificaram parecem prevalecer sobre "eles" – os estranhos, os adversários, os outros hostis, construídos simultaneamente ao "nós", no processo de autoafirmação. "Nós" devemos ser poderosos, ou a identidade social não será gratificante. Há pouco prazer em ser incluído se – como Heinrich Heine uma vez observou a respeito de uma das muralhas de proteção menos eficientes, as do gueto étnico – "a covardia vigia os portões do lado de dentro, e a estupidez está em guarda do lado de fora".

A força necessária não virá por si mesma. Deve ser criada. Também precisa de criadores e autoridades. Precisa de *cultura* – educação, treinamento e ensino. Refletindo sobre a reforma intelectual e moral de que a França do século XIX necessitava, Ernest Renan deplorava o "estado das massas", mas acima de tudo a incapacidade destas de escapar a esse estado por sua própria força e vontade:

> As massas são turbulentas, rudes, dominadas por uma visão extremamente superficial de seus interesses. ... Imbecis ou ignorantes podem muito bem se unir, mas nada se seguirá dessa união. ... O espetáculo do sofrimento físico dos pobres é sem dúvida lamentável. Admito, porém, que me causa uma dor infinitamente menor do que a visão da grande maioria predestinada ao patriarcalismo intelectual.[21]

A óbvia lição moral e prática a extrair disso foi que "as massas" teriam de se tornar (e permanecer, por um futuro previsível) *objeto* de uma atenção carinhosa voltada para sua elevação espiritual: impedidas de serem *sujeitos* da ação autônoma, já que dificilmente se tornariam produtoras das escolhas *que se estaria pronto a aceitar*. Foi a presença das massas que criou a necessidade de liderança espiritual, e assim ofereceu à jurisdição da elite intelectual sua *raison d'être*. Na época em que Renan escreveu essas palavras, esta era a opinião em geral aceita, e em breve seria mais elaborada por LeBon, Tarde ou Sorel, entre vários outros. Essa opinião sumarizava um século ou mais de *estranhamento* e *reconquista*.

"As massas" pertencem à numerosa família das categorias nascidas com a modernidade – todas elas refletindo a ambição moderna de dissolver muitas e diferentes identidades locais numa tarefa nova, supralocal e homogênea: unificar o agregado heterogêneo de pessoas mediante a instrução e o controle, o treinamento e o ensino, e, se necessário, a coerção. O corolário intelectual desse processo político – juntar a variedade de identidades regionais, jurídicas e ocupacionais do *petit peuple* para formar uma "massa" indiscriminada, ou *mobile vulgus* – começou a ser produzido seriamente no século XVII, alcançando sua maturidade conceitual apenas no pensamento iluminista. Segundo Robert Muchembled:

> Todos os grupos sociais dos séculos XV e XVI moviam-se no mesmo nível naquele universo enormemente distante do nosso. As clivagens reais causadas por nascimento ou riqueza não resultavam em diferenças profundas em termos de sensibilidade e conduta comum entre dominadores e dominados.
> A partir do século XVIII, a fratura entre esses dois planetas mentais distintos se intensificou. As pessoas civilizadas não podiam mais sentir o povo, no sentido próprio da palavra. Elas rejeitavam tudo que lhes parecesse selvagem, sujo, lascivo – para que elas próprias pudessem dominar melhor tentações semelhantes. ... O cheiro tornou-se um critério de distinção social.[22]

Havia muitas divisões e subdivisões, grandes ou minúsculas, nessa *cadeia divina do ser* forjada pela mente pré-moderna da Europa cristã para construir seu mundo da vida: demasiado numerosas, na verdade, para que uma só "divisão das divisões", totalmente abrangente e definidora, como a divisão *moderna* entre "cultos" e "incultos" – brutos, grosseiros, sem refinamento, precisando elevar-se – pudesse emergir.

De maneira verdadeiramente revolucionária, o "processo civilizador" que se desencadeou no século XVII foi, antes e acima de tudo, um impulso de autosseparação das elites em relação ao "resto" – agora fundido à força, apesar de toda variedade interna, numa classe homogênea: um processo de *dessincronização cultural* aguda. De uma parte, do lado ativo (das elites), isso produziu preocupação crescente com a tarefa de autoformação, autotreinamento e do autoaperfeiçoamento. De outra, do lado receptor, sedimentou a tendência a biologizar, medicalizar, criminalizar e cada vez mais policiar "as massas" – "consideradas brutais, obscenas e totalmente incapazes de reprimir suas paixões a fim de se ajustar aos moldes civilizados".

Resumindo: no limiar da modernidade, encontra-se o processo de *auto*formação da elite letrada ou esclarecida (que agora se distingue por seus "modos civilizados", com suas duas faces de refinamento espiritual e adestramento corporal) que foi, ao mesmo tempo, um processo de formação orientada das "massas" como campo potencial da função, ação e responsabilidade de supervisão das elites. A *responsabilidade* era conduzir as massas à humanidade; a *ação* podia tomar a forma de persuasão ou coação. Eram essa responsabilidade e o impulso vinculado de agir que definiam "as massas" – em suas duas encarnações coexistentes e mutuamente complementares, ainda que em aparência opostas: "a turba" (que assumia a dianteira sempre que a força estava na ordem do dia) e "o povo" (invocado quando se esperava que a educação tornasse redundante a coação).

O que se aplicava a essa grande distinção também valia para a grande recongregação que viria a seguir. A reintegração da sociedade dividida deveria ser conduzida pela nova elite civilizada dos educados, agora com rédeas firmes. Mais uma vez citando Gellner:

Na base da ordem social moderna não se encontra o carrasco, mas o professor. Não a guilhotina, mas o [adequadamente denominado] *doctorat d'état* é o principal instrumento e símbolo do poder do Estado. O monopólio da educação legítima é agora mais importante, mais central, que o monopólio da violência legítima.[23]

A tarefa de integração e reprodução da sociedade não podia mais ser deixada às forças espontâneas da sociabilidade, operando de forma irrefletida, postas em movimento por uma multiplicidade de lealdades compactas, cada qual funcionando em separado e baseando-se em recursos locais. De modo mais correto, pode-se dizer que as elites modernas haviam rompido, de forma consciente e resoluta, com o que agora viam – em retrospecto e com horror – como um estado de coisas *irracional*, descentrado, difuso, caótico, e portanto perigoso e sempre fértil de catástrofes.

Os processos de integração e reprodução da ordem social tinham se tornado o domínio da especialização, da perícia – e de uma autoridade legalmente definida. Eles reafirmavam e reforçavam o que os processos precedentes de separação haviam conseguido. O "projeto do Iluminismo" constituiu ao mesmo tempo a elite instruída, "culta", no topo, e o resto da sociedade como objeto natural de seus ensinamentos, de sua ação de ensino, de "cultivo", e assim reproduziu a estrutura de dominação na sua nova forma, a moderna: uma forma de dominação que se estendia para além das tarefas pré-modernas de redistribuição do produto excedente, e que agora envolvia, como preocupação maior, a intenção de moldar os espíritos e corpos dos sujeitos, penetrar profundamente em sua conduta diária e na construção de seus mundos de vida. O apelo à educação das massas era, a um só tempo, uma declaração de incompetência social das próprias massas e uma proclamação da ditadura do *professariat* (ou, para usar o vocabulário educado das próprias elites, do "despotismo esclarecido" dos guardiões da razão, dos bons modos e do bom gosto).

A construção da nação foi, essencialmente, uma proclamação desse tipo. Foi, portanto, moderna quanto à estrutura de dominação em torno e por meio da qual a nova integração da sociedade foi obtida, e quanto aos estratos sociais elevados a posições gerenciais nesse processo. No curso da história moderna, o nacionalismo desempenhou o papel de dobradiça ligando Estado e sociedade (o primeiro concebido como Estado-nação, e com ele identificado). Estado e nação emergiram como aliados naturais no horizonte da visão nacionalista, na reta final do surto de reintegração. O Estado fornecia os recursos do processo de construção nacional, enquanto a postulada unidade da nação e o destino nacional comum ofereciam legitimidade à ambição da autoridade estatal de exigir obediência.

Havia uma afinidade íntima, embora eletiva, entre o esforço moderno de garantir a integração supralocal por meio de uma ordem jurídica administrada pelo Estado e o estabelecimento de uma cultura nacional, supralocal. Pode-se dizer que, consciente ou instintivamente, o Estado em ascensão buscou legitimar o apoio colocando-se ao lado de um nacionalismo já existente, ou fomentando uma nova ordem; enquanto os projetos nacionalistas buscavam os instrumentos e as garantias de sua efetividade nos poderes dos Estados existentes ou ainda por se construir. Na verdade, a aliança promovida pelas elites entre nação e Estado se tornara tão íntima que, no final do século XIX, Maurice Barrès pôde examinar em retrospecto o vínculo entre Estado e nação como resultado de um processo essencialmente *natural* e não induzido, uma espécie de produto das leis da natureza: "Povos emancipados das restrições históricas por direito natural, pela Revolução, organizaram-se em nacionalidades. ... Decidiram espontaneamente formar grupos com base nas lendas comuns e na convivência."[24] Para se tornar nacional, a cultura tinha primeiro de negar que fosse um projeto: precisava disfarçar-se de natureza.

"Que é *la patrie*?", indagou Barrès. E ele mesmo respondeu: "*La Terre et les Morts*." Os dois constituintes nomeados da *patrie* têm algo em comum: não são uma questão de escolha. Não podem ser *escolhidos livremente*. Antes de se poder contemplar uma escolha, é preciso ter nascido e crescido neste solo aqui e agora e nesta sucessão de ancestrais e sua posteridade. Pode-se mudar de um lugar para outro, mas não se pode levar o solo consigo, e não se pode tornar seu outro solo. Pode-se mudar de companhia, mas não mudar os próprios mortos – os ancestrais falecidos que são próprios, e não de outros; também não se pode transformar os mortos de outras pessoas em ancestrais. Comentando o conflito entre Creonte e Antígona, Barrès deixa claro quais são os limites da escolha:

> Creonte é um mestre que chegou do estrangeiro. Disse ele: "Conheço as leis do país e as aplicarei." Esse era o julgamento de sua inteligência. Inteligência – que coisa insignificante, situada na própria superfície de nós mesmos! Antígona, pelo contrário, ... empenha sua hereditariedade profunda, é inspirada por aquelas partes subconscientes, nas quais respeito, amor, medo não mais se diferenciavam do poder magnífico da veneração.[25]

Antígona tinha o que Creonte, equipado apenas com sua razão e um conhecimento apropriado – aprendido –, nunca iria adquirir: *l'épine dorsale*, a coluna dorsal em que e em torno da qual tudo mais na criatura humana se apoia e é modelado (a coluna dorsal, insiste Barrès, não é uma metáfora, "mas uma analogia extremamente poderosa"). Em comparação com a solidez da coluna dorsal, a inteligência não passa de "uma coisa insignificante situada na superfície". A coluna dorsal é um ponto fixo que define o lugar de todas as outras coisas. Determina quais movimentos do corpo inteiro e de qualquer uma de suas partes são viáveis ou permitidos, e quais não o são (quais ameaçam quebrar a espinha dorsal). A verdade é também um ponto fixo, tal como a coluna: não um ponto de chegada (não o *ponto final* do processo de aprendizagem), mas o *ponto de partida* de todo conhecimento, um ponto que não pode ser criado, apenas encontrado, recuperado, caso perdido – ou perdido de vez; "um ponto único, este aqui, não outro qualquer, o ponto a partir do qual tudo nos aparece nas devidas proporções".

> Devo situar-me exatamente no ponto que exigem meus olhos, esses olhos que foram formados durante séculos: o ponto a partir

do qual todas as coisas se oferecem na medida de um francês. A totalidade das relações corretas e verdadeiras entre certos objetos e o homem determinado, o francês, esta é a verdade francesa e a justiça francesa. O nacionalismo puro não passa do conhecimento de que esse ponto existe, a tentativa de encontrá-lo e – uma vez alcançado – penetrá-lo para dele extrair nossa arte, nossa política, todas as nossas atividades.

Em outras palavras, esse ponto foi fixado antes de eu nascer; eu mesmo fui por ele "fixado" antes de começar a pensar em pontos ou em qualquer outra coisa – embora ainda pense que esse ponto é minha tarefa, algo que devo fazer exercitando a razão. Devo procurá-lo ativamente e depois escolher o que não é assunto de escolha: abraçar *voluntariamente* o *inevitável*, submeter *por escolha*, em plena *consciência*, o que já esteve presente o tempo todo em meu *subconsciente*. O resultado da livre escolha é dado por antecipação: ao exercer o meu desejo, não sou realmente livre para desejar, já que só há uma coisa que, no meu caso, poderá ser desejada de verdade: que eu seja determinado por *la Terre et les Morts*, para agradar meus austeros e exigentes senhores – dizer a mim mesmo: "Quero viver com esses senhores e – ao torná-los objetos de meu culto – partilhar amplamente a sua força."

Mas existem também outras coisas que posso vir a desejar, ou pensar (de forma equivocada) que sou livre para desejar: por exemplo, desabilitar os meus senhores ou apropriar-me de senhores que não são meus. Em ambos os casos, eu posso vir a acreditar que sou de fato livre, e que minha escolha, ditada pela razão, como a própria razão, não conhece fronteiras. Em ambos os casos, o resultado é o mesmo: *déracinement*, desarraigamento – carne frouxa sem coluna dorsal, pensamento errante e confuso sem um ponto fixo para se apoiar.

O que une certas criaturas humanas (e as distingue das outras) não é a *solidariedade* – algo que podem forjar ou rejeitar à vontade, negociar, acordar ou renegar –, mas o *parentesco*: vínculos que não escolheram nem têm a liberdade de negociar. "O fato de ser da mesma raça, da mesma família, forma um determinismo psicológico: é nesse sentido que interpreto a palavra parentesco", diz Barrès. O status do parentesco é precário: forte o bastante para inspirar a fé na vitória final do impulso da unidade, mas não o suficiente para desenvolver a complacência e legitimar a passividade. O verdadeiro nacionalismo (sem dúvida um nacionalismo ao estilo de Barrès) evitaria o determinismo incontestável, impessoal e subjugante da *raça*: "É incorreto dizer que existe uma raça francesa no sentido exato da palavra. Não somos uma raça, mas uma nação: uma nação que continua a se criar a cada dia, e, para evitar que seja aviltada, aniquilada, nós – os indivíduos que a constituem – devemos protegê-la."[26]

Se a participação num grupo dependesse da raça, tudo teria sido dito e feito antes que qualquer coisa pudesse ser pensada ou falada, e tudo que é de importância permaneceria inalterado independentemente do que se possa ainda vir a pensar ou falar. Se, por outro lado, a convivência do grupo se baseia na *pronta* aceitação do destino (se a nação é o "plebiscito cotidiano" de Renan), ela também se baseia (e de modo mais significativo) no que está sendo falado, com que frequência e com que força de convicção, e naqueles que o falam. Ao contrário da raça, a nação está incompleta sem seus porta-vozes "conscientizadores". Ao contrário da raça, a nação inclui a consciência entre seus atributos definidores; ela deve, porém, passar do *en soi* ao *pour soi* por seus próprios esforços – mas, em primeiro lugar e acima de tudo, mediante o esforço extenuante de *refinamento* feito diariamente pelos guardiões da cultura nacional.

Uma das principais características do projeto nacionalista sempre foi o impulso irresistível de assegurar que o "eu devo" de Barrès signifique exatamente isso; que a "descoberta da coluna dorsal" seja feita por todos; e que todo mundo "abrace" o que foi descoberto em "todas as atividades". E só havia um meio de assegurar isso: lançar mão da prerrogativa do Estado de usar a coerção por lei para tornar o "desentendimento" tão improvável quanto possível, e o "acordo", virtualmente inescapável. Sem o impulso do poder do Estado, a nação seria apenas um "grupo de referência" entre muitos outros – tal como eles, incerta de sua sobrevivência, movida por ondas cruzadas de modismos mutáveis, obrigada a apelar diariamente a lealdades instáveis, a se inclinar para trás a fim de produzir evidências da vantagem de seus benefícios sobre as ofertas dos competidores. O Estado-nação (a ideia da nação transformada em substância do Estado), por outro lado, poderia impor *legalmente* a lealdade e determinar por antecipação os resultados da livre escolha. As raízes postuladas poderiam ter a existência proclamada *por lei* e ser objeto de cuidados das agências estatais devotadas à imposição da lei e da ordem, do cânone definido pelo Estado, da herança cultural e do currículo do ensino de história autorizado pelo Estado.

Recordemos que o propósito de tudo isso foi enfraquecer ou romper o controle sob o qual as "comunidades" (tradições, costumes, dialetos, calendários, lealdades *locais*) mantinham os potenciais patriotas da nação una e indivisível. A ideia que orientou todos os esforços do Estado-nação moderno foi a de impor um tipo de lealdade sobre o mosaico de "particularismos" locais, comunitários. Em termos de política prática, isso significou o desmantelamento, ou o desempoderamento legal, de todos os *pouvoirs intermédiaires*; o fim da autonomia de qualquer unidade menor que o Estado-nação, que, contudo, pretendesse ser mais que executora da vontade deste e assumisse mais poder do que o que lhe fora delegado.

Como assinala Charles Taylor, após mais ou menos dois séculos de todos esses (afinal inconclusos) esforços de unificação nacional, "comunidades minoritárias" estão "lutando para se manter". Batalham por se conservar como são, isto é, *como comunidades*. E isso, por sua vez, significa que "essas pessoas" (Taylor não especifica quem sejam, aceitando tacitamente o postulado da unidade de interesses e destinos encarnada pelos pastores e seus rebanhos) "estão lutando por algo mais que os seus direitos como indivíduos". Se de fato existe algo *mais do que os "direitos dos indivíduos"* (ou seja, algo tão importante que justifique a suspensão dos direitos dos indivíduos *na condição de* indivíduos), então, claro, a luta é inevitável, e qualquer pessoa bondosa deve solidariedade e ajuda aos lutadores. Mas o que é esse "algo mais"?

O "algo mais" (esse "algo" que torna palatáveis e até bem-vindas as restrições ao direito individual de escolha) é o "objetivo da sobrevivência", e isso por sua vez significa "a continuação da comunidade através das gerações futuras". Falando em termos mais simples, e sobretudo *práticos*, a busca do "objetivo da sobrevivência" apela para o direito da comunidade de *limitar ou reservar* as escolhas das gerações mais jovens e ainda não nascidas, de decidir por elas quais devem ser suas opções. Em outras palavras, o que se exige aqui é o poder de implementar, de garantir que as pessoas ajam desta maneira, e não de outra, de reduzir o âmbito de suas opções, de manipular as probabilidades; de obrigar os indivíduos *a fazer aquilo que de outra forma não fariam, de torná-los menos livres* do que poderiam ser. Por que é importante fazer isso? Taylor observa que isso deve ser feito (não se trata de um argumento novo, como nos mostra a história dos intelectuais) no melhor interesse das próprias pessoas, já que "os seres humanos só podem fazer escolhas significativas sobre seu modo de vida tendo como perspectivas alternativas que só podem alcançá-lo por meio das tradições linguísticas e culturais de sua sociedade".[27]

Ideia semelhante foi expressa muitas vezes por gerações de profetas e poetas da corte do *Estado-nação*, e não é de imediato óbvio por que, sob a pena de Taylor, deveria ser um argumento em favor da causa das "minorias em luta". Para que a mudança de endereço se torne compreensível, é preciso reconhecer primeiro o corolário oculto: a percepção de que o Estado-nação não cumpriu sua promessa; de que por algum motivo ele agora faliu como fonte de "escolhas significativas quanto ao modo de vida"; de que esse nacionalismo, despido de seu alicerce no Estado, perdeu a autoridade sem a qual a abolição dos direitos individuais de escolha não seria viável nem aceitável; e de que, no vácuo resultante, as "minorias em luta" é que agora são vistas como a segunda linha de trincheiras, onde a "escolha significativa" pode ser protegida da extinção; agora se espera que elas tenham êxito na tarefa que o Estado-nação definitivamente deixou de realizar.

A surpreendente semelhança (ou melhor, identidade – salvo a mudança de endereço) entre as esperanças e os paradoxos nacionalistas e comunitaristas não é nada acidental. As duas visões do "futuro perfeito" são, afinal, reações de filósofos à experiência generalizada de "desencaixe" profundo e abrupto das identidades, causada pelo atual colapso acelerado das estruturas em que as identidades em geral eram inscritas. O nacionalismo foi uma resposta à destruição maciça da "indústria caseira" das identidades, e à subsequente desvalorização dos padrões de vida produzidos no plano local (e, para falar sem rodeios, de maneira irrefletida).

A visão nacionalista surgiu da esperança desesperada de que clareza e segurança da existência, que em aparência caracterizaram a vida pré-moderna, podem ser reconstruídas num nível de organização social superior, supralocal, em torno do pertencimento nacional e da cidadania de Estado fundidos numa coisa só. Por motivos demasiado amplos e numerosos para serem aqui citados, essa esperança não conseguiu se transformar em realidade. O Estado-nação revelou-se o incubador de uma sociedade moderna governada não tanto pela unidade de sentimentos quanto pela diversidade de interesses de mercado desprovidos de caráter emocional. Seu esforço profundo de desarraigar as lealdades locais parece, em retrospecto, nem tanto uma produção de identidades de nível mais elevado quanto uma operação de limpeza de área para o conto do vigário conduzido pelo mercado de modos de autodescrição rapidamente montados e logo desmantelados.

E assim, uma vez mais, "identidades significativas" ("significativas" no sentido postulado no passado pelos nacionalistas e agora pelos comunitaristas) são difíceis de concretizar. Mantê-las no lugar e intactas, não importa se por pouco tempo, sobrecarrega as habilidades (ensinadas ou aprendidas) de prestidigitação dos indivíduos, muito além de sua capacidade. Já que agora não parece se sustentar a ideia de que a sociedade institucionalizada no Estado vai dar uma ajuda, não admira que nossos olhos mirem em outra direção. Por ironia da história, contudo, estão mudando seu foco para entidades cuja destruição radical parecia ser considerada, desde os primórdios da modernidade, condição *sine qua non* de uma "escolha significativa": agora as tão desprezadas comunidades de origem, locais e necessariamente *menos importantes que o Estado-nação* – descritas pela propaganda modernizante como paroquiais, atrasadas, dominadas pelo preconceito, opressivas e absurdas, e transformadas em alvos de cruzadas culturais organizadas em nome das "escolhas significativas" –, é que são vistas com esperança como executoras confiáveis dessa racionalização, desaleatorização, saturação de significados das escolhas humanas que o Estado-nação e a cultura nacional abominavelmente deixaram de promover.

Reconhecidamente, o nacionalismo à moda antiga, orientado para o Estado, está longe de ter completado seu curso – em particular no mundo pós-colonial, na África ou no Leste Europeu, entre os destroços deixados pelo colapso dos impérios capitalista e comunista. Lá, a ideia de uma nação que provê um lar para os perdidos e confusos é nova e, acima de tudo, ainda não experimentada. Está alojada em segurança no futuro (mesmo que o nacionalismo, tal como o comunitarismo, empregasse com entusiasmo a linguagem da herança, das raízes e de um passado comum), e o futuro é o lugar natural em que investir as esperanças e expectativas das pessoas. Para a Europa (com exceção do extremo leste, pós-colonial), por outro lado, o nacionalismo e sua maior realização, o Estado-nação, perderam muito do antigo brilho. Deixou de resolver no passado o que agora, mais uma vez, deve ser solucionado, e seria tolice esperar que seu desempenho melhore muito nessa segunda rodada. A Europa também sabe muito bem o que o mundo pós-colonial não sabe nem quer saber: que quanto mais a obra do Estado-nação se aproxima do ideal de alicerces sólidos e lar seguro, menos há liberdade para se mover em torno de casa, e mais fétido e poluído se torna o ar lá dentro. Por essas e outras razões, nada daquilo que os Estados-nação atuais têm o costume, a capacidade ou a disposição de fazer parece adequado para enfrentar a angústia da incerteza que devora os recursos psíquicos do indivíduo na modernidade tardia ou pós-modernidade.

Nessas circunstâncias, o que torna tão atraente a visão da "comunidade natural" invocada nos textos comunitaristas é sobretudo o fato de que elas foram imaginadas de forma independente do Estado e da "cultura nacional" que ele promovia, e até em oposição a eles. É como se o Estado, em ressonância com os sentimentos populares, tivesse sido relegado pelos filósofos comunitaristas ao lado "produtor de riscos" da existência humana: ele cuida da liberdade individual, mas, do mesmo modo, abandona os indivíduos aos seus próprios recursos – patentemente inadequados – na busca da "escolha significativa". Tal como antes o fez a nação, também agora a "comunidade natural" representa o sonho do significado – e portanto da identidade. De modo paradoxal, apesar da avidez dos comunitaristas para "enraizar" no passado (genuíno ou invocado, mas sempre pré-moderno) os novos refúgios de escolhas significativas, é o espírito moderno de aventura, de exploração do inexplorado, de tentar o que não foi tentado que os torna atraentes aos olhos dos filósofos e também de seus leitores.

Politicamente, a visão comunitarista da cultura (no sentido básico de "cultura" como *atividade* – de refinar, esclarecer, propalar, converter, empreender cruzadas culturais) se coloca em oposição à ambição homogeneizante da "cultura nacional", tal como corporificada nas práticas de seu autoproclamado guardião e gerente, o Estado-nação. Sociologicamente falando, porém, a oposição não parece tão evidente assim.

Como vimos, a promoção pelo Estado da "cultura nacional" foi uma proclamação da cultura como "sistema" – uma totalidade encerrada em si mesma. Funcionava pela eliminação de todos os resíduos de costumes e hábitos que não se encaixassem no modelo unificado, destinado a se tornar obrigatório na área sob a soberania do Estado, agora identificada como território nacional. Esse modelo era organicamente oposto ao "multiculturalismo" – condição a partir da qual a perspectiva da cultura nacional podia ser concebida apenas de forma negativa, como o fracasso do projeto administrado pelo Estado; como a persistência de muitos conjuntos distintos e autônomos de valores e normas comportamentais; portanto, como a ausência de uma autoridade cultural dominante e incontestada.

O comunitarismo, em princípio, não rompe com essa percepção. O postulado comunitarista do multiculturalismo presume, tal como o fizera o projeto da cultura nacional, o caráter "totalista", sistêmico, da cultura. Apenas inverte a avaliação da copresença de tantas dessas "totalidades" num único domínio político e postula sua forçosa continuação lá onde o projeto de cultura nacional propugnava sua dissolução orientada num único sistema de cultura nacional.

A suspeita em relação às ambições culturais do Estado-nação e a perda da fé nas promessas do Estado em torno de uma identidade significativa e bem-alicerçada não ocorreram ao acaso. A cultura nacional promovida pelo Estado revelou-se uma proteção frágil contra a comercialização dos bens culturais e a erosão de todos os valores, exceto daqueles do poder de sedução, da lucratividade e da competitividade. Assim, há crateras no solo onde os sinais de trânsito e os marcos miliários pareciam fincados com firmeza. E há o medo e o ressentimento generalizados da experiência das identidades "desencaixadas", "desobstruídas", livremente flutuantes, desancoradas, frágeis e vulneráveis – experiência gestada em escala maciça numa situação em que a tarefa de construção e preservação da identidade é deixada à iniciativa individual, "desregulamentada" e "privatizada", e a recursos individuais bastante inadequados.

A autoafirmação que essa condição moderna produziu no destino e nos deveres do indivíduo exige recursos consideráveis, mas a perspectiva de fornecê-los em igual medida a todos os membros da sociedade nunca se materializou e parece cada vez mais nebulosa. Com a ampliação da brecha entre o leque de escolhas publicamente proclamado e a limitada capacidade individual de optar, só podia aumentar a nostalgia pela "graça do pertencimento". A cultura nacional promovida pelo Estado devia fornecer um contrapeso para o desespero do abandono, reduzir os danos psicológicos e estabelecer limites à atomização, ao estranhamento mútuo e à solidão, ampliados pelas forças desabridas da competição de mercado; mas não conseguiu fazê-lo – ou melhor, as esperanças de que viesse um dia a realizar essa promessa se desvaneceram, enquanto a atomização estimulada pelo mercado prosseguia inabalável, e o sentimento de incerteza ganhava força.

O comunitarismo assume a bandeira que caiu (foi solta) das mãos do Estado. Promete realizar o que ele se comprometia a fazer, mas não conseguiu: a graça do pertencimento. Na guerra declarada às forças do "desencaixe", da "desobstrução" e da despersonalização que caracterizam a competição aberta a todos, o comunitarismo segue a mesma estratégia do Estado na época das cruzadas culturais: curar as feridas psicológicas pela unidade espiritual, enquanto se rende à invencibilidade das pressões divisionistas que foram as próprias causadoras das feridas. A cultura comum, em ambos os casos, é apresentada como a compensação pelo desarraigamento produzido pelo mercado. A promessa de compensação é dirigida em especial aos muitos que, por falta de força, tendem a afundar e se afogar, em vez de nadar nas águas turbulentas da competição. O projeto da cultura nacional e os projetos comunitaristas são unânimes quanto à inviabilidade da solução alternativa: a de tornar a liberdade e a autoafirmação realmente universais, fornecendo a cada indivíduo os recursos necessários e a autoconfiança que os acompanha, tornando redundante a compensação.

Num estudo adequadamente intitulado "Problemas falsos e verdadeiros", Alain Touraine exigiu que distinguíssemos dois fenômenos (ou programas) confundidos com muita frequência, em detrimento do debate público: "multiculturalismo" e "multicomunitarismo": "O pluralismo cultural só pode ser alcançado desmantelando-se as comunidades definidas pela relação com uma sociedade, uma autoridade e uma cultura. *É necessário rejeitar a noção de uma sociedade multicomunitarista a fim de defender a ideia de uma sociedade multicultural.*"[28]

Longe de serem duas faces da mesma moeda, o multiculturalismo e a ideia comunitarista estão em total oposição: "A criação de sociedades e autoridades políticas com base na identidade cultural e em tradições comuns é contrária à ideia de multiculturalismo." Seu resultado genuíno seria, em vez disso, "a fragmentação do espaço cultural numa pluralidade de fortalezas comunitárias, ou seja, em grupos politicamente organizados cujos líderes retiram a legitimidade, a influência e o poder do apelo exercido pela tradição cultural".

Invocações aos direitos das comunidades de preservar sua distinção cultural com frequência "ocultam a brutalidade do poder ditatorial sob uma crosta de culturalismo". Há muito capital político no desespero dos despossuídos e na insegurança dos tantos outros que temem a privação como perspectiva possível – e existem inúmeros líderes comunitários em potencial ávidos por fazer uso dele com a ajuda das redes culturalistas.

Investigamos até agora as similaridades entre o nacionalismo de Estado e o projeto comunitarista; essas similaridades limitaram-se, em última instância, aos interesses investidos por ambos os programas na "sistematicidade" da cultura, em sufocar a diferença e eliminar a ambivalência das escolhas culturais a fim de criar uma totalidade imaginada capaz de resolver a espinhosa questão da identidade social. Mas observemos que existem diferenças também entre os dois projetos – e diferenças seminais, sem dúvida alguma.

Em primeiro lugar, o projeto da cultura nacional foi concebido como suplemento necessário a outra ideia moderna: a universalidade da cidadania. A comunidade nacional devia ser outra face da república de direitos e deveres iguais – indiferente, em prol da igualdade dos cidadãos, às escolhas culturais que eles pudessem fazer. A república dos cidadãos é também uma república de indivíduos que assumem riscos. Como lembrou certa vez Iosif Brodski, a pessoa livre é aquela que não se queixa em caso de derrota, e ser um cidadão livre implica a possibilidade constante de derrota e a disposição de assumir a responsabilidade por suas consequências.

O suplemento da cultura nacional era de fato necessário para integrar o que a impessoalidade da cidadania havia separado; em princípio, embora nem sempre na prática, permitia que a república dos cidadãos iguais funcionasse com tranquilidade; e, coletivamente, dava segurança aos cidadãos contra as consequências perniciosas de suas escolhas feitas na condição de indivíduos, prometendo estender a rede de proteção da solidariedade comunal sob a corda bamba individual. O serviço da rede de proteção, na verdade, era mútuo: a república oferecia a segurança dos direitos dos cidadãos e os protegia dos extremismos das cruzadas culturais. A relação entre a cultura nacional e os projetos republicanos não estava livre de atritos; mas foi precisamente graças à tensão entre os dois projetos que a condição moderna pôde emergir e se desenvolver.

Nesse sentido, o projeto comunitarista revela uma veia antimoderna bastante pronunciada. Não é restringido e mantido dentro de limites pelo compromisso do Estado-nação com a república e a liberdade dos cidadãos. A comunidade cultural é apenas o que ela se declara – uma comunidade *cultural*, que existe apenas por cortesia da tradição comum (ou de seu pressuposto). Tem a ver com o cerceamento da livre escolha, com a promoção da preferência por uma escolha cultural e a protelação de todas as outras – com vigilância e censura estritas. Há, portanto, todas as razões para se ter a expectativa de que as comunidades empurrem sua intolerância cultural até limites que o menos tolerante dos Estados-nação dificilmente atingiu. Na verdade, a comunidade cultural dos comunitaristas é posta numa situação do tipo "conforme-se ou morra".

A segunda diferença é consequência da primeira. A comunidade cultural do projeto comunitarista – necessariamente autoconsciente, autoproclamada, postulada – nada tem para mantê-la unida além da lealdade inabalável de seus membros. A esse respeito, é muito diferente da comunidade pré-moderna que em tese ela revive ou imita – uma "totalidade" genuína, em que os aspectos da vida agora analiticamente isolados do restante da vida e sintetizados como "cultura" eram interligados ou fundidos com outros aspectos, e jamais codificados como um conjunto de regras a serem aprendidas e seguidas, muito menos apresentados como uma tarefa. Ela também é profundamente diferente do projeto moderno de "comunidade nacional", o qual – realisticamente ou não – tinha como alvo a recriação dessa totalidade em plano supralocal.

Por esse motivo, na ideia de comunidade cultural *postulada*, a "cultura" é encarregada de funções integradoras que a comunidade não tem força para desempenhar por si mesma. Essa comunidade deve ser vulnerável desde o princípio e consciente de sua fragilidade – o que torna toda tolerância e transigência quanto às crenças que se deve ter e aos modos de vida a se seguir um luxo que ela não pode sustentar. Normas culturais transformam-se nos temas políticos mais quentes; pouca coisa na conduta dos membros da comunidade é indiferente à "sobrevivência" do todo e pode ser deixada ao arbítrio e à responsabilidade dos próprios integrantes. Segundo a regra de Frederick Barth, todas as marcas distintivas genuínas devem ser ampliadas em importância, e cabe procurar ou inventar novas distinções para separar a comunidade de seus vizinhos – em particular, de vizinhos fisicamente (economicamente, politicamente) próximos, parceiros do diálogo e das trocas. Uma condição "sem alternativas" deve ser imposta a um mundo em que todos os outros aspectos da vida promovem e oferecem uma variedade de opções; a homogeneidade cultural deve ser imposta, por esforço consciente, a uma realidade inerentemente pluralista.

A comunidade cultural, portanto, deve ser um espaço de coerção cultural – ainda mais dolorosa por ser *vivenciada*, vivida, como coerção. Só pode sobreviver à custa da liberdade de escolha de seus membros. Não pode perpetuar-se sem vigilância estrita, exercícios de disciplina e penalidades severas para qualquer desvio em relação às normas. É, assim, não tanto "pós-moderna", mas "antimoderna": propõe reproduzir, de forma ainda mais severa e impiedosa, todos os excessos mais sinistros e odiosos das cruzadas culturais contra a ambivalência associadas ao processo de construção nacional, enquanto milita contra a autoafirmação e a responsabilidade individual, também produtos da revolução moderna, que costumavam contrabalançar e amortecer as pressões homogeneizantes. No mundo da pós-modernidade ou da modernidade tardia, caracterizado pelo livre fluxo de informações e por uma rede global de comunicação, a "comunidade cultural", por assim dizer, nada contra a corrente.

A terceira marca distintiva da "comunidade cultural" dos comunitaristas vem da seguinte contradição: pregadores e defensores das comunidades culturais quase inevitavelmente desenvolvem uma mentalidade de "fortaleza sitiada". Na verdade, quase todas as características do mundo circundante parecem conspirar contra o projeto. O sentimento de fragilidade não alimenta a confiança, enquanto a falta de confiança alimenta uma suspeita que beira a paranoia. Para sua própria segurança espiritual, as comunidades culturais precisam de muitos inimigos – quanto mais malvados e ardilosos melhor. Os pregadores e potenciais líderes das comunidades culturais se sentem muito bem no papel de patrulheiros de fronteira. O movimento e o diálogo transfronteiriços são para eles um anátema; a proximidade física de pessoas de diferentes modos de vida, uma abominação; a livre troca de ideias com essas pessoas, o mais fatal dos perigos.

Talvez fosse isso que Touraine tinha em mente quando falou das comunidades culturais defendidas pelos comunitaristas como ditaduras maldisfarçadas. Se o "multiculturalismo", ao menos em algumas de suas versões, pode ser uma força unificadora e integradora, "inclusiva", essa chance não é dada ao "multicomunitarismo". Este último é um fator de divisão, "exclusivista" por natureza, com interesses na quebra da comunicação. Só pode gerar intolerância e separação social e cultural.

Se o multiculturalismo, ao mesmo tempo que eleva a diversificação cultural ao status de valor supremo, atribui à variação cultural uma validade potencialmente universal, o multicomunitarismo viceja na peculiaridade e no caráter intraduzível das formas culturais. Para o primeiro, a diversidade cultural é universalmente enriquecedora; para o segundo, os valores universais empobrecem a identidade. Os dois programas não se comunicam – travam um diálogo de surdos.

Fica-se imaginando em que medida esse debate é um beco sem saída para o qual a visão "totalista", sistêmica, de cultura deve mais cedo ou mais tarde conduzir o protagonista de uma sociedade pluralista e diversificada de tipo pós-moderno ou tardio-moderno. Também se imagina quanto progresso se pode fazer na solução das diferenças quando se está preso a essa visão, com a qual os dois programas, explícita ou tacitamente, concordam. Os programas multiculturalista e multicomunitarista são duas diferentes estratégias para enfrentar uma situação do mesmo modo diagnosticada: a copresença de *muitas culturas numa mesma sociedade*. Parece, contudo, que, para começo de conversa, o diagnóstico é falso. A característica mais preeminente da vida contemporânea é a *variedade cultural* das sociedades, e não a *variedade de culturas* numa sociedade: aceitar ou rejeitar uma forma cultural não é mais algo negociável (se é que já foi); não exige a aceitação ou rejeição de todo o estoque nem significa uma "conversão cultural". Mesmo que no passado as culturas fossem sistemas completos, em que todas as unidades eram fundamentais e indispensáveis para a sobrevivência de todas as outras, com certeza elas deixaram de ser assim. A fragmentação afetou todos os campos da vida, e a cultura não é exceção.

Num ensaio sintomaticamente intitulado "Who needs identity", Stuart Hall propõe a distinção entre as compreensões "naturalista" e "discursiva" dos processos identificatórios. De acordo com a primeira, "a identificação é construída com base no reconhecimento de alguma origem comum ou de características compartilhadas com outra pessoa ou grupo, ou com um ideal, e com o estreitamento natural da solidariedade e da fidelidade estabelecidas sobre esse alicerce". De acordo com a segunda, "a identificação é uma construção, um processo sempre inacabado – sempre 'sendo feito'. Não é determinado no sentido de poder sempre ser 'ganho' ou 'perdido', sustentado ou abandonado". A segunda compreensão consegue apreender o verdadeiro caráter dos processos de identidade contemporâneos.

> [O conceito] de identidade *não* assinala esse cerne estável do self, desenrolando-se do princípio ao fim, sem mudança, através das vicissitudes da história. ... Nem é esse self coletivo ou verdadeiro se escondendo dentro de muitos outros, mais superficiais ou

artificialmente impostos, que um povo com uma história e uma ancestralidade comuns compartilha.

As identidades nunca são unificadas, e, na era da modernidade tardia, são cada vez mais fragmentadas e fraturadas; nunca singulares, mas múltiplas, construídas sobre discursos, práticas e posições diferentes, muitas vezes cruzadas e antagônicas.²⁹

As observações de Stuart Hall são cruciais e merecem toda atenção. Se levadas a sério, exigem uma revisão e um repensar profundos dos conceitos empregados e gerados no contínuo debate sobre "identidade cultural".

Tome-se, por exemplo, o conceito de intercâmbio transcultural; ou, melhor ainda, de difusão cultural. A difusão, antes um evento perturbador na vida cotidiana das culturas, agora se tornou o modo de existência do dia a dia. Pode-se ir um passo adiante, contudo, e concluir que o próprio termo perdeu utilidade. O conceito de difusão só faz sentido quando visto como um tráfego entre entidades integrais, bem-definidas: quando, em outras palavras, o próprio tratamento das culturas como totalidades distintas faz sentido. É de duvidar, porém, se ele (ainda) o faz. Se não existem regras, não há exceções; se não existem totalidades abrangentes e fechadas em si mesmas, não há difusão. A ideia de difusão ou intercâmbio transcultural não ajuda a compreender a cultura contemporânea. Tampouco outros conceitos tradicionais da análise cultural, como, por exemplo, o de assimilação ou acomodação – da mesma forma intimamente associados à realidade "sistêmica" ou à visão sistêmica de cultura.

A ideia de "multiculturalismo" não vai tão longe como o "multicomunitarismo" em sugerir o fechamento das culturas em si mesmas e sua superposição com populações em condição semelhante (embora somente por motivos espirituais). E, no entanto, ele vai longe o bastante nessa direção para que seja responsabilizado pela dinâmica da cultura contemporânea. Afinal, também está sujeito à acusação de sugerir que a peculiaridade da cultura continua a ser a realidade básica, e que todos os movimentos e misturas de valores, símbolos, significados, artefatos, padrões de comportamento e outras coisas culturais são, por conseguinte, secundários – mais ou menos um fator de confusão, uma anormalidade, mesmo que não repreensível ou censurável. O mesmo é sugerido por termos hoje na moda, como hibridismo, mestiçagem ou transplante cultural: todos eles implicam um espaço cultural dividido de forma mais ou menos nítida em lotes distintos, cada qual marcado por uma diferença mais ou menos claramente definida entre "dentro" e "fora", com o tráfego sobre as fronteiras limitado e controlado. Casamentos mistos são permitidos nesse esquema, mas a prole híbrida logo reivindica seu próprio território soberano. Seja pró ou contra a vontade de seus usuários, termos como "multiculturalismo", "hibridismo" etc. evocam essa imagem (afinal, dependem dela para sua compreensão); uma imagem conveniente, talvez, como disfarce para ambições políticas, mas que perde depressa o contato com a realidade. Seria melhor abandoná-la – ao mesmo tempo que a terminologia do debate cultural que ela evoca e ressuscita.

A característica mais preeminente do atual estágio cultural é que a produção e distribuição dos produtos culturais agora adquiriram, ou estão em vias de adquirir, grande dose de independência em relação às comunidades *institucionalizadas*, em particular às comunidades territoriais *politicamente* institucionalizadas. A maioria dos padrões culturais atinge o domínio da vida cotidiana a partir de fora da comunidade, e a maior parte deles detém um poder de persuasão muito superior a qualquer coisa que os padrões nativos possam sonhar em reunir e afirmar. Eles também viajam a uma velocidade inacessível ao movimento corporal, o que os coloca a uma distância segura da negociação face a face ao estilo da ágora; sua chegada, como regra, pega os destinatários de surpresa, e a duração da visita é muito curta para permitir o teste dialógico.

Os produtos culturais viajam livremente, sem se preocupar com fronteiras entre estados e províncias. Salvo a censura ao estilo Khmer Vermelho ou Talibã, ou a proibição de produtos eletrônicos, sua presença ubíqua não pode ser impedida. Se as barreiras linguísticas ainda são capazes de obstar ou reduzir a velocidade de seu movimento, sua capacidade de fazer isso vai encolhendo a cada passo sucessivo no desenvolvimento da tecnologia eletrônica.

Isso não significa o desaparecimento final das identidades culturais. Mas representa, sim, que elas, e a difusão de padrões e produtos culturais, mudaram de lugar – pelo menos quando comparadas com suas versões na imagem ortodoxa da cultura. Mobilidade, desarraigamento e disponibilidade/acessibilidade global dos padrões e produtos culturais constituem agora a "realidade primária" da cultura; como identidades culturais distintas, só podem emergir como resultados de uma longa cadeia de "processos secundários" de escolha, retenção e recombinação seletivas (os quais, o que é mais importante, não são bloqueados quando a identidade em questão de fato emerge).

Sugiro que a imagem mais capaz de apreender a natureza das identidades culturais é a de um *redemoinho*, e não a de uma *ilha*. As identidades mantêm sua forma distinta enquanto continuam ingerindo e vomitando material cultural raras vezes produzido por elas mesmas. As identidades não se apoiam na singularidade de suas características, mas consistem cada vez mais em formas distintas de selecionar/reciclar/rearranjar o material cultural comum a todas, ou pelo menos potencialmente disponível para elas. É o movimento e a capacidade de mudança, e não a habilidade de se apegar a formas e conteúdos já estabelecidos, que garante sua continuidade.

Relatividade da cultura e universalidade dos homens

Enquanto a *pluralidade cultural* for teorizada como *pluralidade de culturas*, os estudiosos do assunto só poderão ver a comunicação e a comparação transculturais como um de seus problemas centrais. Uma vez que cada cultura divide o universo cultural em "dentro" e "fora", há pelo menos duas – é provável que haja infinitas – formas de interpretar o significado dos produtos culturais. Pode haver muitas interpretações "de fora", mas todas elas distorcem, de um modo ou de outro, a compreensão "de dentro". Se acrescentarmos o pressuposto tácito de que a interpretação de dentro é privilegiada em relação a todas as outras, tal como o privilégio de que goza a verdade em relação aos erros, então o alvo ideal estabelecido para as leituras "de fora" é abordar de modo tão próximo quanto possível o significado que um determinado produto cultural tem para seus produtores/usuários nativos. O problema é como se aproximar o suficiente dessa compreensão de dentro sem perder contato com o seu próprio universo de significados. Essa parece ser a principal dificuldade que aflige a "tradução transcultural".

Os historiadores, que exploram terras jamais visitadas pelas pessoas comuns, por causa da distância temporal, e os etnólogos, que examinam terras igualmente não vistas em razão da distância espacial, fornecem casos paradigmáticos para a condição dos peritos em tradução. Seu dilema foi resumido com sucesso por Cornelius Castoriadis:

> O historiador ou o etnólogo são obrigados a tentar compreender ou o universo dos babilônios ou dos bororos ... como se o vivenciassem, e ... a evitar introduzir nele determinações que não existiam para essa cultura. ... Mas não se pode parar por aí. O etnólogo que tenha assimilado tão profundamente a visão de mundo dos bororos a ponto de não poder continuar vendo o mundo de outra maneira não é mais um etnólogo, mas um bororo, e os bororos não são etnólogos. A *raison d'être* do etnólogo não é ser assimilado pelos bororos, mas explicar aos parisienses, aos londrinos e aos nova-iorquinos, em 1965, a outra humanidade representada pelos bororos. Portanto, ele só pode fazê-lo pela *linguagem*.[30]

Castoriadis assinala de imediato que a linguagem traduzida e aquela por meio da qual a versão é disponibilizada aos parisienses e nova-iorquinos não são "códigos equivalentes" – elas são estruturadas por diferentes "significações imaginárias". Para fazer seu trabalho de forma adequada, a tradução deve aproximar-se tanto quanto possível dessas significações. Porém, quando esse fim parece prestes a ser alcançado, quando ele está bem perto, ela pode, literalmente, ser tragada, e suas locuções serão tão ilegíveis para os leitores domésticos quanto as experiências que buscou traduzir.

Aspirantes a antropólogo costumavam ser advertidos com a triste história de Frank Cushing, considerado o maior expert em cultura zuni. Quanto mais ele entendia os zunis, mais sentia que seus relatos, recebidos e louvados com gratidão pelos colegas antropólogos, distorciam a realidade zuni, em vez de transmiti-la. Ele começou a suspeitar de que toda tradução fosse uma deformação. Não se satisfazia com sua própria compreensão, não importa em que nível ela estava; a cada base que alcançava, descobria outra por baixo. Em busca da tradução perfeita, Cushing decidiu vivenciar o universo zuni a partir "de dentro". Conseguiu: os zuni o aceitaram como um deles e lhe concederam a maior honraria que um zuni pode obter, o cargo de arquissacerdote do Arco-Íris. Desde então, porém, Cushing não escreveu uma única frase de antropologia.

Há uma descrição paradigmática da situação do etnólogo no maravilhoso conto "A busca de Averróis", do grande escritor argentino Jorge Luis Borges – pensador que se sente em casa em todas as tradições convergentes no mundo das modernas classes letradas. Intrigado pelas palavras "tragédia" e "comédia" encontradas no texto de Aristóteles, o Averróis do conto de Jorge Luis Borges pelejou durante dias sem fim para encontrar a tradução adequada em árabe. Seu problema, contudo, não era apenas uma questão de dicionário, de linguística. Ele foi mais fundo: em toda sua vida, Averróis nunca fora ao teatro, invenção ignorada e estranha no mundo islâmico em que nascera e vivera. Não tinha experiência daquilo a que essas palavras desconhecidas poderiam referir-se. No final, Averróis escreveu as seguintes linhas: "Aristu dá o nome de tragédia a seus panegíricos, e o de comédia a sátiras e anátemas. Tragédias e comédias admiráveis são abundantes nas páginas do Corão e nas *mohalacas* do santuário." Com insuperável clareza, Borges revela o sentido do que aconteceu:

No conto precedente, tentei narrar o processo de uma derrota. Pensei primeiro no arcebispo de Canterbury, que tomou a si a tarefa de provar que existe um Deus; depois, nos alquimistas, que buscavam a pedra filosofal; depois, nas vãs trisseções do ângulo e na quadratura dos círculos. Mais tarde refleti que seria mais poético contar o caso de um homem que estabelece para si mesmo um objetivo que não é proibido para os outros, mas para ele. Lembrei-me de Averróis, que, encerrado na esfera do islã, não podia conhecer o significado dos termos tragédia e comédia.

Vem então o ponto principal, o relato de uma autodescoberta notável, antecipando em boa quantidade de anos as tormentosas e deslumbrantes revelações introspectivas dos antropólogos culturais:

> Relatei este caso: enquanto eu prosseguia, senti o que aquele deus mencionado por Burton deve ter sentido quando tentou criar um touro, e em vez disso criou um búfalo. Senti que o trabalho estava zombando de mim. Senti que Averróis, tentando imaginar o que era um drama sem jamais ter suspeitado o que era um teatro, não foi mais absurdo do que eu, tentando imaginar Averróis sem qualquer outra fonte senão alguns poucos fragmentos de Renan, Lane e Asín Palacios. Senti, na última página, que minha narrativa era um símbolo do homem que eu era quando a escrevi, e que, para compor essa narrativa, eu tinha de ser aquele homem, e para ser aquele homem eu tinha de compor a narrativa, e assim por diante, *ad infinitum*. (No momento em que eu deixar de acreditar nele, "Averróis" desaparecerá.)[31]

A difícil sabedoria obtida por leitores ocidentais a partir de culturas estrangeiras após alguns séculos de autoconfiança injustificada, embora, por isso mesmo, não menos arrogante, já está toda aqui – nas ruminações da mente privilegiada lançando seus pensamentos dentro do mundo que o centro classifica de periférico –, mas, por essa mesma razão, mantido por força no topo da "barricada da tradução".

A tradução é um processo de autocriação e também de criação mútua; longe de exercer a autoridade de colocar o traduzido no devido lugar, o tradutor deve primeiro elevar-se ao plano do traduzido; mas se a tradução cria o texto traduzido, também cria o tradutor. Sem o relato da busca de Averróis, o Averróis que busca desaparece; tanto tradutor quanto traduzido ganham vida e desaparecem no processo da tradução – cada qual é uma tela imaginária em que se projeta o mesmo trabalho contínuo de comunicação. Muitas vezes nos preocupamos com o que se "perde na tradução". Talvez nos preocupemos indevidamente, ou com a coisa errada: de todo modo, nunca *saberemos* o que se perde, e, se viermos a saber, não conseguiremos *compartilhar* nosso conhecimento com aqueles para quem gostaríamos de traduzir. Em vez disso, avaliemos os ganhos. Há coisas que só podem ser ganhas na tradução.

Durante a maior parte de sua história, a teoria da hermenêutica – da compreensão daquilo que não é imediatamente compreensível ou que traz consigo o perigo da compreensão equivocada – era uma narrativa dos feitos dos que buscam a verdade na terra do preconceito, da ignorância e do desconhecimento de si mesmo; a história do lançar luz sobre as trevas, da luta contra a superstição, da correção do erro – e outras formas de limpar as manchas deixadas por acidentes da história, sempre locais e com muita frequência distantes, sobre a face pura do significado objetivo e do universalmente válido. Nessa narrativa, o intérprete era uma máscara do legislador; esperava-se que o intérprete construído por essa narrativa revelasse a verdade daquilo que os que vivenciaram a experiência interpretada, pela sua própria ingenuidade passada e não esclarecida, eram incapazes de perceber. Tal como Marlow e Kurtz, personagens de Joseph Conrad, o explorador de outras culturas era pressionado pelo impulso de lançar luz sobre o que até então fora "o coração das trevas". Em última instância, a tradução não era um intercâmbio entre duas línguas diferentes, muito menos um intercâmbio idêntico entre duas línguas equivalentes, mas o ato de elevar o contingente ao plano do objetivo pela imposição legislada do significado, para a qual só o tradutor, não o traduzido, estava qualificado.

Na famosa palestra de 1983 que introduziu no atual discurso sociocientífico o conceito de "antirrelativismo",[32] e em numerosos estudos publicados mais tarde, Clifford Geertz popularizou a ideia de que, no mundo do explorador de "outra cultura", os "nativos", imersos em seus mundos também contingentes, situavam-se dos *dois lados* do encontro. Não existe um ponto de observação supracultural e supra-histórico (e portanto livre de toda contingência) a partir do qual o significado verdadeiro e universal possa ser avistado e depois retratado; nenhum dos parceiros do encontro ocupa essa posição. A tradução é um *diálogo* contínuo, incompleto e inconclusivo que tende a continuar assim. O encontro de duas contingências, ele próprio, é uma contingência; nenhum esforço impedirá que assim o seja. O ato da tradução não é um evento singular que possa acabar com a necessidade de novos esforços de tradução. O local de encontro, a terra de fronteira das culturas, é o território em que os limites são constante e obsessivamente traçados só para serem violados e retraçados vezes sem conta – e não menos pelo fato de os dois parceiros emergirem modificados de cada sucessiva tentativa de tradução.

A tradução transcultural é um processo contínuo que *ajuda* ao mesmo tempo que *constitui* a co-habitação de pessoas que não podem nem se dar ao luxo de ocupar o mesmo espaço, quanto mais de delinear o espaço comum em suas formas próprias, distintas. Nenhum ato de tradução deixa um dos parceiros intacto. Ambos emergem do encontro modificados, diferentes do que eram no começo – assim como a tradução deixada para trás no momento em que foi completada necessita de uma "nova tentativa"; essa mudança recíproca é o trabalho da tradução.

Anthony Giddens faz inúmeros comentários sobre a viagem antropológica de Nigel Bailey à Indonésia, que, a seu ver, estabeleceu o padrão de abordagem que os estudiosos de "outras culturas" podem e devem seguir. "A antropologia", observa Giddens com aprovação, "descobriu o que se poderia denominar a *inteligência* essencial de outras culturas e tradições".[33] Mas o fez com atraso. Por um longo tempo, seguir os cânones da metodologia ortodoxa significava observar nos relatos antropológicos o princípio da "ausência de autor". Essa pretensa ausência era, contudo, um disfarce para a presunção de superioridade do autor, de sua onisciência: como se ele se dissolvesse e desaparecesse – com todas as suas falhas e tolices particulares ou socialmente produzidas – no conhecimento objetivo pelo qual atuou como porta-voz. ("A anatomia do homem", explicou Karl Marx, é a chave para a anatomia do macaco; segundo essa visão, as "formas superiores" da evolução humana revelam o que eram as "formas inferiores": elas tateavam no escuro para atingir a verdade que só se abre a suas sucessoras "mais avançadas".) Na visão de Giddens, a pretensa "ausência do autor" teve como efeito o fato de que os estudos assim produzidos não fossem "engajamentos dialógicos plenos com 'outras culturas'". Em sua viagem à Indonésia, Bailey comportou-se de forma diferente – admirável: "É *ele* o *ingénu*, e não as pessoas que vai investigar. É como um Lucky Jim do mundo antropológico."

Giddens apreende aqui a essência da nova antropologia, feita sob medida para o mundo pós-colonial, no qual as fronteiras, em sua maioria, são encontros entre estranhos aos quais ninguém compareceu tendo no bolso a permissão de estabelecer um programa. Todos os residentes da zona de fronteira têm agora pela frente tarefa semelhante. Compreender, não censurar; interpretar, não ordenar; abandonar o solilóquio em favor do diálogo – parece ser este o preceito para as novas ciências humanas, mais humildes; porém, pela mesma razão, mais poderosas, prometendo aos homens e mulheres desnorteados que vivem em nossa era algum discernimento e um pouco de orientação para enfrentar a massa de experiências cada vez mais descoordenadas e amiúde contraditórias – e, pela primeira vez, capazes de cumprir sua promessa. No entanto, há mais coisas a serem ditas.

O que foi exposto parece ser também o preceito para as ciências humanas feitas sob medida para nossa era de intercâmbio e comunicação globais, de um tempo achatado e de um espaço encolhido ou abolido de vez. Nesse tipo de mundo, fronteiras interculturais só podem ser traçadas experimentalmente, e só conseguem ter uma vida tênue, perigosa e precária. São sobretudo imaginadas – e a imaginação que as sustenta enfrenta obstáculos enormes: virtualmente, todas as forças materiais e espirituais de nossos tempos devem ser computadas entre seus adversários. As fronteiras reais ou putativas são atravessadas com tanta frequência que, em vez de falar de marcos divisórios que podem ser alternadamente preservados ou rompidos, é mais adequado descrever nossa situação como a de uma vida que se leva na *zona de fronteira*. Aquilo que os limites devem manter separado é misturado e espalhado de forma aleatória, e as linhas de divisão jamais passam de projetos inacabados que se destinam (e na verdade tendem) a ser abandonados antes de atingir qualquer coisa próxima de sua conclusão. Linhas são traçadas sobre areia movediça apenas para se apagar e ser retraçadas no dia seguinte.

Wojciech Burszta, um membro distinto da brilhante geração de antropólogos poloneses que tanto fez para avaliar esse novo estado de coisas, assinala que "a teoria tradicional da cultura, tão bem-testada no caso de populações estáveis, isoladas, relativamente pequenas, economicamente simples e autocentradas, é inútil diante de "culturas em movimento".

> As culturas tornam-se interdependentes, penetram-se, nenhuma é um "mundo por direito próprio", cada uma delas tem status híbrido e heterogêneo, nenhuma é monolítica e todas são intrinsecamente diversificadas; há, a um só tempo, *mélange* cultural e globalidade da cultura. ...
> A época das viagens intelectuais às "periferias silenciosas" chegou ao fim; estas últimas falam por si mesmas, ou viajaram elas próprias para o centro, inúmeras vezes sem convite.[34]

Encara-se com suspeita, conclui Burszta, a própria noção de "cultura" como entidade fechada em si mesma, internamente consistente e estritamente circunscrita. Seria preferível abandonar de vez a hipótese de culturas distintas e, em vez disso, falar de "alteridade" – um modo de existência e coexistência tão universal quanto não sistêmico e muitas vezes aleatório. A diferença é o modelo do mundo à nossa volta, a diversidade é o modelo do mundo dentro de cada um de nós. Agora somos todos tradutores, sempre que conversamos uns com os outros – mas também sempre que refletimos sobre aquilo que percebemos, de maneira justificada, mas em ampla medida de forma putativa, como nossos próprios pensamentos.

Mencionei antes a posição antirrelativista de Geertz. Há uma ideia semelhante, embora um tanto diferente, na obra de Richard Rorty: o programa do anti-antietnocentrismo. Alguns críticos da antropologia cultural ortodoxa consideravam a alteridade um sintoma de paroquialismo e particularismo local, assim como de ignorância, imaturidade ou outras manifestações de inferioridade, ao mesmo tempo que, de modo equivocado, julgavam sua própria perspectiva, igualmente local e contingente, o ponto de vista objetivo e universal. Eles proclamaram, em vez disso, a *igualdade* de todas as escolhas culturais, negando assim a possibilidade de comparações e avaliações transculturais. Em seu justificado ressentimento contra o extremismo ortodoxo, eles pularam para o extremo oposto, tornando-se, assim, alvo fácil para a crítica, vinda desta vez dos quadrantes preocupados com as consequências éticas ameaçadoras de uma postura radicalmente relativista. O anti-antirrelativismo de Rorty pretende manter distância das duas posições extremas, mas se refere ao estágio cultural contemporâneo para demonstrar que a postura extremista é, antes de mais nada, desnecessária.

O anti-antirrelativismo de Rorty implica, grosso modo, o seguinte: não é verdade que todos os valores e preceitos culturais sejam igualmente justos apenas pelo fato de terem sido escolhidos em algum lugar e em algum estágio da história. Algumas soluções culturais decerto são "mais iguais que outras". Não no sentido antes afirmado, de serem respostas endemicamente superiores aos problemas universais da condição humana, mas apenas no de que, ao contrário de outras culturas, elas estão prontas a levar em consideração sua historicidade e sua contingência próprias, e também a possibilidade de comparação em termos iguais.

Uma cultura pode proclamar sua superioridade na medida em que esteja preparada para examinar seriamente as alternativas culturais, tratá-las como parceiras num diálogo – não recipientes passivos de homilias monológicas – e como fontes de enriquecimento – não coleções de curiosidades esperando para serem censuradas, enterradas ou confinadas num museu. A superioridade dessas soluções culturais consiste em não se fiarem em sua própria superioridade substantiva e reconhecerem a si mesmas como uma presença contingente que, como todos os seres contingentes, precisa ainda se justificar em termos substantivos – e também em termos de seu valor ético.[35]

Ora, tudo isso é precisamente a característica da "zona de fronteira" – liberal, democrática e acima de tudo *tolerante*, ou seja, à medida que essa zona continue liberal, democrática e tolerante, o que, como zona de *fronteira*, ela tem uma chance até considerável de ser. Liberal e democrático significa estar "no modo dialógico" – convidativamente aberto e hospitaleiro, pensando nas fronteiras como locais de encontro e conversação agradável, e não espaços de controle de passaportes e vistos, de checagem alfandegária. Significa ser inclusivo, não exclusivo – tratar os outros como sujeitos falantes, presumindo seu direito e capacidade de falar pelo menos até prova em contrário, e esperando por uma nova luz que venha do exercício desse direito.

Tudo isso *pode ser* a vida na zona de fronteira que nós – por escolha ou necessidade – habitamos. Mas não há garantia – nenhuma "inevitabilidade histórica" – de que assim o seja. A polivocalidade pode provocar tanto ressentimento quanto prazer. A confusão, a ambivalência e a incerteza que podem acompanhá-la mostram que a vida na zona de fronteira não é só cerveja e futebol, podendo inspirar indignação, vergonha e raiva. Essa área é um território de intenso intercâmbio – solo fértil para a tolerância e até para a compreensão mútua, mas também local de brigas e disputas eternas, terreno fecundo também para mágoas e xenofobia tribais. A condição cultural do tipo zona de fronteira é notória por ser fraturada por tendências opostas e hostis, ainda mais difíceis de conciliar pelo fato de surgirem da mesma condição.

Que tendência acabará prevalecendo, esta é uma questão em aberto: devemos estar alertas para teorias que se proclamem ocupar o espaço de escolhas históricas. Argumentos poderosos podem ser reunidos em favor da deprimente expectativa do entrincheiramento comunal e da hostilidade intercomunal, muda ou vociferante; e, da mesma forma, em defesa da probabilidade de se avançar na eliminação dos marcos divisórios culturais. Seja qual for a direção dos eventos, talvez seja prudente dar ouvidos à advertência de Michel Foucault:

> O que é bom é algo que vem com a inovação. O bom não existe como tal, num céu atemporal, com pessoas que seriam como os Astrólogos do Bem, com a tarefa de determinar qual a natureza favorável das estrelas. O bom é definido por nós, é praticado e inventado. E esse é um trabalho coletivo.[36]

Não existe astrólogo, não existem pessoas dotadas de uma linha telefônica direta com a ordem predeterminada da criação – por mais numerosos que sejam os candidatos a tais ocupações. "Melhor" e "pior" não são selecionados de antemão, e nenhuma forma de filtragem pode ser considerada infalível. O bom não pode ser garantido – mas pode ganhar a oportunidade de aparecer: ao prosseguir o trabalho coletivo, ao dar continuidade à negociação, resistindo com sucesso a toda conclusão prematura (um pleonasmo, sem dúvida: na questão dos valores, nenhuma conclusão pode ter data fixada – toda conclusão só pode ser prematura).

Nossa época, a do pluralismo cultural como algo distinto da pluralidade de culturas, não é a era do niilismo. Não é a ausência de valores nem a perda de sua autoridade que torna a condição humana confusa e as escolhas difíceis, mas a multiplicidade de valores, frouxamente coordenados e ligados (embora de modo deficiente) a uma variedade de autoridades diferentes, muitas vezes discordantes. A afirmação de um conjunto de valores não mais se faz acompanhar da detração de todos os outros; o resultado é uma situação de comutação constante – experiência enervadora, que torna atraente a promessa de uma "grande simplificação".

A proteção do "trabalho coletivo" de Foucault não é de forma alguma garantida – a disposição para a negociação e o diálogo é fustigada e desgastada pelo sonho contrário, de uma escolha final que tornaria todas as outras escolhas redundantes e irrelevantes. O verdadeiro dilema é reconhecer a validade, as "boas razões" de muitos valores e a tentação de depreciar e condenar valores outros que não aqueles hoje escolhidos. Como Jeffrey Weeks afirmou: "O problema não está na ausência de valores, mas em nossa incapacidade de reconhecer que existem muitas formas diferentes de sermos humanos, e em articular as correntes comuns que com frequência as unem."[37]

Esse problema, contudo, é em si mesmo uma fonte de problemas. Correntes apresentadas como "comuns" podem ser instrumentos da erosão de valores. Parece que a agora espantosa popularidade dos "valores econômicos" – como eficácia, eficiência, competitividade – se baseia em considerável medida em sua indiferença à qualidade dos valores que eles propõem como "denominador comum". Esses valores econômicos em tese oferecem um guia infalível para a escolha simplesmente dissimulando, depreciando ou apagando tudo aquilo que tornou a escolha necessária, e o "trabalho coletivo" indispensável, em primeiro lugar: a diferença genuína entre várias formas de sermos humanos, o bem que cada uma delas promove, a impossibilidade da escolha de certos valores sem o sacrifício de outros. Como Simmel assinalou muito tempo atrás, o que torna valiosos os valores é o preço que temos de pagar por escolhê-los – em termos de adiar ou ceder outra coisa, não menos valiosa e digna de defesa. Nesse sentido, a promoção do cálculo econômico ao status de valor supremo, na verdade único, é, ao lado de outras variedades de fundamentalismo contemporâneo, uma das fontes mais importantes da ameaça niilista.

Uma vez mais, Jeffrey Weeks apresenta o dilema atual sob a perspectiva correta ao afirmar que, no caso da "humanidade" entendida como "a unidade da espécie",

> o desafio é construir essa unidade de uma forma que atinja ("invente" ou "imagine") um sentido de "valor humano universal", ao mesmo tempo que represente a variedade e a diferença humanas. ...

A humanidade não é uma essência a ser concretizada, mas uma construção pragmática, uma perspectiva a ser desenvolvida pela articulação da variedade de projetos individuais, das diferenças que constituem nossa humanidade no sentido mais amplo.

Finalmente, uma advertência: "O perigo não está nos compromissos com a comunidade e a diferença, mas em sua natureza exclusiva." Não há vínculo necessário entre a preferência por certos valores e a negação de outros. Nem inclusão nem exclusão; nem abertura nem fechamento; nem a disposição de aprender nem o estímulo de ensinar; nem a disposição de ouvir nem o impulso de mandar; nem a curiosidade solidária nem a postura de negligência hostil em relação às maneiras de ser humano diferentes de sua própria – nada disso é obra da inevitabilidade histórica ou de atitudes enraizadas na natureza humana. Nenhuma dessas alternativas tem maior probabilidade de se realizar que qualquer outra – e em cada caso a passagem do possível ao real é mediada pela sociedade politicamente organizada, ou seja, pelo fórum de pessoas pensantes e falantes.

Por mais de um século, as culturas foram definidas basicamente como tecnologias de discriminação e distinção, fábricas de diferenças e oposições. Mas o diálogo e a negociação também são fenômenos culturais – e como tal ganham, em nossa era de pluralidade, uma importância crescente, talvez decisiva. A construção pragmática a que se dá o nome de "humanidade" é também um projeto cultural, um empreendimento que não está fora do alcance da capacidade cultural humana. Pode-se encontrar ampla confirmação de que assim é em nossa experiência comum da vida cotidiana. Afinal, conviver, conversar uns com os outros e negociar com sucesso soluções mutuamente satisfatórias para problemas comuns são a norma dessa experiência, não a exceção. Pode-se expressar sobre a pluralidade cultural a mesma opinião emitida por Gadamer a respeito da pluralidade dos horizontes cognitivos: se a compreensão é um milagre, é um milagre diário, realizado por pessoas comuns, não por milagreiros profissionais.

· 1 ·

Cultura como conceito

É conhecida a inexorável ambiguidade do conceito de cultura. Bem menos notória é a ideia de que essa ambiguidade provém nem tanto da maneira como as pessoas definem a cultura quanto da incompatibilidade das numerosas linhas de pensamento que se reuniram historicamente sob o mesmo termo. De modo geral, os intelectuais são sofisticados o suficiente para perceber que a similaridade de termos é um guia frágil quando se trata de estabelecer a identidade ou diversidade de conceitos. Ainda assim, a autoconsciência metodológica é uma coisa, a magia das palavras, outra.

Com muita frequência, um número imenso de pessoas se vê enredado pela tendência temerária, embora de senso comum, de impor uma frágil unidade conceitual a termos semelhantes. O esforço, que pode ser de algum proveito no caso das linguagens artificiais da ciência, dificilmente dará frutos se as expressões em causa, como cultura, tiverem uma longa história pré-científica e cosmopolita própria. Palavras desse tipo quase sem dúvida teriam sido adotadas por diferentes comunidades intelectuais para dar resposta a diversos problemas enraizados em interesses divergentes. Como regra, as qualidades inerentes ao termo não restringem muito seu possível uso conceitual. Tampouco existe a necessidade "natural" de um termo livremente flutuante a ser adotado cada vez que se perceba uma demanda conceitual específica.

Poucas pessoas conhecem melhor essa regra que os antropólogos anglo-saxões dos dois lados do Atlântico. Embora impulsionados pela mesma ânsia incontrolável de "registrar" modos estranhos de vida em via de extinção, eles enfrentaram duas situações bem distintas. Como W.J.M. Mackenzie assinalou, "os americanos tinham de trabalhar sobretudo com línguas, artefatos, indivíduos sobreviventes; os britânicos podiam ficar sentados observando com calma – em meio a sistemas sociais na superfície intocados pelo governo britânico".[1] Por força de seu procedimento próprio (embora não escolhido de forma voluntária), o que eles extraíram oralmente dos sobreviventes isolados da debacle parecia aos americanos uma rede de "deves" mentais. Chamaram o que viram (ou o que imaginaram ter visto) de "cultura". Ao mesmo tempo, seus correlatos britânicos – já que as informações orais que obtiveram pareciam ter sustentação na realidade das comunidades vivas – se inclinavam a organizar dados basicamente similares numa rede de "és", e deram-lhe o nome de "estrutura social".

Em última análise, os dois lados estavam atrás da mesma coisa: em que medida e em que sentido o comportamento do povo X difere do comportamento dos povos Y e Z. Mais que isso: os dois lados de fato perceberam que, para alcançar esse objetivo, deveriam descobrir e/ou reconstruir padrões reproduzíveis de comportamento humano em que as comunidades diferissem entre si. Ambos os lados, portanto, buscavam o mesmo objetivo e procuravam os mesmos tipos de dados primários. Os conceitos teóricos fixados em seus modelos explanatórios e normativos, porém, eram diferentes.

O todo – ao qual se esperava que a conduta individual se ajustasse – significava para os britânicos um grupo de indivíduos interligados, enquanto para os americanos representava um sistema de normas interligadas. Os britânicos queriam saber, em primeiro lugar, como e por que as pessoas se integram; os americanos tinham curiosidade sobre o modo como normas e princípios cooperam ou se chocam. Os dois grupos eram aficionados pelo conceito de papel, que ambos consideravam indispensável e fundamental como ferramenta analítica para tornar inteligíveis os dados empíricos dispersos. Mas os britânicos viam o papel como vínculo mediador que integrava o comportamento individual às exigências da estrutura social, enquanto os americanos preferiam colocá-lo na posição de mediador entre a conduta individual e a intricada rede de normas e imperativos morais.

De importância ainda maior foi o fato de que as duas tendências teóricas divergentes acabaram ganhando nomes contrastantes. Muito tempo depois de os dois lados aceitarem a legitimidade das respectivas abordagens e deixarem de conter a fúria de suas antigas cruzadas metodológicas, a crença de que se pode lidar com "relações sociais, *em vez de* cultura",[2] continuou a principal, se não a única, relíquia dessas controvérsias que, de outro modo, teria sido esquecida.

Esse debate é um exemplo evidente da situação em que o aceite do termo por alguns e sua rejeição por outros pode levar ambos os lados a exagerar as peculiaridades conceituais que porventura os separem, sejam elas quais forem. De forma inversa, fissuras conceituais muito mais profundas tendem a ser negligenciadas ou subestimadas quando ocultas por trás de termos correlatos.

Sintomático dessa tendência é o fato de que a maioria dos intelectuais que tentam colocar alguma ordem no vasto espectro de contextos em que o termo "cultura" aparece costuma abordar sua tarefa como, em primeira instância, a necessidade de "classificar as definições aceitas". Na maioria dos casos, presume-se de maneira tácita, quando não explícita, a superposição (se não a identidade) de campos semânticos. O que supostamente se deixa para conciliar são as preocupações divergentes de escolas ou autores com um ou outro aspecto do campo.

Assim, A. Kroeber e C. Kluckhohn,[3] depois de dividir com cuidado as *definições* de cultura reunidas em seis grupos, continuaram convencidos de que o que tornava cada grupo diferente dos outros era a diversidade dos aspectos que os autores haviam escolhido como traços definidores de um campo semântico que, de outro modo, seria comum (a essência terminológica das divergências reconhecidas foi adequadamente enfatizada pela escolha de verbetes classificatórios; havia, na taxonomia de Kroeber e Kluckhohn, definições descritivas, históricas, normativas, psicológicas, estruturais e genéticas). Uma década mais tarde, Albert Carl Cafagna[4] se lançou à mesma viagem exploratória para produzir divisões apenas nominalmente diferentes (definições que enfatizavam a herança social, o comportamento aprendido, as ideias ou o comportamento padronizado). Tampouco lhe ocorreu que esferas portadoras da maior semelhança fenomenal podem adquirir significados bastante contraditórios se colocadas em estruturas semânticas divergentes.

Mais perto dessa descoberta estavam os sociólogos e antropólogos que promoviam a famosa distinção entre duas compreensões da cultura: a vinculada a valores e a neutra em relação a eles – embora permanecesse a crença de que a linha divisória mais importante entre as teorias sociais era a que corria ao longo do eixo "comprometida com valores" – "livre de valores", por sorte, parece ter sido moda passageira. A distinção sancionou, mesmo que só de modo implícito, o inevitável argumento de que os conceitos opostos a um termo num contexto particular têm mais a dizer sobre seu significado que a definição formulada com meticulosidade, derivada, do ponto de vista analítico, do mesmo termo quando tomado de forma isolada.

Na famosa distinção de Edward Sapir entre uma cultura que encarna "qualquer elemento socialmente herdado na vida do homem" e outra que "se refere a um ideal bastante convencional de refinamento individual",[5] a mesma palavra aparece em dois campos semânticos distintos: no primeiro caso, opõe-se ao "estado da natureza", ou seja, à falta de um conhecimento tradicional socialmente hereditário; no segundo, é contrastado com a rudeza determinada pela negligência ou falha dos processos de refinamento (educacionais). Não que o conceito tenha sido definido de duas maneiras – o mesmo termo é válido, na verdade, para dois conceitos teóricos diversos. Seria inútil o esforço de tentar preencher o fosso semântico entre eles e reunir os dois sob uma só definição.

Os interesses cognitivos institucionalizados à espreita por trás do termo "cultura" são mais numerosos do que se pode apreender com a dicotomia de Sapir. Cada qual se localiza num campo semântico substancialmente diferente, cercado por um conjunto específico de noções vinculadas do ponto de vista paradigmático e sintagmático, e que derivam/manifestam seu significado numa série distinta de contextos cognitivos. Essa circunstância parece decisiva para a escolha da estratégia taxonômica no domínio dos conceitos teóricos.

A estratégia alternativa, aquela que de fato se aplica na maioria das classificações populares, consistiria em separar os atributos usados por vários autores para descrever uma classe de fenômenos substanciais "objetivamente" distinta. Teríamos de presumir que existe alguma forma objetiva de definir uma classe peculiar de fenômenos culturais; que a tarefa de um estudioso desejoso de defini-la consiste em recolher ou descobrir certo número de características presentes em cada membro da classe; e que a tarefa de um estudioso que deseje classificar as definições propostas consiste em separá-las, do modo mais conveniente e parcimonioso, num número limitado de divisões, cada qual possuidora de seu próprio denominador comum. A filosofia subjacente a essa estratégia presume uma inquestionável prioridade do universo fenomenal, objetivamente e em si mesmo determinado e ordenado, e um papel apenas subordinado, secundário, para o discurso humano.

Isso nos coloca no centro da controversa questão filosófica da natureza do significado – algo que não podemos desenvolver aqui na extensão proporcional à sua importância e à sofisticação atestada pelos especialistas. Independentemente da significação do problema em si, ele desempenha somente um papel auxiliar em nossa consideração. Espero poder declarar que, entre as muitas teorias atuais do significado, minha opção é pela teoria do uso, ou seja, aquela que tenta elucidar o significado de elementos linguísticos semanticamente carregados pelo estudo dos locais em que aparecem tanto na dimensão paradigmática quanto na sintagmática.⁶ Como afirma J.N. Findlay:

> O que está implícito no lema "Não pergunte pelo significado: pergunte pelo uso" não é que o uso abarque muito *mais* que as funções conotativa e denotativa da linguagem, porém, que ele de certa forma as resume e explica totalmente, que podemos olhar à nossa volta e perceber, conversando sobre isso, a referência e a conotação de expressões observando a maneira como as pessoas as utilizam, como as combinam com outras expressões para formar sentenças e as diferentes *circunstâncias* em que produzir tais sentenças é considerado adequado ou plenamente justificável.⁷

Decerto que não acompanharia em tudo os porta-vozes mais pragmaticamente orientados da teoria do uso, que negam a importância dos "significados preexistentes", ou seja, preexistentes em relação à elocução atual.⁸ Mas devo insistir na íntima conexão e *inter*dependência (em oposição à dependência só de mão única) entre o nível contextual e o do significado. Os dois são inseparáveis e constituem um ao outro, por força de "uma correlação entre, por um lado, a variação contextual e, por outro, as variações de conteúdo".⁹ Cada termo utilizável na comunicação significativa é um índice no sentido semiológico do termo, ou seja, reduz a incerteza anterior do universo percebido, introduz alguma ordem num domínio até então amórfico. Mas esse índice está relacionado não apenas à classe de fenômenos que "nomeia"; o termo-índice organiza a totalidade do universo e assim se relaciona a ele como um todo, e só pode ser compreendido em seu arcabouço total. O ato da indicação (a atividade que constitui o índice) "apresenta inevitavelmente um aspecto negativo ao lado de um positivo".

A classe indicada pelo índice "não é uma entidade absoluta: o que ela é se deve apenas à sua relação com outra classe, complementar. ... Para determinar uma classe, deve-se começar de *un univers du discours*; o complemento da classe pode ser definido como uma classe formada pelos objetos pertencentes ao *univers du discours*, mas não abrangidos pela classe em questão".[10] Ora, nem o índice e a classe positivamente denotada por ele nem o *univers du discours* em que ele é significativo levam a uma existência independente. Um vínculo mais ou menos consistente entre determinado termo-índice e determinada classe de objetos pode ser (e de fato muitas vezes é) estabelecido numa dada comunidade a ponto de se impor, com a força de uma inevitabilidade externa, a cada membro da comunidade e a cada evento-comunicação em particular. Visto historicamente, contudo, ele não existe por mais tempo (embora também não por menos) do que o *univers du discours* que ele não apenas organiza, como também traz à luz.

Em função de circunstâncias históricas não muito relevantes para nosso tema, o termo "cultura" foi incorporado a três *univers du discours* distintos. Em cada um dos três contextos ele organiza um campo semântico diverso, singulariza e denota diferentes classes de objetos, põe em relevo diferentes aspectos dos membros dessas classes, sugere diferentes conjuntos de questões cognitivas e estratégias de pesquisa. Isso significa que, em cada caso, o termo, embora mantendo intacta sua forma, conota um conceito diverso. Há um só termo, porém três conceitos distintos. É possível apontar numerosos pontos de contato comuns aos três campos. Talvez se possa tentar minimizar as discrepâncias mais salientes e aparentemente irremovíveis como controvérsias marginais e temporárias que seria melhor eliminar em favor da "clareza conceitual" ou da "precisão terminológica". Mas, antes de fazê-lo, deve-se ter certeza de que o jogo vale a pena. Na verdade, muito provavelmente, não.

Um dos pressupostos deste ensaio é o fato de que aquilo que difere nos três conceitos de cultura coexistentes (e o que é determinado pelas divergências de forma alguma contingentes e secundárias entre os respectivos campos semânticos) é a parte cognitivamente mais rica, fecunda e, portanto, academicamente estimulante de seu conteúdo. As três questões que conformam seu *univers du discours* subordinado também são legítimas e relevantes. É preferível explorar as imensas oportunidades cognitivas que se revelam seminais em sua especificidade do que se ater ao esforço muito menos compensador de atingir uma simetria um a um entre um só conceito e um só termo. Tentarei mostrar neste ensaio que o preço seria muito alto para justificar uma satisfação puramente estética. O aspecto decisivo não é tanto se as três noções podem ou não ser reduzidas a um denominador comum, mas se essa redução é mesmo desejável.

A cultura como conceito hierárquico

O uso do termo "cultura" está tão profundamente arraigado na camada comum pré-científica da mentalidade ocidental que todo mundo o conhece bem, embora por vezes de forma irrefletida, a partir de sua própria experiência cotidiana. Nós reprovamos uma pessoa que não tenha conseguido corresponder aos padrões do grupo pela "falta de cultura". Enfatizamos repetidas vezes a "transmissão da cultura" como principal função das instituições educacionais. Tendemos a classificar aqueles com quem travamos contato segundo seu *nível* cultural. Se o distinguimos como uma "pessoa culta", em geral queremos dizer que ele é muito instruído, educado, cortês, requintado acima de seu estado "natural", nobre. Presumimos tacitamente a existência de outros que não possuem nenhum desses atributos. Uma "pessoa que tem cultura" é o antônimo de "alguém inculto".

Vários pressupostos foram necessários para explicar a noção hierárquica de cultura.

1) Herdada ou adquirida, a cultura é parte separável do ser humano, é uma propriedade de tipo muito peculiar, sem dúvida alguma: ela partilha com a personalidade a qualidade singular de ser ao mesmo tempo a "essência" definidora e a "característica existencial" descritiva da criatura humana. Desde que os poetas líricos da Grécia descobriram, no século VII, a divergência entre desejo e dever, entre dever e necessidade, o homem ocidental foi condenado à angustiosa precariedade de uma identidade dual,

semelhante à face de Jano: ele é uma personalidade mas também tem uma personalidade, é um ator mas também objeto de sua própria ação, ao mesmo tempo criador e criatura. Sua essência determina o que é: mas ele é com insistência responsabilizado por sua essência e obrigado a formatá-la de acordo com seu desempenho existencial.

A cultura em seu significado hierárquico leva à mesma vida frustrante e pavorosa de um objeto que é seu próprio sujeito. "O que Sócrates tentou fazer com que os atenienses compreendessem foi o dever de 'cuidar de suas almas'. ... A um ateniense do século V a.C. ... deve ter parecido realmente muito estranho."[11] Para um ateniense daquele século, a alma (Ψυχή) era semente e portadora da vida que desaparece com a existência consciente do ser humano. A ideia de que uma pessoa pode – e, mais ainda, deve – tentar agir em prol de alguma coisa vista como fonte de toda ação era, na época, revolucionária o bastante para fazer um gênio da estatura de Aristófanes ridicularizar o seu profeta. Ainda assim, a cultura, não obstante a peculiaridade de sua existência, é uma propriedade. E toda propriedade pode ser adquirida, dissipada, manipulada, transformada, moldada e adaptada.

2) A qualidade de um ser humano pode ser moldada e adaptada; mas também é possível ser abandonada, nua e crua, como uma terra inculta, largada e cada vez mais selvagem. A Τέχνη (*téchne*) é o meio pelo qual a imensidão da natureza é forçada a se ajustar às necessidades humanas. A imortal metáfora de Plutarco da *cultura animi* só era compreensível para seus contemporâneos porque se apoiava na codificação de Cícero sobre a posição subjacente à prática agrícola: o solo só dá frutos doces e maduros quando tratado por um agricultor competente e habilidoso que, com assiduidade e esmero, seleciona as sementes de melhor qualidade.

Dezoito séculos depois, a fonte primária de inspiração ainda estava viva – e o *Dictionnaire de l'Académie Française* complementou o debate sobre a cultura com uma observação plutarquiana: "Diz-se também, no sentido figurado, do cuidado que se imprime às artes e ao espírito."[12] Deve ter parecido a Aristóteles que a analogia entre o aperfeiçoamento da alma e a *téchne* foi imposta; a alma, para ele, era como "a capacidade de uma ferramenta".[13] Uma ferramenta muito estranha, com certeza, com o gume voltado para si mesma. Fiel nesse sentido ao adágio de Sócrates, Aristóteles queria que os homens fossem os moldadores de suas próprias almas. Infelizmente, continua inexplorada a questão de saber em que medida a intensa preocupação dos antigos gregos com o mistério da constituição da alma, revelado no tratamento quase religioso que dispensavam a tudo aquilo que se relacionasse aos processos educacionais, era estimulada pela ambígua condição existencial da personalidade humana.

Contra o cenário da rígida distinção de Górgias entre "agir" e "ser influenciado", em que o primeiro aspira ao tipo de perfeição disponível apenas na existência eterna, nunca gerada, e o segundo é sempre transicional, imperfeito, degradado, a enganosa personalidade humana avultava de forma perigosa sobre as fronteiras críticas da ordem mundial. Nessas circunstâncias, foi apenas natural que Platão atribuísse à alma humana o status sagrado de imortalidade: "Somente o que a si mesmo se move, nunca saindo de si, jamais acabará de mover-se. ... Toda alma é imortal. Pois o que sempre se move é imortal."[14]

Para a mente lógica de um grego, essa solução em termos de um tabu revelaria facilmente sua natureza de subterfúgio desesperado, tivesse Platão sido menos consistente ao extrair as conclusões necessárias a partir de uma decisão fatal. Mas ele não foi. A reorganização a partir de um projeto extrínseco – o próprio cerne da *téchne* – foi substituída pelo cultivo autorrevelador de qualidades intrínsecas; a formação da alma desnuda a essência que sempre ali esteve, ainda que não evidente e invisível à experiência sensorial. Isso nos leva à natureza absoluta do ideal de educação, o atributo inexorável do conceito hierárquico de cultura. Antes de nos voltarmos para isso, observemos que mesmo o sistema absolutista de Platão admitia a existência de um hiato entre o potencial e o concreto, deixando muito espaço para a atividade criativa da *téchne*.

3) A noção hierárquica de cultura é saturada de valor. A expressão indica, contudo (para qualquer pessoa treinada nas preocupações descritivas da antropologia pós-boasiana), apenas assumir uma posição tendenciosa na conhecida discussão a respeito da comparabilidade e/ou relatividade das soluções culturais. Por medo de subestimar o que constitui o cerne do conceito hierárquico, preferimos reformular a expressão inicial. O verdadeiro problema não é a admissão ou negação da existência de um critério objetivo para a avaliação comparativa das culturas. O termo "culturas", quando entendido do ponto de vista hierárquico, dificilmente poderia ser usado no plural. O conceito só faz sentido se denotado como *a cultura*; existe uma natureza ideal do ser humano, e *a cultura* significa o esforço consciente, fervoroso e prolongado para atingir esse ideal, para alinhar o processo de vida concreto com o potencial mais elevado da vocação humana.

A noção hierárquica de cultura mantém-se inabalada não apenas diante de nossa distinção (em outros casos, meticulosa) entre descrição e avaliação. Ela permanece imune a outra distinção que frequenta o moderno pensamento culturológico, entre cultura e natureza. Cultura *é* atingir, alcançar, a natureza; cultural é aquilo que *in actu* se torna idêntico à sua *potentia* natural.

Robert A. Nisbet culpa (acertadamente) os romanos de engendrar muitos de nossos conhecidos problemas metodológicos e conceituais, ao traduzir com descuido, do grego para o latim, *physis* como *natura*. Violando nossas próprias e bem-estabelecidas divisões linguísticas, devemos admitir que *physis* transmite um conceito há muito desaparecido de nosso vocabulário: denota, tomando-a pelo que ela vale, nossa cultura e nossa natureza ao mesmo tempo. Para os gregos, *physis* significava a "forma de crescer". "A natureza de uma coisa... é como ela cresce, e tudo no universo, seja físico ou social, tem uma *physis* própria, uma forma distinta de crescer, um ciclo de vida."[15] Tudo tem sua própria *physis*, que não é uma decisão arbitrária dos deuses nem objeto de uma ação humana desordenada. Sócrates continuava perguntando a Trasímaco, como nos conta Platão:

Você estaria disposto a definir o trabalho de um cavalo ou de qualquer outra coisa como aquele que se pode fazer apenas com ele, ou melhor com ele? ... Há algo com o qual você possa ver senão com os olhos? ... Você poderia ouvir com outra coisa que não os ouvidos? ... Não é o trabalho de uma coisa aquilo que só ela pode realizar, ou pode realizar melhor que qualquer outra?[16]

O pensamento grego dedicou-se obsessivamente à noção de universo ordenado, em que o determinado se funde ao alcançável, e a liberdade da *téchne* se realiza submetendo-se à necessidade da natureza. Os gregos abordavam essa ideia de diversos ângulos. Podem-se considerar, ao lado da já mencionada *physis*, a *psyche* socrática e a famosa *télos* (forma) aristotélica, não obstante sua singularidade semântica, variações sobre um só tema. A Παιδεία (*paideia*), tão profundamente dissecada por Werner Jaeger,[17] pertence à mesma família semântica. Ela desafia obstinadamente qualquer tentativa de situá-la de forma inequívoca no campo semântico das línguas modernas. Abrange muito mais que qualquer termo que utilizarmos para expressar nossa forma de dividir o continuum do ser. Como Edward Myers observou com propriedade, é "uma concepção que reúne mais do que é sugerido por 'cultura' ou 'educação': inclui o ideal humanista de uma cultura ético-política."[18] Por infortúnio, a fórmula mais perspicaz não chega a transmitir a riqueza do significado original. Tentamos em vão montar um conceito monolítico indivisível juntando pedaços e peças incoerentes de nossa experiência moderna.

O ideal cultura-natureza dos antigos gregos não se subdividia nos domínios que hoje estamos acostumados a distinguir de modo tão meticuloso; o moralmente bom era ao mesmo tempo esteticamente belo e mais próximo da verdade da natureza. A unidade preordenada da realização e das dimensões-padrão expressava-se com maior plenitude no conceito, muito discutido, de Καλοκάγαθια (*kalokagathia*, "belo e bom"), do qual trataram amplamente todos os pensadores do período clássico, de Heródoto a Aristóteles. A segunda parte do conceito, γαθóζ, é um adjetivo derivado do verbo αγαμαι, que corresponde grosseiramente às palavras "admirar" e "louvar". A primeira parte, Καλόζ, é mais complicada; significa ao mesmo tempo o fisicamente belo, gracioso e atraente; o funcionalmente belo, como um objeto feito sob medida para sua serventia ou vocação; o moralmente belo, nobre e virtuoso; e o socialmente (politicamente) belo, como uma pessoa pronta a desempenhar com ardor seus deveres cívicos, dedicada à sua comunidade e que merece ser recompensada por sua atividade pública.

O conceito era usado de forma indivisível; aqueles que o empregavam pareciam satisfeitos com o fato de que as muitas virtudes que em geral tratamos como distintas de fato caminhassem de par e se condicionassem uma à outra. Juntas, elas constituem a vocação natural do ser humano; mas "só aqueles que agem alcançam *kalokagathia* em suas vidas".[19] Onde quer que haja virtude há uma escolha; uma pessoa pode escolher a inação, pode deixar de atingir sua vocação mesmo que agindo e se comportando de maneira irracional, ou permitindo-se desviar do caminho da decência. O caráter natural do ideal não torna sua realização mais fácil ou suave. Ele ainda exige άγών, disputa e competição, ideia assumida pelos filósofos da perfeição espiritual do período pré-socrático; foi Heráclito quem apresentou a noção de que a disputa "mostrava serem alguns deuses e outros mortais, fez de alguns escravos e de outros homens livres".[20] Parece que os pós-socráticos preferiram atribuir à disputa a mesma função "reveladora" nos dois campos que Heráclito se inclinava a distinguir. Dificilmente estariam preparados para compreender a aguda diferença estabelecida por sir Henry Maine entre realização e princípios atributivos.

A questionabilidade inata da noção hierárquica de cultura em geral, e em particular da *kalokagathia*, traz-nos à mente a charmosa análise de Gellner, ao estilo de Swift, do fenômeno nem tão imaginário assim da "bobilidade" (*boblility*).[21] Com pontaria infalível, Gellner desnuda o sentido social desse conceito em aparência absurdo, ambíguo e contraditório em si mesmo: "Bobilidade é um artifício conceitual pelo qual a classe privilegiada da sociedade em questão adquire parte do prestígio de certas virtudes respeitadas nessa sociedade, sem a inconveniência de ter de praticá-las." Isso é o que "bobilidade" de fato significa do ponto de vista sociológico.

Mais uma vez, é verdade que sempre é possível exercer "controle social por meio do emprego de doutrinas absurdas, ambíguas, incoerentes e ininteligíveis". Mas justapor duas noções que em geral distinguimos torna o conceito resultante necessariamente absurdo? Quais são os outros critérios que um sociólogo pode empregar para avaliar a "absurdidade" ou "racionalidade" de um fenômeno social sem levar em conta seu contexto socioestrutural? Será que a coerência semântica de um conceito socialmente funcional não deveria ser avaliada em relação à estrutura que ele denota e aciona? Em segundo lugar, embora muitas classes privilegiadas utilizem conceitos do tipo "bobilidade" para reforçar e defender o seu domínio, o inverso não é necessariamente verdadeiro. É possível imaginar – e de fato assinalar – exemplos em que um conceito hierárquico de cultura socialmente aceito e aprovado esteja ancorado na estrutura social por outras funções que não os artifícios protecionistas de uma elite hereditária bem-instalada.

Quanto à primeira ressalva, foi Georg Simmel quem nos forneceu a pista certa para avaliar a aristocracia e seus ideais em relação à lógica intrínseca de uma estrutura social da qual ela é parte constitutiva.[22] Simmel vê o fenômeno da aristocracia como resultado de um tipo particular de sociedade que só pode existir se produzir *ad aeternum* um estrato de tipo aristocrático e os princípios culturais correspondentes. Como sabemos, numa sociedade de castas, cada novo grupo, qualquer que seja seu traço distintivo, tende a assumir atributos de casta e a se acomodar na rede já existente; numa sociedade organizada com base na coexistência funcional de grupos mutuamente impenetráveis e hermeticamente fechados, a classe detentora do poder assume o mesmo caráter. Tal como outras classes ou *Stände*, ela é fechada em cima e embaixo; tal como outros grupos, é autorizada ou forçada a utilizar símbolos culturais particulares e a explorar bens específicos porque detém um segmento particular da estrutura social total (e não ao contrário, como no caso de uma sociedade móvel e aberta). É o lócus estrutural do grupo como um todo que dá a cada um de seus membros sua identidade social.

Se agora considerarmos os símbolos culturais em relação a seu contexto semântico natural – a estrutura social que eles representam e fazem existir –, parecerá apenas lógico e racional que sua distribuição se baseie no pressuposto de que "cada membro de uma aristocracia participe e se aproveite do que seja mais valioso em todos os membros do grupo. É como se uma substância de valor permanente corresse pelo sangue dos vários membros de uma aristocracia, geração após geração".[23] Há uma clara correspondência entre o princípio organizador da estrutura social e os primeiros axiomas da "ideologia" de cultura aceita. De vez que tanto os signos quanto seus referentes presumidos pertencem ao mesmo contexto semântico e representam a salvaguarda, respectivamente, de sua significação e de sua relevância operativa, a acusação de "fraude", de "exploração absurda" etc. só pode ser confirmada em referência a uma lógica social de fora, estranha. Do ponto de vista intrínseco, a fusão das virtudes individuais com a alocação estrutural do grupo a que o indivíduo pertence parece estar bem-assentada na "lógica objetiva" da estrutura social.

Everett E. Hagen aborda o mesmo tema da perspectiva do tipo de personalidade estruturalmente determinado. Uma sociedade tradicional – da espécie que leva a uma elite aristocrática – é aquela em que abundam personalidades autoritárias (não confundir com o famoso conceito de Adorno). A questão é que, de acordo com Hagen, a ocorrência desse tipo de personalidade particular não se limita a determinada classe social nesta sociedade; ela permeia todas as fronteiras de classe e tende a ser tão generalizada na aristocracia quanto entre os camponeses. "Parece-me provável que uma força causal chave a modelar tanto o padrão de relações sociais quanto a personalidade do camponês é a consciência da extensão limitada de seu poder." A elite aristocrática, pelo contrário, parece ser todo-poderosa:

Seu poder, contudo, depende da posição herdada, não da realização individual. Vale observar quanto a visão que seus membros têm das fontes e dos limites de seu poder se parece com a dos camponeses. A quantidade absoluta de poder econômico e político de um indivíduo membro das classes de elite não é fixa. Ele pode ganhar poder à custa de outro. No entanto, para cada membro da elite, essa possibilidade é ao mesmo tempo ameaça e promessa; e, para além dessa possibilidade de mudanças de poder dentro do grupo, a vida parece ser altamente dominada por forças que estão além de seu controle, tal como ocorre com os camponeses.[24]

Embora partindo de conceitos originais bem diferentes dos de Simmel, chegamos a uma conclusão muito semelhante: a existência de uma correspondência íntima entre o conceito de ideal cultural do tipo "bobilidade" e o raciocínio inerente à lógica estruturalmente (e, segundo Hagen, tecnologicamente) determinada dos processos "vividos".

Entretanto, mesmo que a censura das ideias culturais do tipo "bobilidade" como um absurdo transformado numa arma de classe pudessem se ancorar na realidade da sociedade em discussão; mesmo que, em outras palavras, as ressalvas apresentadas até agora pudessem ser totalmente rejeitadas, continuaria de pé a questão de saber se isso negaria todos os exemplos do conceito hierárquico de cultura. O caso que escolhemos como representativo dele, a noção grega de cultura, não se encaixa muito bem no arcabouço da "bobilidade"; talvez pudesse ser apresentado sob esse título em seu estágio pré-clássico, a ἀρετή (*areté*, "virtude"), em que o ideal galante dos guerreiros aristocráticos se aproximava do privilégio hereditário de governar; mas isso é muito menos verdadeiro no período clássico de uma democracia política, social e econômica rousseauniana – a menos, claro, que estejamos preparados para tratar, de maneira não totalmente injusta, todos os cidadãos livres de Atenas como os aristocratas de uma sociedade escravista.

A avaliação do papel desempenhado pelo conceito hierárquico numa sociedade conflituosa depende do arcabouço estrutural de referência que selecionemos. Até agora não deparamos com um só caso em que um arcabouço, transformando o conceito hierárquico em outra versão da "bobilidade", não seja encontrado. Começamos a indagar se o conceito hierárquico pode ser, de alguma forma, isentado da acusação de tendenciosidade de classe. Tentamos optar pela lógica socioestrutural que supera o aparente absurdo e a inconsistência lógica dos conceitos hierárquicos de cultura. Mas, ainda que racional dessa maneira e logicamente coerente, seria este um conceito "sem classes"?

Idealmente, a resposta é sim. Em 1924, Edward Sapir tentou recuperar a abordagem grega de cultura para fornecer ao conceito em vigor no senso comum uma base acadêmica. Sua metáfora da "cultura genuína" (em contraposição a "espúria") pautava-se amplamente na herança grega dos "refinamentos individuais" e da "forma ideal".

> Uma cultura genuína é perfeitamente concebível em qualquer tipo ou estágio de civilização, no modelo de qualquer espírito nacional. ... É apenas inerentemente harmoniosa, equilibrada, autossatisfatória. ... É uma cultura em que nada é insignificante do ponto de vista espiritual, em que nenhuma parte importante do funcionamento geral traz consigo um senso de frustração, de esforço equivocado ou insensível.[25]

Pode-se notar a tendência relativista presente no pensamento de Sapir, embora ausente no de Aristóteles; também se pode observar a humilde aceitação de soluções culturais alternativas que dificilmente teriam sido compreensíveis aos contemporâneos autoconfiantes de Platão. Mas um aspecto permanece além de discussão: em determinada sociedade, pode-se deduzir uma, e apenas uma, forma ideal que seja a *physis* ao mesmo tempo correta e verdadeira (genuína, em suma) do ser humano.

O metro que Sapir fornece para mensurar essa cultura superior apresenta grande semelhança com o ideal aristotélico de *sophrosyne*; mas pertence claramente à poderosa corrente da oposição romântica à *hubris* individual que se prega no evangelho da sociedade industrial. Ele só pode passar por um fenômeno sem classes se estivermos preparados para descartar a vigorosa defesa, por alguns autores, do lastro de classe do romantismo moderno. Desta vez, contudo, ao contrário do caso da "bobilidade", compromisso de classe significa dissensão. Longe de ser útil na preservação do atual sistema de dominação e privilégio, o ideal hierárquico de cultura transmite, de uma das maneiras possíveis, o descontentamento de um dos grupos mais despossuídos e desprivilegiados. É um ideal belicoso, voltado para a mudança e a reforma, quer seja consciente de sua orientação para o futuro, quer,[26] para grande surpresa de seus seguidores, aponte para o passado. É como se o conceito hierárquico de cultura, embora mantendo em cada caso seu comprometimento de classe, não fosse necessariamente orientado para o establishment. Alguns pensadores modernos muito influentes diriam que nenhum ideal cultural genuíno pode ser orientado para o establishment. Se Herbert Marcuse usasse a expressão "cultura genuína", sem dúvida a teria aplicado apenas aos postulados das classes dissidentes. Afirma ele que

> a validade histórica de ideias como Liberdade, Igualdade, Justiça, Indivíduo estava precisamente em seu conteúdo irrealizado – no fato de que não podiam se referir à realidade estabelecida, que não iria nem poderia validá-las porque eram negadas pelo funcionamento das próprias instituições que deveriam concretizá-las.[27]

É destino dos ideais culturais, diz Marcuse, que sempre retratem a insubordinação e os anseios das classes destituídas e/ou em ascensão. No momento em que são adotados como dispositivos descritivos da realidade social e deixam de fornecer um fulcro independente para formas sociais alternativas, perdem a força criativa, definitiva ou temporariamente, até serem de novo adotados por uma nova classe, mais uma vez como dispositivos críticos.

Parece que, no rodízio de conflitos, revoluções e institucionalizações de novos sistemas, conceitos hierárquicos de cultura –

sempre presentes – desempenham papel importante, embora mutável. Emergem como gritos de guerra de oprimidos e dissidentes; em geral terminam como legitimações, ao estilo "bobilidade", de um novo establishment. Às vezes (como no caso do ideal de liberdade, que reaparece de forma contínua na história do Ocidente, cada vez com um referente semântico ampliado) reassumem seu papel militantemente crítico há muito esquecido, mas são então reformulados como componente parcial de um princípio mais amplo.[28]

Nossa época aparentemente se distingue pela falta de um conceito hierárquico de cultura comparável à antiga *kalokagathia* ou à mais recente nobilidade (ou, no mesmo sentido, ao *baraka* dos berberes estudados por Gellner). Embora seja este um período saturado de ideais de cultura, em parte universais, em parte competitivos, num grau talvez desconhecido de nossos ancestrais, rejeitamos com energia a existência objetiva (quer dizer, pré-humana) dos padrões culturais. Desde pelo menos a época de sir Henry Maine, somos capazes e de fato estamos acostumados a fundamentar nossa explicação dessa nova postura, pautada na sociologia do conhecimento, no princípio de realização contratual da organização social moderna; toda referência a uma hierarquia preestabelecida de qualquer tipo estaria em confronto com a *Weltanschauung* de uma classe que escolheu a realização como legitimação suprema de seu domínio.

Não atribuímos, contudo, suficiente importância à influência exercida sobre a postura moderna pelo crescente status social dos intelectuais, cada vez mais em posição de determinar, à sua própria maneira, os padrões e o conteúdo das tendências de socialização predominantes. O intelecto, a real ou suposta força motora do avanço dos intelectuais (de qualquer maneira, o ponto focal de sua legitimação de classe), compartilha com o dinheiro, como Simmel proclamou de forma profética, a qualidade singular de ser a um só tempo multidecisivo e multigenético; ele leva a uma variedade de objetivos socialmente definíveis e pode ser usado como implemento pelos responsáveis por diversas posições sociais, armados com diferentes tipos de ativos originais. É por isso que o intelecto pode ser usado, como o dinheiro era e ainda é, como veículo de mobilidade social ascendente pelos mesmos indivíduos para os quais estavam inacessíveis as rotas privilegiadas regidas de modo mais tradicional (e portanto mais específicas). A imparcialidade e a disponibilidade relativas do sedimento materializado do intelecto – o conhecimento – foram fundamentais para a rápida ascensão da nova, influente, prestigiosa e bem-sucedida classe dos intelectuais. A elevação dessa classe, contudo, significou inevitavelmente o ascenso simultâneo de símbolos que em tese a discriminavam. Eles foram louvados e sacramentados como *o* padrão moderno de cultura hierárquica. Em desacordo com o princípio da "bobilidade" (o conhecimento é, por definição, algo a ser adquirido, alcançado, acumulado por esforço próprio – *aprendido*), eles não podem ser, e de fato não são, retratados da forma praticada no caso da ἀρετή, ou nobreza de espírito.

Ninguém, exceto alguns poucos gênios solitários, pode ser identificado como detentor de conhecimento por outro sinal além do próprio conhecimento. Por conseguinte, a maneira como falamos e pensamos sobre a versão moderna do ideal hierárquico de cultura oculta a forma como esse ideal funciona na realidade social. Não apenas substituímos o "tipo adequado de família" pelo "tipo adequado de escola", esquecendo o papel que a "família adequada" desempenha como guardiã da "escola adequada" (ou, talvez, o papel dessa guardiã em transformar determinada escola em "adequada"); acreditamos que pessoas se tornam membros de comunidades institucionalmente "informadas" por serem doutas e letradas por direito próprio – embora na prática possamos presumir que X é douto e letrado quando nos dizem que ele é membro da comunidade mencionada. Além disso, observamos com meticulosidade um procedimento de aprendizado complexo, cuja função real consiste em decisões, tomadas pelas próprias comunidades institucionalizadas, sobre quem merece e não merece se tornar um de seus membros.

Não constitui um acidente histórico o fato de que as prerrogativas da guilda, com seus intricados ritos de iniciação e de passagem – artifício feito sob medida para a sociedade aristocrática, corporativa –, tenham sido preservadas intactas e indestrutíveis precisamente na esfera que fornece o foco do moderno ideal hierárquico de cultura, ao mesmo tempo que elas definharam em quase todos os outros campos sociais. Realmente percorremos um longo caminho desde a solitária batalha de Francis Bacon pela legitimação dos valores científicos. Com a brilhante carreira da sabedoria como ideal de cultura, os eruditos (que desempenham em relação ao novo ideal a mesma função de sustentáculos da qualidade da Καλόζ desempenhada nos tempos de Aristóteles) tornam-se cada vez mais definíveis como funcionários de organizações acadêmicas.

À luz de nosso argumento, o fenômeno da "bobilidade" de Gellner, longe de ser um exemplo de conceito absurdo, ilógico, empregado para fins de classe, não parece se limitar, em sua aplicação, apenas à sociedade aristocrática. Não se ajusta a muitos ideais culturais, e a nenhum deles em seu estágio militante, dissidente; é bem provável, contudo, que a "bobilização" seja o destino derradeiro e inescapável de todos os ideais hierárquicos de cultura historicamente conhecidos – e que acabarão triunfando.

A cultura como conceito diferencial

Em seu segundo significado, o termo "cultura" é empregado para explicar as diferenças visíveis entre comunidades de pessoas (temporária, ecológica ou socialmente discriminadas). Esse uso situa o conceito diferencial de cultura entre numerosos "conceitos residuais", muitas vezes construídos em ciências sociais para invalidar o sedimento de idiossincrasias desviantes que não pode dar conta de regularidades que, de outro modo, seriam universais e onipotentes (onde ele compartilha a função que lhe é atribuída com ideias, tradição, experiência de vida etc.).

As observações anteriores referem-se mais amplamente às aplicações modernas do conceito diferencial, embora ele mesmo não fosse de todo conhecido pelos antigos. Os gregos, de fato, encontraram "outros povos" e eram extremamente conscientes de sua diferença. Desenvolveram uma disposição para registrar de modo consciente as perturbadoras divergências entre os hábitos de outros povos e os deles próprios. Ainda assim, viam essas distinções como curiosos desvios do padrão normal: as competentes descrições de caucasianos, egípcios, citas, babilônios e muitos outros povos "exóticos" feitas por Heródoto são construídas por sentenças que na maioria das vezes começam com as expressões "Eles não" e "ao contrário de nós".[29]

O mundo dos gregos era dividido de maneira clara entre um núcleo helênico e uma margem uniformemente bárbara. Do ponto de vista filosófico, a conciliação entre o pressuposto da existência de padrões pré-constituídos de verdade, beleza e rigor moral e a registrada variabilidade dos hábitos e costumes populares aceitos deve ter produzido obstáculos insuperáveis. Parece, todavia, que os gregos nunca enfrentaram o problema em termos teóricos. Classificar dissimilaridades explícitas como curiosidades exóticas pode ser uma forma de contornar o problema, em vez de resolvê-lo.

O que sem dúvida impediu os pensadores gregos de usar no plural o que quer que pudesse significar nossa "cultura" foi seu pressuposto inquestionável da natureza inata dos padrões de vida e do papel meramente "opressivo" do processo educacional. O educador era uma parteira ajudando no nascimento de um produto que ela própria não criara. Quaisquer que fossem suas virtudes, a indocilidade e a insubmissão não estavam entre elas. Pode-se interpretar esse pressuposto (notável sob outros aspectos) da unidade incontroversa entre processo ativo de crescimento e autoaperfeiçoamento individuais e padrões em tese imutáveis e não manipuláveis como reflexão filosófica de uma comunidade culturalmente uniforme e com alto grau de unidade social; entretanto, mesmo que se deteste esse tipo de explicação óbvia, com base na sociologia do conhecimento, parece haver um forte argumento em favor do papel epistemologicamente restritivo de uma integração social muito desenvolvida. Travar contato com diferenças culturais não significa percebê-las; e percebê-las não implica conferir o mesmo status existencial a formas de vida divergentes.[30] A relatividade dos padrões culturais só foi concebida historicamente quando a florescente estrutura social moderna havia solapado a anterior unidade entre indivíduo e sua comunidade.

O legado da visão grega de cultura, hierárquica e absolutista, encantou o pensamento europeu bem depois que Locke, em 1690, apresentou a relação completa dos ingredientes intelectuais que o conceito diferencial exigia. Em 1750, Turgot, bem afinado com a *ambience* intelectual dominante, tentou escapar do impasse filosófico atribuindo ao conceito hierárquico de cultura um valor universal (dessa vez explicitamente na escala da humanidade): "As disposições primitivas estão ativas tanto entre povos bárbaros quanto civilizados. ... As oportunidades educacionais e as circunstâncias as desenvolvem ou as deixam ser enterradas na obscuridade."[31] Mas a revolução lockiana já estava em marcha. A devastadora pergunta "Onde está aquela verdade prática recebida universalmente sem que haja dúvida ou questionamento, tal como deve ser, se ela é inata?" já havia sido feita, e a chave mágica da "sala vazia" tinha destrancado travas intelectuais até então invioláveis.[32]

É verdade que Locke extraiu esses argumentos cruciais contra a existência de padrões inatos de dados etnográficos (escassos e equivocados como eram à época). Mas seria ingênuo acreditar que suas conclusões estivessem intrinsecamente presentes na própria diversidade da espécie humana, esperando por um espírito inquisitivo que as desnudasse para que todos as vissem e as aceitassem. Os conceitos diferenciais de cultura, como todos os outros, são arcabouços intelectuais impostos sobre o corpo acumulado das experiências humanas registradas. São aspectos da prática social humana; sua coesão *in toto*, como no caso de qualquer outra totalidade sistêmica, não é necessariamente divisível quando deles se retira um fragmento qualquer.

Os conceitos estão, de fato, encerrados na totalidade da prática humana, mas nem sempre se ligam aos elementos da experiência aos quais se subordinam semanticamente. Sua associação com os referenciais semânticos em geral registra e cultua certa dose de arbitrariedade humana ativa, enquanto, do ponto de vista genético, estão em geral arraigados (e de modo bem menos arbitrário) na organização historicamente determinada da própria condição humana, a parte da existência do homem mais profundamente sentida e vivida.

As relações são muito mais complicadas do que conseguimos tipificar; são cheias de efeitos do tipo reação e recuo por parte de qualquer elemento na totalidade da prática. Sem dúvida voltaremos a esse tema no devido tempo; voltamos a ele neste estágio apenas para explicar o motivo pelo qual estamos inclinados a buscar as raízes da descoberta de Locke nas mudanças estruturais por que passou a sociedade inglesa no século XVII, e não na exploração de novos continentes por parte dos não conformados, fossem eles mercadores, santos ou piratas.

Modos de vida alternativos tinham de ganhar status legítimo no interior de uma comunidade unificada por uma só fonte de legitimidade, a fim de tornar possível a ab-rogação de um sistema social absoluto e sem rivais, e de sua imagem sacralizada, os padrões absolutos de moral, beleza, decência.

No momento em que o conceito diferencial de cultura emergiu das cinzas de seu predecessor absoluto e hierárquico, ele passou a ser sustentado por diversas premissas tácitas (por vezes explícitas) que deveriam permanecer como seus atributos inseparáveis ao longo da história.

1) De longe, o pressuposto mais importante, seminal, é a crença lockiana que (se reapresentada de maneira mais moderada) se resume na afirmação de que os seres humanos não são totalmente determinados pelo genótipo; o equipamento inato do ser humano, por mais rico que seja, ainda deixa os homens despreparados para o modo humano de vida; muitas pontas soltas podem ser amarradas de diversas formas diferentes, e determinantes naturais não favorecem qualquer das maneiras porventura escolhidas. A única coisa que esses determinantes estipulam é que deveriam ser feitas algumas escolhas para dotar um *homo*

sapiens in potentia das características do *homo sapiens in actu*. Se restrito a seus aspectos somáticos, biológicos, um ser humano potencial é incompleto, truncado, monstruosamente infantil. Clifford Geertz, uma das mentes mais hábeis e perspicazes entre os antropólogos vivos, convidou-nos a mirar as culturas

> cada vez menos em termos da maneira como elas restringem a natureza humana, e cada vez mais do modo como, para o bem ou para o mal, elas a efetivam. ... O homem é o único animal vivo que precisa de modelos [culturais], pois é o único animal vivo cuja história evolutiva foi tal que seu ser físico se moldou de forma significativa por sua existência, e que, portanto, irrevogavelmente se sustenta nela.[33]

No raciocínio bem-informado que precedeu essa conclusão, Geertz evocou a visão moderna da pré-história biológica humana para construir fundamentos sólidos sob a famosa profissão de fé de que "as bases biológicas do comportamento cultural da humanidade são a parte mais irrelevante", enquanto "os fatores históricos são dinâmicos",[34] o que se tornou virtualmente incontestável depois de se transformar na carteira de identidade dos diferencialistas culturais.

2) Do pressuposto da incompletude básica do ser humano em sua capacidade puramente biológica surge a segunda premissa do conceito diferencial de cultura: essas várias formas socioculturais, que chegam a ser mutuamente exclusivas, podem corresponder a um só conjunto de condições não sociais (biológicas, natural-ambientais, ecológicas). Ruth Benedict, mais uma vez, afirma em sua festejada alegoria:

> O padrão cultural de qualquer civilização faz uso de certo segmento do grande arco de propósitos e motivações humanos potenciais, da mesma forma como vimos, em capítulo anterior, que qualquer cultura lança mão de certas técnicas materiais ou traços culturais selecionados. O grande arco ao longo do qual todos os compor-

tamentos humanos possíveis se distribuem é amplo demais e cheio de contradições para que uma cultura, qualquer que ela seja, consiga recorrer a uma parcela considerável dele. A seleção é a primeira exigência. Sem seleção nenhuma cultura poderia atingir a inteligibilidade, e as intenções que ela seleciona e torna suas constituem um tema muito mais importante que o detalhe particular da tecnologia ou que as regras matrimoniais que ela seleciona de maneira similar.[35]

A antiga dualidade aristotélica da forma ativa, modeladora (espírito, *télos*), e da substância passiva, moldada (matéria, corpo), tem sido reiterada sob um disfarce atualizado. "Fatores culturais ativos operam sobre as substâncias relativamente estáticas da raça e do ambiente físico", é a afirmação peremptória de C. Daryll Forde.[36] A cultura é a energética atividade humana colocada em ação contra a natureza imóvel. O mesmo motivo é repetido sempre que se toca a canção da cultura como diferencial, embora a melodia varie ao longo de um amplo espectro. O voluntarismo extremado e embaraçoso de Ruth Benedict, atribuindo uma liberdade quase ilimitada a escolhas puramente culturais, foi há pouco substituído por uma atitude mais cautelosa.

Leslie A. White, embora buscando ordenar as culturas conhecidas numa só sequência evolutiva (procedimento tradicionalmente associado a uma rejeição bastante inequívoca do relativismo), ainda é enfático ao afirmar que a cultura é um "continuum extrassomático, temporal, de coisas e eventos *dependentes da simbolização*". Mas não é esse o tom predominante hoje. Outro neoevolucionista, Julian H. Steward, sem dúvida está mais perto do clima atual ao concluir que

> se as mais importantes instituições da cultura podem ser isoladas de seu ambiente singular de modo a serem tipificadas, classificadas e relacionadas a antecedentes recorrentes ou correlativos funcionais, é possível considerar as instituições em questão básicas ou constantes, enquanto as características que emprestam singularidade são as secundárias ou variáveis.[38]

O que é mais importante: autores recentes evitam, de modo deliberado, considerar a obstinada diversidade de culturas um dos "fatos brutos" não problemáticos, cabe averiguar, mas dificilmente poderiam ser relacionados a uma camada "mais profunda" da realidade empírica. Pelo contrário, eles tratam o fato de as "culturas" resistirem à fusão e tenderem a manter suas características distintivas como um problema a ser explicado. Cada vez mais cônscios da unidade básica da espécie humana, presumem de forma tácita que, se as pessoas não sucumbem a um conjunto de padrões unificados, deve haver alguns fatores em operação impedindo-as de fazer isso, e que esses fatores deveriam ser apontados e devidamente analisados.[39]

Marshall D. Sahlins, antropólogo dotado de notável capacidade de síntese, destaca, entre "os artifícios que isolam as pessoas das alternativas culturais", "as ideias negativamente carregadas sobre condições e costumes em sociedades vizinhas". Essa ideologia etnocêntrica é responsável pelo fato de "culturas maduras, adaptadas e especializadas" serem "conservadoras, apresentando reações defensivas em relação ao mundo".[40] Uma vez feita uma escolha, a cultura resultante age como principal empecilho à aceitação das opções de outros povos; a diversidade empírica da cultura não implica necessariamente a relatividade imanente dos padrões culturais, ou a impossibilidade de conceber uma escala universal da superioridade relativa desses padrões, crença que ajuda seus portadores a contornar os ângulos mais desfavoráveis do relativismo cultural extremo, não mais respeitável.

3) Claro, o conceito diferencial de cultura é logicamente incompatível com a noção de universais culturais (o que não significa que não se possa fazer esforço para localizar esses universais sem extrair conclusões lógicas e rejeitar o paradigma diferencial; na verdade, isso tem se realizado repetidas vezes, como veremos adiante). Usar o termo "cultura" com o artigo indefinido só faz sentido se sustentado pelo pressuposto implícito de que nada que seja universal pode ser um fenômeno cultural; sem dúvida, existem inúmeras características universais de sistemas sociais e

culturais; mas, por definição, elas não pertencem ao campo que a palavra "cultura" denota. Infelizmente, é difícil se manifestar esse tipo de autoconsciência lógica.

Muitos antropólogos passam por grandes sofrimentos para "provar" que as supostas similaridades culturais não são culturais, e deveriam ser relacionadas a fenômenos psicobiológicos ou protoculturais. A lucidez de pensamento mostrada por David Kaplan (que *define* a cultura como algo que "não parece ser explicável apelando-se para suas características genéticas ou para peculiaridades psíquicas pan-humanas")[41] continua a ser uma raridade na literatura antropológica. O que desde o início foi uma opção sectária por um (entre os muitos significados do termo) tem sido apresentado de maneira insistente como afirmação empírica, descritiva, embora a decisão definidora determinasse a priori a maneira como os dados empíricos eram selecionados e (se coligidos por outros) interpretados.

Assim, diante da menção, por parte de Lowie, de "universais da mente humana" (1920), Sapir respondeu ferozmente, embora com presunção, que qualquer característica social generalizada pode ser revelada como "não como [a] resposta psicológica imediata e universal que poderíamos presumir, mas um fenômeno originalmente local, singular, que aos poucos se espalhou por empréstimos culturais a uma área contígua".[42]

O difusionismo era o complemento inescapável de um diferencialismo consistente. Se definirmos cultura – seguindo, por exemplo, Clyde Kluckhohn – como "*uma forma* de pensar, sentir, acreditar", como o "conhecimento *do grupo* armazenado para uso futuro",[43] então presumir que diversas culturas sejam capazes de chegar de modo independente a uma solução idêntica será tão implausível quanto a probabilidade de que, em diversas populações endogâmicas distintas, as mesmas mutações apareçam de forma espontânea e evoluam segundo tendências genéticas paralelas; e, assim, a hipótese do difusionismo se transforma automaticamente na explicação mais cabível da similaridade cultural.

David Aberle fez uma defesa convincente do estruturalismo linguístico em sua fase inicial (na forma que assumiu no auge do triunfo póstumo de Ferdinand de Saussurre) como a principal inspiração do diferencialismo cultural. A fácil analogia entre linguagem e cultura (os dois fenômenos atuam como fatores constitutivos das respectivas *comunidades*) parece ter reforçado em muito a posição dos cientistas sociais que evidenciaram a função diferenciadora das culturas. Entre os numerosos pontos contíguos especificados por Aberle, dois são de particular importância no presente contexto: tal como a linguagem, a cultura "é seletiva", cada qual é "uma configuração singular. Não há categorias gerais de análise".[44] Mais uma vez, o que de início era um postulado metodológico (de enorme valor heurístico, com certeza) reencarnou-se no seu análogo cultural com a aparência de uma declaração pseudodescritiva.

4) É evidente, o outro lado da moeda é a rejeição enfática da universalidade cultural. A única ideia de universalidade compatível com o conceito diferencial de cultura é a presença universal de algum tipo de cultura na espécie humana (como no caso da linguagem saussuriana); mas o que essa declaração significa é antes uma característica universal dos seres humanos, não a cultura em si.

Há uma evidente contradição entre nossa generalização e as conhecidas tentativas dos culturologistas diferenciais de produzir inventários de – precisamente – "universais culturais". Marvin Harris mostra como essa busca de "universais" remonta ao século XVIII, em que o próprio termo não era usado e quando os etnógrafos não faziam mistério sobre a natureza de suas categorias descritivas, destinadas pura e simplesmente a injetar alguma ordem nos dados caóticos das pesquisas de campo e alguma disciplina em sua compilação.

Joseph Lafitau (1724) organizou seus achados sob os títulos de religião, governo político, casamento e educação, ocupações dos homens, ocupações das mulheres, guerra, comércio, jogos, morte e funeral, doença e medicina, e linguagem; J.N. Demeunier (1776) modificou e ampliou a lista, abrindo espaço para itens requintados, como padrões de beleza ou desfiguração do corpo.[45] Mas foi só com Clark Wissler que os modestos autores de inventários assumiram a pretensão de descobrir universais, em vez de apenas descrever os itens que estavam procurando. Os títulos despretensiosos esperariam até 1923 para ser promovidos por Wissler à esplêndida categoria de "padrões culturais universais",[46] enquanto seu número encolhia para oito (discurso, hábitos materiais, arte, ciência e religião, família e sistemas sociais, propriedade, governo e guerra). Com George P. Murdock, a lista cresceu mais uma vez para uma numerosa série de itens organizados em ordem alfabética, incluindo, entre tantos outros, galanteio, escatologia, gestos, penteados, pilhérias, refeições, costumes na gravidez e conceitos de alma.[47] Os autores permaneceram curiosamente cegos ao fato de que as supostas generalizações nada transmitiam além das perguntas apresentadas pelos pesquisadores de campo e formuladas a priori, em função de seu próprio hábito, adquirido com o treinamento, de dividir o universo em fenômenos distintos.

O procedimento genuíno, por meio do qual se chegou aos universais do tipo aqui apresentado, poucas vezes era explicitado. Um desses raros casos foi fornecido pela declaração programática de E.E. Evans-Pritchard (1962), com quem aprendemos que a tarefa do antropólogo consiste em compreender as características manifestas importantes de uma cultura, revelando sua forma subjacente mais atual, e depois comparar "as estruturas sociais que a análise revelou numa ampla gama de sociedades".[48] Assim, a comparação é o ponto central de todo o método. Na verdade, os chamados universais são apenas similaridades desnudadas pelo processo de comparar diferentes entidades culturais.

Por infortúnio, nenhum volume de comparação provavelmente nos colocará mais perto da descoberta daquilo que de fato poderia ser chamado de "universais" sem violar as regras aceitas da lógica da ciência – e não apenas em função das reconhecidas deficiências inatas do pensamento indutivo. O verdadeiro problema do procedimento proposto por Evans-Pritchard está na impossibilidade de especificar critérios universalmente válidos e incontroversos para escolher "um e apenas um" arcabouço de comparação e posterior classificação das culturas.

A escolha, na verdade, é agravada pelo primeiro estágio do procedimento como um todo, pela lógica supostamente inerente, embora em geral importada, do cenário etnográfico local do próprio antropólogo. Se o estudioso da cultura deseja transcender o embaraçoso paroquialismo das contingências locais, vai preferir comparar, seguindo a advertência de Radcliffe-Brown,[49] culturas vistas pelo prisma de categorias de senso comum, como economia, política, parentesco etc. Se obtiver sucesso, será recompensado com outro conjunto de tipos classificatórios. Seu caráter arbitrário só será disfarçado pelo falso brilho da exatidão empírica. Mas nenhum grau de precisão empírica poderá salvar sua criação do lixo, mais uma vez sem um argumento conclusivo, em nome de outra classificação de senso comum – nem pior nem melhor.

O caráter inexoravelmente inconclusivo – e, portanto, a escassa carga informativa – das aventuras classificatórias provê o principal alvo da devastadora crítica de Edmund Leach. Não que ele duvide do valor cognitivo e das possíveis aplicações das classificações comparativas; suas reservas referem-se a substituir as generalizações universais por classificações, bem como a ilusão de que, uma vez produzidas as classificações, o problema dos universais culturais estará resolvido. A posição de Leach é de que

> tanto a comparação quanto a generalização constituem formas de atividade científica, embora diferentes. A comparação é uma questão do tipo coleção de borboletas – de classificação, disposição das coisas de acordo com seus tipos e subtipos. ... Radcliffe-Brown preocupava-se, por assim dizer, em distinguir relógios de pulso de relógios de parede, enquanto Malinowski estava interessado nos atributos gerais dos mecanismos de medição do tempo. Mas *ambos* os mestres tomaram como ponto de partida a noção de que a cultura de uma sociedade é uma totalidade empírica constituída de um número limitado de partes prontamente identificáveis, e que, quando comparamos duas sociedades, nossa preocupação é ver se os mesmos tipos de partes estão presentes ou não, nos dois casos. Essa abordagem é adequada para um zoólogo, um botânico ou um mecânico.[50]

Leach acredita que a antropologia não deveria estar próxima de qualquer desses campos e, para achar seu método próprio, deveria se voltar para a matemática. Com formação em engenharia, Leach tem intimidade suficiente com a matemática para reduzi-la – acompanhado de muitos prosélitos confusos – à quantificação e à aritmética. Sua polêmica não gira em torno de uma linha divisória imaginária entre a exatidão e a precisão das fórmulas quantificáveis e a inconfiabilidade e obscuridade das humanidades. Ele está pronto a aceitar que a distinção classificatória meticulosa é tão precisa, e mesmo empiricamente confiável, quanto se possa desejar.

O que Leach procura é algo mais ambicioso, algo de que a matemática é a própria encarnação, para quem está devidamente familiarizado com sua própria essência: seguindo a receita cartesiana, ele deseja penetrar nos domínios do necessário, do constante, do exato. Não está interessado na correção ao estilo colcha de retalhos das falácias individuais, no que é a estratégia analítica correta; seu alvo é transplantar toda a questão dos universais culturais do teatro da contingência, da acidentalidade e da temporalidade para o solo dos princípios invariáveis a que ela pertence. Mas esse já é outro problema, ao qual retornaremos no momento devido.

5) Tendo se privado do arcabouço analítico universal, genérico, os usuários do conceito diferencial devem se esforçar ao máximo para construir um arcabouço substituto em que possam fixar suas descobertas. A modéstia inicial de Franz Boas, que estimulava seus seguidores a se concentrar em características culturais individuais consideradas isoladamente, logo se mostrou responsável pelo seu próprio fracasso, ao ser confrontada com o ritmo logarítmico da coleta de dados. Para entender fatos acumulados numa grande velocidade, e controlar o futuro fluxo das partículas de realidade registradas que se apresentavam como "fatos", era necessário construir um modelo sistemático no qual os "fatos" pudessem ser acomodados de maneira segura e adequada, tornando-se, assim, inteligíveis. A importância vital dessa tarefa acabou sendo admitida, embora não cedo o bastante, pelo pró-

prio Boas. Seus discípulos foram mais rápidos na resposta. O endereço a que recorreram em busca de ajuda em primeira instância foi, naturalmente, os "nativos", os membros das próprias comunidades culturais investigadas.

De início essa busca não foi muito além da cláusula weberiana da "compreensão". Leal à sua formação filosófica germânica, saturada de *Weltanschauung* e *Volksgeist*, Bronislaw Malinowski foi dos primeiros a formular a tarefa do etnógrafo como "apreender o ponto de vista nativo, sua relação com a vida", e perceber "*sua* visão de *seu* mundo".[51] Malinowski não pretendia apenas fazer com que as atenções de seus colegas se voltassem para um dos muitos capítulos de rotina de algum relato etnográfico padrão. As ideias dos nativos não eram apenas uma das muitas curiosidades a ser investigadas e descritas, mas a pista central do verdadeiro significado de tudo aquilo que o etnógrafo via e observava em seu trabalho de campo. O sentido agregado por Malinowski a essa declaração programática pode ser mais bem decodificado à luz dos "pressupostos absolutos" neokantianos da escola filosófica de Baden, muito em voga e bastante influente nos anos de formação da postura epistemológica de Malinowski. As ideias básicas dessa escola foram condensadas nas prescrições metodológicas de Wilhelm Dilthey:

> A relação fundamental em que se baseia o processo de compreensão elementar é a da expressão para a qual ele se expressa. ... A compreensão tende a articular o conteúdo mental que se torna seu objetivo. ... A expressão da vida que o indivíduo apreende é, como regra, não apenas uma expressão isolada, mas cheia de um conhecimento daquilo que se possui em comum e de uma relação com o conteúdo mental.[52]

Os dados de campo discrepantes podem ser avaliados e compreendidos de forma adequada – é o que vem a seguir, caso se deseje extrapolar a condição do etnógrafo – quando referidos a seu "conteúdo mental", às ideias que seus autores queriam expressar nos artefatos estudados. "Uma cultura" é, em primeiro lugar, uma comunidade espiritual, uma comunidade de significados compartilhados.

A conversão de Franz Boas, não obstante a base filosófica similar, foi apresentada numa roupagem muito menos metafísica, talvez por ter acontecido num momento tão tardio, após a prolongada exposição de Boas ao clima intelectual mais secular e mundano dos Estados Unidos. Boas via (tal como Malinowski o fizera) na "relação do indivíduo com sua cultura" "as fontes de uma verdadeira interpretação do comportamento humano". Mas, em vez de coisas enganosas como "valores" e "visão de mundo" (que sem dúvida também nunca foram um objeto consistente das preocupações de Malinowski, em desafio a seus próprios postulados), ele recorreu à "psicologia social" behavioristicamente prosaica da década de 1920: "Parece um esforço inútil procurar leis sociológicas subestimando o que se deveria chamar de psicologia social, ou seja, a reação do indivíduo à cultura."[53]

Quaisquer que fossem as relações entre os desempenhos práticos de campo de seus proponentes, as estratégias analíticas de Boas e Malinowski situam-se em polos opostos do espectro filosófico. Malinowski vê a coesão intrínseca de "uma cultura" no projeto significativo que os "nativos" impõem e expressam por seu comportamento culturalmente padronizado; os seres humanos que ele estuda são vistos sobretudo como sujeitos. Boas situa o tema no domínio dos padrões comportamentais. Seus "nativos" são, para início de conversa, os objetos reativos treinados da cultura.

Os seguidores de Boas na escola da cultura e personalidade de início estavam mais próximos do *Volksgeist* (espírito do povo) de Malinowski que do namoro de Boas com o behaviorismo. Em seu ensaio seminal sobre o conceito de cultura, Clyde Kluckhohn definiu "uma cultura" relacionando-a às "definições da situação" compartilhadas e historicamente criadas, e não às "formas de vida" distintas de que elas são manifestações.[54] A.L. Kroeber parecia atribuir importância teórica fundamental à noção de "ethos cultural", a qualidade total de uma cultura, definido como "o sistema de ideais e valores que domina a cultura e, portanto, tende a controlar o tipo de comportamento de seus membros".[55]

A abordagem mais próxima da versão kroeberiana do *Volksgeist* pode ser encontrada no conceito de estilo proposto por Meyer Schapiro para denotar a manifestação da cultura como um todo, o signo visível de sua unidade. O estilo reflete ou projeta a "forma interna" de pensamento e sentimento coletivos.[56] Antecedentes históricos da atitude debatida podem ser encontrados em grande número, muito antes de terem sido articulados por Dilthey ou Windelband, profundamente arraigados no senso comum popular pré-científico. Foram citados repetidas vezes por Margaret T. Hogden em seu encantador estudo sobre as ideias antropológicas dos séculos XVI e XVII.[57] Na verdade, o hábito de definir "nações" distintas por meio de seus "vícios, deficiências, virtudes e qualidades honestas", por seu *ethos* ou *estilo* – remonta à Idade Média.

No estágio mais maduro de sua história, a escola da cultura e personalidade acomodou o elo freudiano de mão dupla entre civilização e psicologia humana para se livrar dos embaraçosos dilemas e das consequentes incongruências da teoria anterior. Tendo incorporado o paradigma psicanalítico da experiência anterior como, ao mesmo tempo, determinado pela cultura e determinando-a, a escola deixou de ser assaltada pela perturbadora escolha entre a metafísica alemã e o behaviorismo americano. Os teóricos da cultura e personalidade afinal encontraram seu elo perdido: o fato de ela estar localizada na esfera do inconsciente parecia fornecer à hipótese da cultura e personalidade a desejada prova de sua verossimilhança. O vínculo íntimo entre cultura e personalidade agora parecia firmemente estabelecido. O novo espírito da escola foi expresso de maneira adequada por Ralph Linton no prefácio ao tratado codificador de Kardiner e colaboradores:

> O tipo básico de personalidade para qualquer sociedade é aquela configuração de personalidade compartilhada pela maior parte de seus membros em consequência de experiências anteriores que eles têm em comum. Não corresponde à personalidade total do indivíduo, mas aos sistemas projetivos, ou, em outras palavras, aos sistemas de atitudes e valores que constituem a base da confi-

guração da personalidade individual. Assim, o mesmo tipo básico de personalidade pode se refletir em muitas formas diferentes de comportamento e entrar em diversas configurações totais de personalidade.[58]

Teórica e empiricamente (como, por exemplo, na demonização da forma japonesa de educação esfincteriana, por parte de Ruth Benedict, ou nas preocupações mórbidas de Gorer e Rickman com os hábitos russos em relação a fraldas), a "configuração" ou "tipo de personalidade" se tornou, em última instância, o termo alternativo para "padrão" ou "ethos cultural". A escola tem sido bastante coerente ao longo de sua história; a semântica final, na verdade, foi prefigurada por escolhas conceituais iniciais que a colocaram, desde o início, em busca de uma teoria psicológica conveniente, de tipo freudiano, e tornou imperativa a união entre as duas teorias. A evolução futura da escola já estava, de fato, contida *in potentia* na declaração de Ruth Benedict, em 1932: "Culturas são a psicologia individual ampliada na tela, ganhando proporções gigantescas e um longo tempo de duração."[59]

O processo de construção de uma teoria sempre começa destacando-se, a partir da realidade percebida, a "caixa-preta" da escolha do estudioso. A seleção da caixa-preta determina de forma oblíqua quais variáveis se tornam, para o pesquisador, os "insumos" (*inputs*) e os "produtos" (*outputs*) do fenômeno investigado. Só eles ficam expostos à avaliação empírica e apenas eles exigem registro. O produtor da teoria acaba com duas séries de dados registrados sobre a mesa; a tarefa consiste em construir um modelo que dê conta das relações descobertas entre "insumos" e "produtos" – em outras palavras, que apresentem os "produtos" como função dos "insumos" (no sentido matemático, não biológico nem sociológico, do termo "função").

A afiliação íntima – de fato, a identidade – da cultura e da personalidade não foi "descoberta" pela escola em questão; ela foi predeterminada pela decisão da escola de selecionar a caixa-preta dos psicólogos como estrutura inicial para seu processo de construção teórica: o espaço experimentalmente inacessível entre os estímulos externos e as reações manifestas, extrínsecas a esses estímulos. Como fazem os psicólogos, a escola da cultura e personalidade tenta preencher o conteúdo desconhecido desse espaço com hipotéticas "variáveis intervenientes", as quais, por sua vez, delineiam novas estratégias de pesquisa e conceitos teóricos centrais. Para resumir uma longa história, o que se apresentou, de modo equivocado, como conclusões empíricas foi na realidade uma decisão a priori introduzida na seleção de padrões discrepantes de comportamento como tema da pesquisa culturológica; resultado direto e inevitável, sem dúvida, de se optar pelo conceito diferencial de cultura.

Claro que o vácuo entre insumos e produtos pode ser preenchido por muitos modelos teóricos diversos, como de fato tem acontecido nas últimas décadas. Pode-se encontrar toda uma gama de modelos, das agonias da formação do id no embrião ao conhecimento consciente que modela a cognição (a "etnociência", recém-denominada "etnometodologia") dos membros adultos da comunidade.

Todos esses modelos, não obstante sua diversidade, podem também ser classificados na mesma categoria, já que são soluções alternativas para a mesma questão estruturada na origem pela decisão comum quanto à localização da "caixa-preta" da cultura. Essa decisão constitui o paradigma compartilhado por todas as abordagens baseadas no conceito diferencial de cultura, independentemente de suas controvérsias e animosidades latentes ou manifestas. Embora Ward Goodenough, sem dúvida, não se considerasse um representante do mesmo tipo de antropologia da qual Robert Redfield foi por muitos anos reconhecido como porta-voz, as recomendações de ambos aos colegas antropólogos – os dois ramos da mesma árvore paradigmática – apresentam notável semelhança e oferecem um testemunho eloquente do papel decisivo desempenhado pelas opções conceituais. Assim, Redfield lembra a seus leitores que

> ao tentar descrever uma pequena comunidade em termos de visão de mundo, o forasteiro suspende suas sugestões de sistematização

do todo até ter ouvido os nativos. O forasteiro espera. Ele ouve para saber se um ou muitos deles imaginaram uma ordem para o todo. É para conhecer a ordem *deles*, as categorias *deles*, a ênfase *deles* nesta e não naquela parte que o estudioso os ouve. Cada visão de mundo é constituída da matéria-prima da filosofia, a natureza de todas as coisas e suas inter-relações, e é em busca do ordenamento dessa matéria-prima pelo filósofo nativo que nós, os investigadores forasteiros, os ouvimos.[60]

E em uníssono com Redfield, embora empregando terminologia diferente, Goodenough reitera as mesmas ideias:

> A cultura de uma sociedade consiste em qualquer coisa que se precise saber ou acreditar a fim de operar de maneira aceitável para seus membros. ... É a forma das coisas que as pessoas têm em mente, seu modelo para percebê-las, relatá-las e interpretá-las. ... A descrição etnográfica, então, exige métodos de processar os fenômenos observados a fim de podermos construir indutivamente uma teoria sobre a forma como nossos informantes organizaram os mesmos fenômenos.[61]

Parece que o conceito diferencial de cultura anda inescapavelmente de par com o pressuposto de que a coesão intrínseca de cada unidade da cultura é ancorada "lá fora", seja na formação subconsciente de personalidades humanas, seja nas formas típicas de mapeamento cognitivo inculcadas na mente dos membros da cultura. A tentativa mais explícita de transformar o pressuposto tácito em princípio metodológico elaborado tem sido até agora expressa em termos das abordagens alternativas "êmica" e "ética" – edição modernizada do dilema alemão da natureza-cultura-ciência, informação e compreensão etc.

Os termos – agora usados em abundância, às vezes de forma abusiva, pelos seguidores de Harold Garfinkel (que se denominam, alternadamente, "etnometodólogos", "sociólogos fenomenológicos", "sociólogos da vida cotidiana" etc.) – foram introduzidos por Kenneth L. Pike, linguista dissidente que marcou sua guinada para o estudo da sociedade com o uso de ferramentas emprestadas de sua formação em fonologia estrutural.[62]

A diferença entre a fonética (a abordagem "ética") e a fonologia, ou estudo dos fonemas (a abordagem "êmica"), em linguística, pode ser expressa em termos brutos como a distinção entre o estudo dos sons realmente produzidos e de suas unidades elementares (que pode ser realizado sem conhecimento do verdadeiro significado das palavras na linguagem em questão e expresso em termos puramente físicos) e o estudo dos aspectos dos sons que são de fato operativos na criação e transmissão de palavras, isto é, das sequências significativas de sons (o que só pode ser realizado se a linguagem pesquisada for concebida – "compreendida" – como um arranjo ordenado de significados e suas formas sonoras). Segundo Pike, tomar o estoque de padrões comportamentais de uma cultura, tal como vista de fora por um observador que desconheça o aspecto "semântico" do comportamento que descreve, seria o análogo sociológico da fonética. Mas, para nos beneficiarmos dos avanços da linguística estrutural, devemos ser capazes de construir um correlativo sociológico da fonologia. Daí a necessidade de uma abordagem "êmica" como postulado metodológico essencial.

Um pressuposto básico da estratégia de Pike é que, "quando as pessoas reagem ao comportamento humano em suas próprias culturas, elas o fazem como se ele fosse uma sequência de partículas de atividade distintas".[63] Essas partículas, que sozinhas transmitem o significado pretendido pelo ator e deduzem a resposta culturalmente prescrita do entendedor nativo, podem ser vistas como "emes" da cultura em questão. Aplicar a abordagem "êmica" ao estudo das culturas significa, por conseguinte, eliminar os componentes ou aspectos do comportamento visível que sejam significativos (no sentido acima descrito) para os nativos.

O segundo estágio consistirá na reestruturação, a partir dos "emes" e de seus usos contextuais (os quais são necessários para elucidar suas relações paradigmáticas e sintagmáticas), da configuração latente que constitui a espinha dorsal, ou a gramática, da especificidade e peculiaridade da cultura. Em outras palavras, embora, em última instância, o antropólogo vá chegar a uma teoria construída por ele mesmo, esta deve ser um modelo dos significados que os nativos realmente empregam e das maneiras pelas quais utilizam esses significados. Estamos, uma vez mais, nos domínios da *Verstehende Soziologie* (sociologia compreensiva) e da *Einfühlung* (empatia), mas agora as antigas questões se expressam na linguagem inspirada pelas inebriantes realizações da linguística estrutural (como veremos, a maneira de Pike e seus seguidores não é a única pela qual as realizações dos estruturalistas podem ser abordadas pelos estudiosos da sociedade).

O projeto de Pike suscita duas questões importantes. A primeira é de natureza puramente técnica: em que medida os *behavioremas*, unidades distintas, do tipo semema, do comportamento humano observável são identificáveis. Essa questão exige uma longa série de estudos empíricos, que sem dúvida devem superar inúmeros obstáculos para ter sucesso (por exemplo, o fato de que qualquer comportamento humano emprega muitas linguagens – gestos, roupas, *loci* e mesmo diversas camadas de expressões verbais).

A segunda questão é mais essencial. Seria a extração de unidades comportamentais distintas e repetíveis a única condição que tornaria legítimo o paralelo comportamento-linguagem? O comportamento humano não verbal não seria um fenômeno paralelo ao uso da linguagem no contexto social (sociologia da comunicação verbal), em vez da destacada relação entre dois sistemas isomórficos de "significantes" e "significados"? E, por conseguinte, seria o domínio dos significados subjetivos, vividos e pretendidos, o correlativo adequado do campo semântico da linguagem tal como analisado no arcabouço da linguística?

A questão total, compósita e multifacetada, está longe de ser óbvia; o que é mais importante, a solução parece depender de uma opção teórica mais ou menos arbitrária, e não de uma pesquisa teoricamente neutra. Se assim for, então a tentativa de forçar a autoridade da linguística estrutural a corroborar uma versão modernizada do idealismo cultural neokantiano parece, para dizer o mínimo, unilateral demais.

Em geral não sentimos necessidade alguma de nos desculpar pelo uso do termo "linguagem" no plural. Nós consideramos um fato objetivo, de fácil verificação, evidente, não somente que existem muitas linguagens, mas que cada qual constitui, "na realidade", uma entidade distinta, relativamente bem-definida. Não esperamos encontrar obstáculos insuperáveis ao estabelecermos fronteiras entre "comunidades linguísticas" ou "sistemas linguísticos". Vemos as linguagens como entidades distintas porque elas são, por si mesmas e independentemente de qualquer interesse de pesquisa, entidades distintas.

Mas o mesmo não se dá com as culturas. É verdade que o conceito diferencial de cultura foi de tal modo fixado ao atual paradigma que poucos antropólogos veem "o fato" da pluralidade e singularidade das culturas como algo que exija debate ou verificação de provas. Ainda assim, ao contrário da linguagem, o conceito diferencial de cultura não está (ou, de qualquer modo, não tanto quanto o termo "linguagem") implícito na realidade dada, de forma independente das atividades dos pesquisadores. Em vez disso, ele está implícito na estratégia empírica escolhida pelos estudiosos da cultura, parece "natural" e acima de qualquer discussão apenas no arcabouço de condições de campo específicas. A desculpa para a extensa citação de Manners e Kaplan apresentada a seguir é que ela provavelmente contém a melhor análise da influência exercida pelo método de pesquisa sobre a atitude teórica geral:

> Parecem ter vindo, com as contribuições positivas da ênfase na pesquisa de campo, certas consequências negativas para o desenvolvimento da teoria antropológica. Tem havido uma forte tendência de o antropólogo como indivíduo imergir tão completamente nas complexidades e características singulares dos povos estudados que se torna difícil para ele debater a cultura, exceto em termos de sua singularidade ou feição especial. Na verdade, ... muitos antropólogos têm visto esse retrato do singular como a principal missão e contribuição da disciplina.
>
> Muitos outros, que estavam dispostos a trabalhar em benefício de formulações mais gerais, viram-se de tal modo intimidados pelo

simples peso dos detalhes etnográficos que desistiram, desanimados de uma tarefa essencial à formação de uma teoria, ou seja, a abstração. Assim, de modo irônico, a riqueza empírica da antropologia muitas vezes funcionou como obstáculo, e não como estímulo à formação da teoria.

Por outro lado, os particularistas, pluralistas ou humanistas extremados, ou ainda os relativistas radicais, têm insistido na singularidade de cada cultura – seja em referência a seu espírito, feição, configuração, estilo, padrão, e assim por diante, seja pela ênfase no evidente, de que "não há duas culturas exatamente iguais". Porque estavam certos, no sentido de que não existem duas coisas, sejam quais forem, exatamente iguais, sua oposição a generalizações, especulações sobre regularidades transculturais ou declarações de causa e efeito aplicadas comparativamente assumiram peso suficiente para desencorajar a livre formação de teorias antropológicas. Sempre "o meu povo não faz isso dessa forma".[64]

Embora possam parecer autodestrutivas e vacilantes as pretensões dos diferencialistas, quando desnudadas por Manners e Kaplan, tudo indica que elas não perdem sua atração sobre a mente dos antropólogos. O pêndulo sob o qual a lógica das situações empíricas sustenta toda atividade teórica aparentemente é irresistível. Pessoas bastante envolvidas na prática de campo acham difícil desligar-se o suficiente para deixar de lado detalhes que – foram doutrinados para isso – constituem a essência de qualquer contribuição que possam fazer para o conhecimento humano. De forma muito natural, não veem a relação entre seus métodos de campo e o conceito de cultura que apreciam da maneira como o fazem Manners e Kaplan. Estão mesmo convencidos de que a "singularidade" do que observam e descrevem é um atributo do fenômeno descrito, e não do próprio nível baixo da particularidade que escolheram ou herdaram de modo inconsciente. Assim, para dar um exemplo, Robert Redfield, embora embarcando numa audaciosa aventura de tipologia generalizada, considerou possível e desejável absolver e desculpar aqueles que teriam deixado de seguir sua orientação:

Quando se lê Radcliffe-Brown falando sobre os andamaneses, não se encontra um relato importante de coisa alguma fora das pequenas comunidades que ele descreve. Era verdade que essas comunidades primitivas podiam mesmo ser observadas sem referência a muita coisa fora delas; podiam ser entendidas, mais ou menos, por um homem que trabalhasse sozinho. E esse homem nem precisava ser historiador, pois, entre os [andamaneses] não alfabetizados, não havia história a aprender. ... O antropólogo pode ver num sistema desse tipo evidências de elementos de cultura comunicados a tal bando ou tribo por outros, mas compreende que o sistema, tal como é agora, continua a andar por si mesmo; e, ao descrever suas partes e seu funcionamento, não precisa sair desse pequeno grupo.[65]

Em outras palavras, não que "uma cultura" seja vista como entidade isolada e singular porque, por esta ou aquela razão, o conceito diferencial de cultura foi aplicado. A cultura é de fato um sistema fechado de características que distingue uma comunidade de outra; e assim, em vez de ajudar a forjar a visão de um antropólogo, o conceito diferencial reflete a verdade objetiva por ele descoberta.

A perspectiva peculiar do campo cultural associada ao conceito diferencial de cultura gera uma ampla gama de questões específicas, em que os interesses de pesquisa tendem a se concentrar. A questão principal, claro, é o fenômeno do "contato cultural". Se qualquer cultura, por definição, constitui uma entidade singular, coesa e fechada, então qualquer situação de ambiguidade, incerteza, falta de compromissos unilaterais visíveis, e mesmo de evidente falta de coesão, tende a ser percebida como um "encontro" – e não como um "choque" – entre totalidades culturais distintas e consistentes. O impacto do conceito diferencial de cultura já está tão profundamente arraigado no pensamento popular que nós empregamos e percebemos a noção de "choque cultural" como uma verdade evidente, de senso comum. Uma olhada no passado intelectual do mundo ocidental, contudo, lança sérias dúvidas sobre a origem atemporal e espontânea dessa crença.

Margaret T. Hogden descobriu que a volumosa literatura sobre viagens deixada por numerosos peregrinos à Terra Santa no final da Idade Média não continha prova alguma de que os europeus inteligentes da época tivessem vivenciado algo comparável ao choque cultural, hoje em moda e já integrando o "senso comum": "Eles expressavam pouca ou nenhuma curiosidade a respeito de seus companheiros, pouco interesse pelos modos dos estrangeiros, pouca reação às diversidades culturais." De forma similar, não há evidência de que os índios levados à Europa por Colombo – num estágio avançado do Renascimento – tenham provocado alguma comoção notável entre o público esclarecido.[66] A noção de choque cultural aparentemente se tornou parte integrante do pensamento popular a partir de experiências recentes da sociedade moderna; mas também desempenhou papel ativo na articulação dessas experiências e na moldagem de sua imagem mental.

Vendo o mundo pelas lentes do conceito diferencial, os estudiosos da cultura são forçados a buscar as raízes de qualquer espécie de mudança em algum tipo de contato entre a cultura que estudam e alguma outra. Ao tentar organizar todos os dados relacionados à comunidade pesquisada em torno de um eixo de coesão interno, eles destroem as potenciais ferramentas analíticas necessárias para localizar as causas "internas" da mudança.

Homogênea e coesa é a cultura de uma sociedade que "muda devagar"; como a coesão de qualquer cultura é alcançada pela recriação exitosa, no processo inicial de treinamento, do mesmo tipo de personalidade básico, coesão e homogeneidade se tornam sinônimos de mudança em ritmo lento (a transformação não deve ser tão vigorosa a ponto de criar descontinuidades significativas entre as condições em que duas gerações sucessivas são treinadas).

Condições culturais inconsistentes, heterogêneas (hesita-se em usar o termo "cultura", o qual implica a natureza sistêmica do todo), tornam-se, por outro lado, inextricavelmente vinculadas à presença contínua de "contatos culturais integrais secundários" (a mistura de indivíduos criados em culturas homogêneas, mas diferentes).[67]

Os defensores do conceito diferencial estão amiúde preocupados demais em justificar a autoidentidade e a singularidade de "uma cultura" que estejam estudando para resistir à tentação de perceber qualquer contato e qualquer mistura de "culturas" como algo intrinsecamente anormal, quando não indesejável e maléfico. Por vezes, essa atitude encontra uma expressão ética, como na famosa metáfora do copo quebrado de Ruth Benedict. Na maioria dos casos, a mesma atitude se expressa em termos empíricos supostamente descritivos; por exemplo, aceita-se amplamente que as condições de "contato cultural" tendem a levar a uma taxa relativamente alta de desordens mentais e doenças psicossomáticas. Ninguém parece preocupar-se com o fato de que o ato crucial de estabelecer uma relação entre dados estatísticos respectivos ao choque entre as expectativas incutidas nos imigrantes por suas culturas nativas e a nova realidade cultural é uma decisão teórica arbitrária, não um resultado empírico. O que é supostamente corroborado estava presumido desde o início. Caso se empregasse outra teoria, o mesmo fenômeno poderia ter sido explicado, digamos, por fatores peculiares operando na autosseleção de potenciais imigrantes, ou pela especial gravidade de obstáculos econômicos, sociais etc. colocados no caminho de um imigrante em comparação com os habitantes estabelecidos.

O conceito diferencial de cultura não é um concomitante acidental do clima intelectual da modernidade. Ele confirma diversos pontos focais do pensamento moderno, emprestando-lhes uma aparência espúria de empirismo. Mas também ajuda a estender uma ponte ligando algumas discrepâncias desconcertantes entre esses pressupostos a uma série de fatos refratários observáveis na realidade. As duas funções o tornam indispensável.

Para começar, o axioma da igualdade biológica das raças humanas e da uniformidade genética da totalidade do *genus* do *Homo sapiens* está em constante e conflituosa divergência com a obstinada diferenciação dos desempenhos e realizações históricos. Essa contradição pode ser explicada de modo conveniente pelas contingências dos valores e tradições culturais. No limite, o método assume o modelo da fórmula weberiana: crenças → comportamento → estrutura e processo social; uma fórmula bem mais persistente e fértil até mesmo do que poderia sugerir a ampla discussão sobre o papel do protestantismo no berço da modernidade.[68]

Hagen apontaria para o divisor de águas entre as culturas que produzem personalidades conservadoras e as que geram inovadores;[69] F.S.C. Northrop[70] tentaria demonstrar a orientação estética das culturas orientais em oposição à racionalidade do Ocidente. E hostes de teóricos e pesquisadores de campo tentariam enumerar incontáveis barreiras determinadas pela cultura aos modos de vida modernos.[71] Em cada um desses casos, a cultura, no sentido diferencial do termo, é considerada a principal responsável pelos diferentes destinos de povos na mesma medida dotados do ponto de vista genético e confrontados por um conjunto supostamente idêntico de oportunidades econômicas.

Em segundo lugar, o conceito diferencial de cultura às vezes preenche o vácuo intelectual deixado pela providência divina e pelo sobrenatural; os poderes explanatórios dessas ferramentas intelectuais, antes onipotentes, reduziram-se bastante com o advento da era moderna, mas a função que desempenhavam não desapareceu de forma alguma. A Idade Moderna proclamou a liberdade humana em relação aos grilhões sobrenaturais. Da mesma forma, produziu uma nova demanda por necessidades produzidas pelo homem para dar conta dos ingredientes involuntários, não imediatamente administráveis, da condição humana. Daí o singular apelo intelectual do conceito diferencial de cultura, pelo qual "os sistemas culturais podem ser considerados, de um lado, produtos da ação e, de outro, influências condicionantes de novas ações".

A cultura, quando entendida como "processos selecionados, historicamente criados, que canalizam a reação do homem a estímulos tanto internos quanto externos",[72] ajusta-se às duas exigências a que o artifício explanatório desejado deve se conformar. É ao mesmo tempo uma entidade feita pelo homem e uma entidade que faz o homem; submete-se à liberdade humana e restringe essa liberdade; relaciona-se ao ser humano em sua qualidade tanto de sujeito quanto de objeto. Armado do conceito diferencial de cultura, é possível evitar os horrores gêmeos do sobredeterminismo e do voluntarismo metodológico; podem-se explicar de forma inteligível os evidentes limites da liberdade humana sem depreciar nem um pouco o princípio da liberdade de escolha do homem.

Em terceiro lugar, tomar a cultura como o principal diferencial da condição humana ajusta-se muito bem ao papel predominante que o pensamento moderno atribui ao conhecimento e à educação (por motivos já apresentados antes). A crença no potencial quase ilimitado do discurso intelectual e dos esforços de socialização está profundamente presente em quase todo diagnóstico de nossa época, bem como as tentativas de enfrentar o que vemos como "problemas" sociais, políticos e econômicos. O conceito diferencial de cultura é, a esse respeito, análogo e complementar ao também diferencial conceito de educação. Sua condição está intimamente relacionada, e ambos são fixados aos próprios alicerces da forma moderna de lidar com a realidade.

Enfim, como Peter Berger observou com propriedade, "não se pode dar um doce ao dragão da relatividade e depois continuar tocando nosso negócio intelectual como se nada tivesse acontecido". Para o bem ou para o mal, esta é a era da relatividade. "A história apresenta o problema da relatividade como *um fato*, a sociologia do conhecimento, como *uma necessidade de nossa condição*."[73]

Em vez de "sociologia do conhecimento", sobre a qual se concentra a fúria polêmica de Berger, podemos também dizer "a informada mente moderna". Seria estranho se o conceito diferencial não empurrasse seu antecessor hierárquico para além dos limites daquilo que é produzido pelo esforço acadêmico legítimo. Quase todos os porta-vozes da "mente moderna" proclamaram (embora alguns o fizessem com satisfação, outros com pesar) que o único elemento absoluto em nossa condição é o fim do absoluto. Independentemente das razões, achamos cada vez mais difícil acreditar em padrões absolutos e universais de bondade ou beleza. Tendemos a tratar tanto as normas morais quanto os arroubos estéticos como questões de mera convencionalidade. Não admira que "culturas comparadas" nos pareçam coleções de curiosidades que compartilham, acima de tudo, a característica de se basearem apenas em opções humanas, antigas ou atuais.

Em suma, o conceito diferencial de cultura parece um constituinte indispensável da imagem de mundo moderna, intimamente relacionado a suas articulações mais sensíveis. Nessa íntima afinidade se encontra a verdadeira fonte de energia e persistência desse conceito.

O conceito genérico de cultura

O conceito genérico de cultura alimenta-se de partes subestimadas e não declaradas de seu correlativo diferencial. Nesse sentido, é um corolário indispensável de seu principal adversário. Quanto mais êxito obtém o conceito diferencial em dividir o cenário humano numa multiplicidade de enclaves autossuficientes e sem relação entre si, mais forte é a necessidade de enfrentar o problema da unidade essencial da espécie humana. O que se procura não é uma unidade biológica, pré-cultural, mas o alicerce teórico da relativa autonomia e peculiaridade da esfera cultural, em geral, e do conceito diferencial, em particular.

Do ponto de vista conceitual, a diferenciação cultural não se choca com o pressuposto da unidade essencial pré-cultural. Pelo contrário, a ideia de diferenciação foi usada, pela moderna visão igualitária, humanitária, para explicar variações empíricas injustificadas da identidade básica na dotação biológica das raças humanas. Não tanto no caso da unidade da própria cultura, toda ela situada no domínio do cultural; embora essa ideia não implique a recusa em reconhecer as variações culturais e sua importância, ela de fato significa uma decisiva mudança de ênfase, do foco de interesse teórico e de pesquisa, e, acima de tudo, do tipo de assunto que se deseja e se é capaz de abarcar.

Se a noção hierárquica de cultura coloca em evidência a oposição entre formas de cultura "requintadas" e "grosseiras", assim como a ponte educacional entre elas; se a noção diferencial de cultura é ao mesmo tempo um produto e um sustentáculo da preocupação com as oposições incontáveis e infinitamente multiplicáveis entre os modos de vida dos vários grupos humanos – a noção genérica é construída em torno da dicotomia mundo humano-mundo natural; ou melhor, da antiga e respeitável questão da filosofia social europeia – a distinção entre "*actus hominis*" (o que acontece ao homem) e "*actus humani*" (o que o homem faz). O conceito genérico tem a ver com os atributos que unem a espécie humana ao distingui-la de tudo o mais. Em outras palavras, o conceito genérico de cultura tem a ver com as fronteiras do homem e do humano.

Por motivos fáceis de compreender à luz da função discricionária da cultura (ver Capítulo 2), o traçado dessas fronteiras parece ter uma enorme importância emocional para os seres humanos. Nas soluções primitivas registradas por antropólogos, ele se expressava no expediente simples, embora altamente eficiente, de expandir a fronteira homem-natureza entre a comunidade da própria pessoa e o resto do mundo – que compreendia, no caso, tanto tigres quanto outras tribos com modos de vida incompreensíveis e inescrutáveis. A solução, contudo, permanecia eficiente enquanto o grupo que a empregava continuasse autossuficiente, ou seja, livre para não estabelecer relações normativamente padronizadas e reciprocamente aceitas com os estranhos.

Mais tarde, a questão da demarcação passou para um novo campo, o que se estende entre a totalidade dos seres humanos, de um lado, e as criaturas vivas não humanas, de outro. Com a constante expansão da rede de vínculos regulares e institucionalizados que se alastrava sobre todo o *oikoumene* (a parte conhecida do mundo habitável), estabelecer uma fronteira absoluta num universo em permanente mudança e mobilidade ganhou importância fundamental. O modo indutivo de enumerar os sócios aceitos do clube humano teria se tornado impraticável – simplesmente ele não impediria futuras ambiguidades; era preciso uma resposta absolutista, aplicável a todo o universo.

Na era da substituição do parentesco e da afinidade por critérios territoriais na definição dos grupos humanos, houve uma forte tendência a situar a fronteira no espaço geográfico. Daí o famoso "*ubi leones*" ("aqui há leões") da cartografia romana, assim como Cila e Caribdes (monstros que guardavam as fronteiras conhecidas do mar) na mitologia grega. Daí, acima de tudo, os terríveis e repulsivos monstros ambíguos, metade humanos, empregados pelos geógrafos antigos e medievais para delinear os limites da espécie humana (e assim defini-la). As margens do mundo explorado eram invariavelmente habitadas por esses monstros nos textos das maiores autoridades da época: Plínio o Velho, Pompônio Mela, Caio Júlio Solino Polistor, o bispo Isidoro de Sevilha, Alberto Magno, Vincent de Beauvais. As fronteiras do *oikoumene* nas etimologias de Isidoro eram cheias de ogros assustadores; havia criaturas sem cabeça, com bocas e olhos no peito, outras sem nariz, outras, ainda, dotadas de lábios inferiores proeminentes, sob os quais se escondiam, para dormir, gárgulas com um pé de tamanho fora do comum, sobre o qual descansavam durante horas, ou com bocas tão pequenas que só lhes permitiam sugar comida líquida por um canudo.[74] Ainda mais repelentes e atemorizantes eram os costumes dessas entidades demoníacas: o relato pormenorizado de Pedro o Mártir sobre os antropófagos diz:

> As crianças que capturam, eles castram para engordar, da mesma forma que fazemos com galos e porcos jovens, e comem quando elas estão bem alimentadas: quando comem, comem antes as entranhas e as partes extremas, como mãos, pés, braços, pescoço e cabeça. As outras, mais carnudas, trituram para estocar, como fazemos com carne de porco e presunto. ... As jovens que capturam, eles mantêm para procriação, como fazemos com as galinhas para pôr ovos.[75]

Dois acontecimentos paralelos fizeram com que os esforços de estabelecimento de fronteiras passassem da dimensão espacial para a temporal: o primeiro foi a consistente eliminação dos espaços em branco no mapa do planeta e a resultante escassez de terras capazes de abrigar seres fabulosos; o segundo, a emergente consciência da história e de sua natureza unidirecional.

Nos tempos modernos, pitecantropos, sinantropos e australopitecos assumiram o papel dos antropófagos. A alta intensidade das emoções por eles produzidas, além de qualquer comparação com outros temas científicos, só pode ser explicada de forma razoável por suas funções delimitadoras latentes. Fenomenologicamente, a noção genérica de cultura pertence à mesma categoria de antropófagos e australopitecos. A permanente atenção a eles dedicada, excessiva sobretudo em relação à sua importância puramente científica, é testemunho eloquente de seus aspectos semióticos mais gerais. Trata-se da versão moderna, numa escala referida à espécie humana, da preocupação perene com a autoidentidade do grupo.

Em sua forma mais simples, o conceito genérico de cultura consiste em atribuir à própria cultura a qualidade de característica universal de todos os homens, e apenas destes. Nesse sentido, é típica a declaração de Clifford Geertz:

> O homem é o animal que produz ferramentas, fala e símbolos. [Dessa forma, a articulação da peculiaridade da natureza humana segue o padrão estabelecido por Leslie A. White em sua discussão sobre o símbolo e da ferramenta,[76] e, por meio dele, as ideias de Friedrich Engels.] Só ele ri; só ele sabe que vai morrer; só ele nega o acasalamento com a mãe e a irmã; só ele inventa visões de outros mundos para viver no que Santayana chamou de religiões, ou prepara essas massas de modelar da mente que Cyril Connolly chamou de arte. Ele não só é dotado de ... pensamento, mas de consciência; não só de necessidades, mas de valores; não só de medos, mas de escrúpulos; não só de um passado, mas de uma história. Só ele [o argumento é concluído como o sumário final de um julgamento] tem cultura.[77]

O modo com que Geertz apresenta essa ideia já generalizada parece estar entre os mais abrangentes da categoria. Combina argumentos extraídos da moderna análise filosófica da condição existencial humana com descobertas psicológicas e princípios metodológicos seminais da humanidade em geral. A cultura, tal como descrita no parágrafo citado, é muito mais (ou muito menos) que o agrupamento de normas e costumes padronizados dos diferencialistas; ela é uma abordagem específica, totalmente humana, da tragédia da vida, arraigada, em última análise, na habilidade específica da mente humana de ser intencional, ativa e criativa. Outros proponentes do conceito genérico de cultura estão muito mais próximos da já mencionada abordagem tradicional e insípida do "denominador comum", embora situada no contexto da passagem histórica do mundo animal para o humano.[78]

Mesmo a fórmula de Geertz, contudo, permanece no plano da descrição fenomenal. Ele simplesmente declara as peculiaridades mais evidentes da raça humana; evita qualquer tentativa de organizar princípios distintos numa estrutura coesa; abstém-se até de designar um desses muitos planos de realidade como um lócus privilegiado do *explanans*, e outros, respectivamente, como o lugar do *explanandum*. Tais elementos têm sido continuamente fornecidos por outros estudiosos da cultura. O tema ainda é um dos mais polêmicos de toda a ciência da cultura, e inúmeras soluções alternativas, nem sempre compatíveis, têm se apresentado. A seguir, uma tentativa de classificar as mais influentes.

1) Uma alternativa é definir a cultura, desde o início, como um conjunto único, total e indivisível de significados e instrumentos simbolizados, atribuível apenas à humanidade em seu todo. Assim, de acordo com Leslie A. White, "a cultura da espécie humana é na realidade um sistema único, singular; todas as chamadas culturas são apenas porções distinguíveis de um só tecido".[79] Robert H. Lowie tem uma visão semelhante: "Uma cultura específica é uma abstração, um fragmento arbitrariamente selecionado. ... Há somente uma realidade cultural que não é artificial, ou seja, a cultura de toda a humanidade em todos os períodos e em todos os lugares."[80]

Claro está que isso funciona melhor no discurso que na prática. O problema da noção "totalista" de cultura desse tipo torna-se evidente no momento em que se tenta reformá-lo para que exerça o papel de ferramenta de uma análise específica. O que significa exatamente "a cultura da humanidade"? Seria esse um sistema stricto sensu, ou seja, um conjunto de unidades inter-relacionadas e que se comunicam? Se assim for, o que são as unidades, senão "culturas específicas" (nacionais, tribais, grupais em geral), descartadas como "fragmentos arbitrariamente selecionados" ou "apenas porções distinguíveis"? Em que sentido (além do ponto de vista analítico) a cultura da humanidade como um todo constitui de fato uma totalidade, como produto de comparações empíricas e sínteses teóricas?

Uma razão pela qual tendemos a considerar essas perguntas incômodas e embaraçosas é a conhecida falta de unidades correspondentes, distintas do ponto de vista analítico, entre os construtos teóricos da sociologia (definida como uma abordagem socioestrutural do estudo da vida humana). A sociologia, tal como amadureceu no seio da civilização ocidental e tal como a conhecemos hoje, tem, da perspectiva endêmica, um viés nacional. Não reconhece uma totalidade mais ampla que uma nação politicamente organizada; o termo "sociedade", tal como ele é usado por quase todos os sociólogos, independentemente da lealdade às escolas, é, para todos os fins práticos, o nome de uma entidade idêntica em tamanho e composição ao Estado-nação. Expressões como "humanidade", "espécie humana" etc., quando aparecem na literatura sociológica profissional, são usadas num sentido inespecífico, metafórico, taquigráfico; ou entendidas como rótulos analíticos vazios para um agregado de sociedades definidas; um agregado, para ser exato, mas não um sistema; um conjunto de unidades, mas não as inter-relações entre elas.

Por vezes, devemos admitir, alguns sociólogos (com maior frequência os psicólogos sociais) discutem regularidades, se não leis, relacionadas ao "homem" como tal, quaisquer que sejam suas especificações nacionais, geográficas ou históricas. Trata-se, contudo, de um "homem" tomado como amostra aleatória da espécie, não um substituto para "a totalidade da espécie humana"; esse conceito é produto de um processo analítico de abstração, não de síntese, e com dificuldade poderia servir de tijolo com o qual construir o modelo de uma sociedade singular, para não falar da espécie humana como um todo. O conceito de cultura como sistema social numa escala da espécie humana fica, portanto, no vácuo, carecendo de alicerces "substantivos" para sua sustentação. Não admira que White ou Lowie não tenham ido muito longe, na verdade nenhum passo além de suas declarações programáticas. Aparentemente, até que a sociologia desenvolva conceitos analíticos de uma escala comparável, afirmações desse tipo estão destinadas a se tornar declarações de fé, sem relevância direta para o procedimento cognitivo real. Se usadas de forma prematura para a orientação analítica, levarão o estudioso pelo caminho já trilhado por caçadores do "denominador comum".

2) Outra alternativa inspira-se no modelo estrutural-funcionalista de sistema social. O caráter genérico do conceito de cultura que ela promove escora-se no pressuposto da universalidade dos pré-requisitos que devem ser atendidos para garantir a sobrevivência de todo sistema social imaginável. Qualquer que seja o sistema que possamos escolher como ponto de partida, sempre poderemos apresentar um inventário de necessidades essenciais, a serem satisfeitas desta ou daquela maneira. Algumas delas só podem sê-lo por meio de instituições artificiais, feitas pelo homem; daí uma estrutura universal a ser preenchida por qualquer cultura específica, independentemente de suas características idiossincráticas.

Embora haja afinidade entre a estratégia aqui aplicada e aquela criada e cultivada por Talcott Parsons, algumas de suas aplicações são esclarecedoras e inventivas. Assim, por exemplo, Edward M. Bruner,[81] ao lado de "pré-requisitos" mais tradicionais e rotineiros, como controle da agressão e alocação de mulheres e propriedades, especifica, como elementos universais da cultura humana, a imposição do lapso necessário entre desejo e satisfação; reprimir desejos inadmissíveis no subconsciente e sublimá-los em motivos socialmente benéficos; fornecer satisfações paliativas para impulsos reprimidos por meio de fantasia, literatura, teatro, contos populares, jogo, rituais religiosos; demarcar pessoas e grupos que podem ser odiados; definir pessoas aprovadas como objetos sexuais; desenvolver normas para regular a aquisição de bens. Clyde Kluckhohn, escrevendo uma década antes, foi um pouco menos imaginativo e mais preocupado em não se afastar muito do terreno seguro dos "denominadores comuns"; mas apresentou o equivalente a uma abordagem dos "pré-requisitos funcionais" da cultura como fenômeno genérico:

> Os fatos da biologia humana e do caráter gregário da humanidade fornecem ... certos pontos de referência invariáveis a partir dos quais se podem traçar comparações transculturais sem suscitar perguntas que estejam elas próprias em questão. Como assinalou Wissler, os contornos gerais do plano básico de todas as culturas são, e devem ser, mais ou menos os mesmos, porque os homens, sempre e em toda parte, são confrontados por certos problemas inevitáveis que surgem da situação "dada" pela natureza. De vez que a maior parte dos padrões de todas as culturas se cristaliza em torno dos mesmos focos, existem aspectos importantes em que cada cultura não é totalmente isolada, fechada e diferente, mas relacionada e comparável a todas as outras.[82]

Essa última citação, que pode ser classificada na categoria agora em debate, torna dispensável a genuína natureza de toda a abordagem dos "pré-requisitos funcionais" da cultura no sentido genérico. A abordagem em questão, na verdade, parece muito próxima das preocupações dos "colecionadores de borboletas". A maioria dos autores está preocupada sobretudo em encontrar um arcabouço de referência conveniente para comparar culturas basicamente distintas e fechadas. Esse arcabouço deveria assumir a forma de uma lista de itens ou títulos de capítulos. O que se pode chamar de "cultura humana" tem apenas (se é que tem) o status ontológico de um derivado de muitas entidades reais, ou seja, de culturas individuais. Essa abordagem parece mais variável e menos dissonantemente distinta por estar mais bem ajustada, ao contrário da anteriormente discutida, ao instrumental analítico da sociologia hoje disponível. É feita sob medida para a sociologia nacionalmente enviesada da atualidade.

O aspecto importante é que esse tipo de generalidade na cultura é um subproduto, quando não um artefato, da *não* união da humanidade num todo; de ela estar, pelo contrário, dividida em unidades distintas que devem, em primeiro lugar, ajustar-se à vizinhança de outros grupos humanos e evitar misturar-se com eles, perdendo assim sua própria identidade grupal. Em outras palavras, o elemento mais genérico na cultura é essa função divisora, diferenciadora. Nesse sentido, mais uma vez, o conceito que examinamos é o braço autêntico de uma sociologia dominada pelo paradigma do Estado-nação, de modo geral, e, em particular, por sua sofisticada versão estrutural-funcionalista.

3) O mesmo viés, injetado, ainda na infância, na corrente sanguínea do moderno estudo da cultura sob a forma de vacina durkheimiana, por suas parteiras, Malinowski e Boas, dá cor ao ramo dos "universais éticos" do conceito genérico de cultura. Isso foi mais uma vez introduzido por Kluckhohn em sua busca (no clássico estilo "coleção de borboletas" de Kroeber, que mistura, como sempre, declarações sobre a realidade e postulados sobre metodologia) de "categorias, que tira as culturas das condições de mônadas isoladas e torna possíveis algumas comparações válidas". Existem, como vemos, culturas no plural e condições no plural. Por alguma razão, contudo, preferimos que elas sejam mônadas incompletas. É onde entram as "categorias gerais", que nos permitem fazer *algumas* comparações entre elas. O motivo pelo qual se espera que as culturas percam parte de sua natureza monádica, por terem sido comparadas, deve continuar a ser o segredo da epistemologia de Kroeber.

Seja como for, Kluckhohn deposita suas esperanças de chegar a categorias comparativas nos universais éticos. Estes podem ser de dois tipos:

• Regras que aprovam ou proíbem tipos específicos de atos (por exemplo, contar a verdade e praticar o incesto).

• Princípios gerais ou padrões de avaliação que favoreçam a estabilidade e a continuidade dos grupos, e a maximização das satisfações vivenciadas pelos indivíduos.[83]

A segunda frase, que expressa num só fôlego a "estabilidade dos grupos" e a "satisfação dos indivíduos", tornando-as dependentes dos mesmos "princípios gerais", em sua frivolidade descuidada, vai muito além de Durkheim, chegando às raias da ingenuidade do utilitarismo. Mas a declaração mais surpreendente vem em seguida: "Os universais éticos são o produto da natureza humana universal, a qual, por sua vez, se baseia numa biologia e psicologia comuns, e numa situação generalizada." Quanto ao último item, reconhecemos o erro habitual de conferir status ontológico àquilo que é, em última instância, um arcabouço de referência analítica aplicado universalmente por cientistas e enraizado no viés familiar do Estado nacional.

O elemento novo e bizarro é o primeiro dos dois itens, cuja presença na declaração explanatória citada equivale, no seu efeito final, a anunciar a natureza não cultural, ou melhor, pré-cultural, do componente universal da cultura. O que é "genérico" na cultura supostamente constitui um corpo estranho, um elemento de fora, imposto aos fenômenos culturais por conjuntos de fatores não submetidos a uma regulação cultural de verdade. Kluckhohn não disse coisa alguma que nos ajude a resolver o dilema da (digamos) norma de que contar a verdade é algo determinado pela biologia. E, em particular, como a proibição do incesto, o primeiro ato realmente humano, o primeiro lampejo de uma ordem artificial, feita pelo homem, imposta a ocorrências biológicas de outro modo distribuídas aleatoriamente – como essa própria encarnação de um ato cultural pode ser desmentida pela onipresença de qualidades pré-culturais.

Quanto à última idiossincrasia, a maioria dos conceitos "universais éticos" está carregada de uma visão estrutural-funcionalista do mundo humano. Isso é visível, por exemplo, nas palavras de David Bidney:

Para todas as culturas, a perpetuação da sociedade tem precedência sobre a vida do indivíduo, e, portanto, nenhuma sociedade tolera a traição, o assassinato, o estupro ou o incesto. Todas as sociedades reconhecem direitos e deveres mútuos no matrimônio e condenam atos que ameacem a solidariedade familiar. De modo semelhante, todas as sociedades reconhecem a propriedade pessoal e proveem algumas técnicas para a distribuição de excedentes econômicos aos necessitados.[84]

A associação é inevitável, já que a abordagem estrutural-funcionalista da ética é quase a única admitida pela corrente sociológica atual. A sociologia moderna trata todo o tema da ética como um corolário do "agrupamento de valor central", a versão atualizada da *conscience collective* de Durkheim, em tese responsável por manter funcionando a precária rede de vínculos sociais entre indivíduos biologicamente egoístas. A associação é tão próxima que não corremos o risco de deixar de lado uma parte muito grande de seu conteúdo ao tratarmos os "universais éticos" como outro nome para a versão indisfarçadamente estrutural-funcionalista, antes discutida, do conceito genérico de cultura.

4) A prioridade do social sobre o individual só faria sentido – embora os defensores desse princípio metodológico na análise da cultura relutem em admiti-lo – se fosse possível ou, na realidade, imaginável haver uma sociedade sem cultura. Se as normas culturais são trazidas à luz por uma sociedade em luta pela sobrevivência, a consequência disso é que essa sociedade deve ter nascido de uma forma não cultural, na verdade, sem recursos culturais de qualquer tipo. Essa hipótese dificilmente seria considerada palatável. Uma sociedade sem cultura parece uma monstruosidade comparável à proverbial mula sem cabeça.

Assim, a ideia de que um indivíduo culturalmente padronizado é uma precondição da sociedade – da mesma forma que uma cultura baseada na sociedade é precondição de um indivíduo social – vez por outra se manifesta no pensamento dos sociólogos. Se os homens criaram a sociedade – tiveram tanta a necessidade quanto a capacidade de fazê-lo –, devem ser dotados das qualidades fundamentais para estruturar tanto a sociedade quanto a forma como a pensam e como escolhem sua atitude em relação a ela. A cultura é tanto pré-social quanto socialmente gerada. Ao que tudo indica, do ponto de vista histórico, as duas surgiram e cresceram ao mesmo tempo e em estreita colaboração, alimentando-se e ajudando-se, cada qual exteriorizando na realidade da outra a condição para seu próprio desenvolvimento.

Quando cientistas sociais se põem a explorar a raiz comum da cultura e da sociedade, a escolha mais certa e segura é a dotação psicológica humana. A decisão de concentrar a atenção nas qualidades gerais da percepção humana é o primeiro passo de um longo caminho que leva aos sofisticados píncaros do moderno estruturalismo semiológico de Lev Vygotsky, Jean Piaget ou Claude Lévi-Strauss. O início, contudo, é modesto e realista, como numa palestra dada em 1957 por Robert Redfield:

> Existe esse fenômeno da mente a que chamamos "autoconsciência"; todos os homens têm consciência de si [do self], distinguem um eu e um mim; além disso, relacionam-se com outros que também são conhecidos por si mesmos como eus [selves]. Todos os homens lançam um olhar sobre um não eu, um universo em que as pessoas se distinguem uma das outras como pessoas, e em categorias – algumas delas, como o parentesco, universais. Em situações nas quais se exige uma escolha de lealdades, todos se dispõem a sentir e pensar mais íntima e gentilmente a respeito de seus grupos imediatos do que pensam e sentem a respeito de pessoas de grupos mais remotos.[85]

A ideia básica pertence à tradição vinculada a Locke e Kant. O campo em que está ancorada é aquele cultivado com diligência pela psicologia fenomenológica de Alfred Schutz ou Erwin W. Strauss. Mas o contexto teórico ainda está bem dentro dos limites tradicionais estabelecidos pela antropologia cultural americana. Pode muito bem ser que a mencionada declaração de Redfield represente o ponto mais elevado que a antropologia tradicional poderia atingir em sua busca de componentes genéricos antes que se assimilassem as realizações da fenomenologia e do estruturalismo.

5) Entre todas as qualidades da psicologia humana, em oposição à animal, uma característica em particular foi discutida por numerosos autores, em separado e em profundidade, como um dos traços mais evidentes dos seres humanos e candidato mais provável ao papel de alicerce da cultura no sentido genérico. Essa característica, objeto de tratamento preferencial, foi a capacidade humana de pensar simbolicamente; em particular, de produzir símbolos arbitrários e atribuir-lhes significados aceitos do ponto de vista coletivo. "O homem difere do cachorro – e de todas as outras criaturas – por desempenhar um papel ativo na determinação do valor que o estímulo vocal deve ter, algo que um cão não pode fazer", diz Leslie A. White.[86]

A ideia da linguagem como característica distintiva das criaturas humanas está estabelecida em nossa tradição intelectual desde tempos imemoriais. Na história intelectual do Ocidente, remonta pelo menos a são Tomás de Aquino, e, por meio dele, a Aristóteles. Ainda assim, só há muito pouco tempo as línguas dos povos definidos como "primitivos", até então inexploradas, foram registradas, e seu vocabulário e estrutura gramatical, investigados. O impacto foi imediato e de amplo alcance. Por uma feliz concatenação de eventos, o inventário das línguas "primitivas" teve lugar muito depois do que outros campos culturais, como formas de matrimônio e família ou implementos de trabalho; portanto, muito depois que as ideias evolucionistas – que haviam dominado o pensamento dos primeiros pesquisadores de famílias e machados de pedra exóticos – entraram em decadência, por vezes transformadas em objetos de escárnio.

Os estudiosos das línguas, portanto, ao contrário de seus predecessores, não deixaram escapar o óbvio; perceberam desde o início que, independentemente do que se possa dizer do nível relativo de desenvolvimento de uma sociedade ou de outra, suas línguas não podem ser organizadas numa escala evolutiva; não existem línguas "mais perfeitas" ou "mais primitivas" quando avaliadas pelo único critério que se pode aplicar com razoabilidade: a segurança e eficiência da transmissão de informações no contexto nativo. Talvez esse aspecto do destino histórico da etnolinguística possa explicar, em parte, por que a linguagem, ou a produção de símbolos em geral, foi desde logo aclamada, e sem resistência notável, como o cerne universal e básico da cultura humana, como seu alicerce.

A descoberta inicial do papel singular da leitura e da produção de símbolos no modo de vida caracteristicamente humano inspirou uma pesquisa cada vez mais engenhosa sobre o uso de símbolos pelos animais. A hipótese original foi submetida a um teste rigoroso, e muito pouco daquela verdade "óbvia" se manteve de pé. Grande número de características humanas do intercâmbio simbólico foi sendo descoberto em animais, e não naqueles destacados por uma comunicação intraespécie mais sofisticada, como abelhas, símios e golfinhos. A linha divisória definida e inequívoca entre o uso de símbolos por seres humanos e por animais ficou mais embaçada quando os cientistas começaram a experimentar, em vez de registrar suas observações; quando mudaram o foco de atenção do uso concreto de símbolos por parte dos animais em sua comunicação intraespécie para sua capacidade mental e psicológica de usá-los quando confrontados com uma situação de aprendizagem, com um ser humano desempenhando o papel de parceiro situacional.

A primeira vítima desse exame mais rigoroso foi a crença já mencionada na formulação de White: de que só os seres humanos usam símbolos. Se definirmos os símbolos como "mediadores" na cadeia de comunicação, como entidades construídas de matéria diferente do que está sendo comunicado, entidades em que o conteúdo da informação é traduzido pelo emissor e a partir das quais é retraduzido pelo receptor da mensagem, então a maioria dos animais possui símbolos de uso generalizado. Ainda assim, era possível estabelecer três diferenças importantes entre o uso de símbolos por animais e por seres humanos:

1) Na relação entre o símbolo e o que é simbolizado, que pode ser "natural" ou "arbitrária". A distinção pode ser válida num duplo sentido. Em primeiro lugar, no da presença ou ausência de algum tipo de semelhança física entre o símbolo e seu referente. Em segundo, e mais importante, na diferença entre uma situação em que determinado símbolo, mesmo sem ter a menor semelhança com seu referente, é produzido "automaticamente" numa associação causal com ele; e numa situação em que a criatura que utiliza o símbolo pode produzi-lo ou não quando seu referente ocorre, e, além disso, quando pode produzi-lo mesmo que não haja contiguidade temporal ou espacial, fisiologicamente mediada, com o referente.

2) No tipo de referente a que os símbolos se vinculam. Os símbolos podem conter informações sobre o estado "subjetivo" do organismo que os produz no momento em que estão sendo produzidos; ou podem transmitir informações a respeito de coisas e eventos "objetificáveis", isto é, destacáveis, tanto espacial quanto cronologicamente, do organismo que os produz no momento em que são produzidos. Outra forma de dizer isso é distinguir entre o uso "frio" de símbolos, não emocional (quando é possível discutir o "fogo" sem vivenciar o medo de uma chama ou a saída de emergência), e de símbolos como componente integral, inseparável, de um padrão complexo e unificado de comportamentos emocionalmente organizados (quando o grito de "fogo" só aparece simultaneamente à fuga real). Nessa forma de se expressar, a distinção que ora discutimos parece muito próxima da primeira.

3) Na forma como o uso de símbolos é internamente estruturado. Isso diz respeito não tanto a um símbolo isolado, mas a um sistema de símbolos – o símbolo como elemento de um código que pode ser definido como uma rede padronizada de relações entre símbolos. Existem códigos, como o de três cores dos sinais de trânsito, em que os símbolos não podem ser combinados para produzir um novo significado, e em que combinações de símbolos que deveriam ser usados em separado só podem pro-

duzir confusão (= superposição de significados incompatíveis). E existem códigos de diferentes tipos, em que uma quantidade pequena de unidades pode produzir, pela aplicação de regras de combinação, uma multiplicidade de significados quase infinita. A essa segunda qualidade, típica da linguagem humana, André Martinet deu o nome de "dupla articulação".

> O que parece distinguir a linguagem humana de formas de atividade constatadas entre os outros seres animados – que poderíamos nos sentir tentados a chamar também de "linguagem" – não é o fato de que o homem se comunique por enunciados articulados em palavras sucessivas, enquanto as produções vocais emitidas pelos animais sempre nos parecem, tanto no plano dos sentidos quanto no da forma, inanalisáveis. Tudo indica, portanto, que a linguagem humana não apenas é articulada, mas duplamente articulada, articulada nos dois planos.[87]

A linguagem humana deve à dupla articulação sua riqueza e flexibilidade singulares, sua capacidade de produzir, quase sem limitações técnicas, sempre novos significados, e, assim, de introduzir sempre novas distinções sutis no universo referido nos atos de comunicação.

Esses três fatores distintivos combinados são responsáveis pela sumária peculiaridade da linguagem humana em relação a todo tipo de uso de símbolos pelos animais; estes exibem seu significado, podemos dizer, aberta e imediatamente; são, em certo sentido, idênticos a seus significados, mesmo no caso de um símbolo "arbitrário" do ponto de vista de sua semelhança com o referente. A transparência e a disponibilidade imediatas do significado provêm do fato de que qualquer símbolo é unilateralmente atrelado a um, e somente um, tipo de contexto situacional; o significado do símbolo deriva de uma relação "um a um" entre um símbolo e um referente individuais.

Não é o que acontece no caso dos símbolos produzidos pelo homem, que são arbitrários (no sentido de serem indeterminados), possuidores de referentes objetificados e integrados num sistema-código. "O significado pleno da palavra", como disse Colin Cherry em seu clássico tratado sobre a comunicação humana, "não aparece até ela ser colocada em seu contexto."[88] Mas esse contexto não é fornecido por eventos não linguísticos, como um estado particular do organismo produtor de símbolos ou facetas de seu ambiente imediato capazes de gerar emoções. O contexto do qual o significado pode ser deduzido é feito de outras palavras – aquelas realmente presentes na vizinhança imediata da mesma cadeia de elocuções, ou as que estão presentes unicamente *in potentia* – como alternativas significativas às palavras usadas de fato.

Graças a esse novo plano de relações estruturadas, o plano linguístico stricto sensu, a comunicação humana pode dar conta não apenas de coisas ou eventos individuais, mas das relações entre eles; essas relações são os verdadeiros referentes da linguagem humana. Como Claire e W.M.S. Russell expressaram, a verdadeira linguagem (a humana) "envolve a livre combinação de símbolos limitada apenas por regras lógicas de gramática e sintaxe, as quais expressam, elas próprias, *relações entre* símbolos, e portanto simbolizam *relações entre* coisas, indivíduos e eventos".[89]

Como veremos adiante, essa capacidade única de reproduzir e produzir novas estruturas, e não a simples habilidade de introduzir intermediários simbólicos no espaço entre a consciência do evento e o evento em si, dota a linguagem humana de seu potencial gerador de cultura e a transforma no verdadeiro alicerce da cultura como fenômeno genérico. É por esse motivo que a questão do componente genérico da cultura humana – da essência *da* cultura – nos traz, de maneira inevitável, num estágio relativamente precoce de nossa investigação, ao tema da estrutura e da estruturação. Ser estruturado e ser capaz de estruturar parecem ser os núcleos gêmeos do modo de vida humano conhecido como cultura.

Esse aspecto parece ser de crucial importância para qualquer tentativa de avaliar a cultura no sentido genérico. A linguagem humana é uma mistura singular de pensamento (inteligência, de acordo com a terminologia de Piaget) e produção de símbolos. As duas atividades não são de modo algum idênticas, nem tampouco conectadas de forma inextricável. Elementos da linguagem sonora, ou fala, se desenvolveram segundo linhas diferentes a partir desses embriões de pensamento, como bem argumentou Vygotsky. Segundo ele, os sons produzidos pelos símios superiores, embora providos de significado simbólico, são singularmente inadequados para evoluir na direção da "verdadeira linguagem" por estarem invariavelmente confinados a um contexto afetivo; e emoções intensas vão de encontro à regulação inteligente do comportamento. "A correspondência íntima entre pensamento e fala, característica do homem, está ausente nos antropoides."[90]

A capacidade de produzir sons subordinada unilateralmente a alguns eventos não simbólicos é uma qualidade generalizada nos animais. Elementos incipientes de análise e síntese – os dois processos complementares do pensamento – também podem ser encontrados no comportamento de muitos animais. Mas apenas nos seres humanos, nos seres culturais, é que eles se encontram e se misturam. O puro uso de símbolos, antes de transcender o limiar da capacidade de estruturação, parece um beco sem saída; nenhuma quantidade de novos símbolos agregada àqueles já empregados é capaz de combiná-los para constituir uma verdadeira linguagem. Parece haver de fato um abismo qualitativo entre os símbolos comuns e a linguagem humana. A estrutura, portanto, mais que o uso de símbolos, talvez seja o verdadeiro centro de gravidade da cultura como atributo universal dos seres humanos.

A conclusão final a esse respeito foi extraída por Jean Piaget: "Enquanto outros animais só podem se alterar mudando sua espécie, o homem pode transformar-se transformando o mundo, e estruturar-se construindo estruturas; e essas estruturas são dele mesmo, uma vez que não são para sempre predestinadas a partir de dentro ou de fora."[91] Assim, a peculiaridade do homem consiste em ser ele uma criatura geradora de estruturas e orientada para a estrutura. O termo "cultura" no sentido genérico representa essa excepcional capacidade. Essa é, contudo, uma declaração elíptica, a menos que se especifique o significado em que os termos "estrutura" e "estruturação" têm sido empregados.

A quantidade de livros e textos concebidos acima de tudo como debates sobre o significado preciso de "estrutura" cresce sem parar, e seria difícil para qualquer um até enumerar e classificar as definições ou regras de uso que eles propõem ou afirmam ter descoberto. Mas não é certo que o resultado desse esforço lento seja valioso o bastante para contrabalançar o tempo gasto com ele.

O termo "estrutura" fez uma rápida carreira nas décadas de 1950 e 1960, e sempre há muitos contendores ávidos por se juntar ao *cortège* de celebridades em ascensão; esse conceito elegante tende a ser sobrecarregado de significados, já que um número muito grande de fanáticos ofuscados por ouropéis tenta ampliar ou distender seu escopo, cada qual o puxando para seu lado, na tentativa de acomodar suas próprias preocupações e temas de pesquisa. Os limites da aplicação do termo, hoje difusos e contenciosos, provavelmente continuarão a flutuar ainda por algum tempo, antes que surja alguma coisa parecida com um *consensus omnium*. O que vem a seguir é, portanto, nada mais que outra tentativa de análise fenomenológica do termo, tal como é entendido no pensamento moderno; uma tentativa de extrair o cerne da intenção constitutiva, necessária, do invólucro do incidental e do mutável.

Em 1968, Raymond Boudon, lançando um olhar cauteloso sobre a enxurrada de autodenominados estruturalistas, publicou uma apurada análise sobre os diferentes usos e abusos do termo sob o título sintomático de "Para que serve a noção de estrutura?",[92] querendo dizer, pode-se imaginar, que a noção nem sempre serve a uma causa justa. Boudon argumenta que essa palavra, em seu emprego atual, é ao mesmo tempo membro de uma família de sinônimos, e portanto redundante, e um título cumulativo para uma família de homônimos, e, por conseguinte, geral demais para especificar algum contexto preciso. Seu visível ressentimento em relação a essa palavra superexplorada, expresso em particular na declaração introdutória das intenções do autor, não impede que ele se reconcilie com o conceito e, na verdade, ofereça ao leitor uma revisão exemplar, ordenada e sistemática de um conjunto selecionado de estruturas cientificamente formuladas. Ainda é sua crença, e o princípio declarado de todo o livro, que a palavra, quando colocada nos dois ambientes contextuais mencionados, significa duas coisas que nada têm em comum além do nome.

Como sinônimo de muitas outras palavras mais bem-estabelecidas, "estrutura" significa apenas "ser sistêmico" (em oposição a "ser um agregado"), ou "ser organizado" (como algo distinto de "ser desordenado"). Ela é usada "para sublinhar o caráter sistemático de um objeto". Como nome de família para um conjunto de homônimos, "estrutura" como tal dificilmente tem um significado que se possa descrever; a palavra é usada por vários cientistas para denominar suas teorias sobre o objeto que investigam; modelos hipotético-dedutivos de determinada parte da realidade, consistindo, acima de tudo, em pressupostos axiomáticos e regras de transformação. Nesse caso, "estrutura" é uma noção quase tão ampla quanto "teoria".

O significado mais específico de uma estrutura particular, não a estrutura como tal (ou seja, estrutura de parentesco ou estrutura gramatical), "somente de forma indireta resulta da análise de um material particular". Ora, Boudon escolheu discutir "estrutura" em seu primeiro contexto em termos de "definição intencional", e, no segundo, em termos de "definição efetiva".[93] O motivo pelo qual fez isso não está muito claro. Talvez tenha decidido, de início, definir estrutura, mas, pensando melhor, realizou um esplêndido estudo do que as entidades estruturadas realmente são; permaneceu, contudo, o arcabouço conceitual original, ofuscando a mensagem mais importante do livro.

O que Boudon distingue como dois tipos de definições são de fato dois estágios sucessivos na formulação da estrutura; em geral descobrimos primeiro o caráter sistêmico, ou seja, estruturado, do objeto de estudo, e depois tentamos formular as regularidades reais que justificaram nossa impressão original. Nos dois estágios, a "definição" ou, mais precisamente, nossa compreensão das condições em que temos permissão para aplicar o termo "estrutura" permanece amplamente a mesma. Adiante tentaremos enumerar tais condições. Sem entrar em detalhes neste estágio, presumimos no momento que todos concordamos sobre o que queremos dizer ao usarmos a palavra "estrutura", como (em sentido geral) antônimo de "desordem". Nesse sentido amplo, podemos dizer que a cultura como qualidade genérica, como atributo universal da espécie humana, na condição que a distingue de todas as outras espécies animais, é a capacidade de impor ao mundo novas estruturas.

Não importa o que possamos dizer a respeito da diferença entre um estado estruturado e um estado desordenado, o conjunto de estados ordenados é sempre menos numeroso que o de todos os estados desordenados possíveis. A estrutura, portanto, é um estado menos provável que a desordem. Outra maneira de dizer isso é afirmar que estrutura sempre significa limitação de possibilidades. A limitação pode ser atingida dividindo-se uma ampla categoria de elementos indiferenciados numa série de subcategorias diferentes umas das outras em termos da probabilidade de ocorrência.

Do ponto de vista biológico, todas as mulheres num amplo conjunto de faixas etárias estão aptas a ser parceiras sexuais. Divididas em mães, irmãs, filhas do tio materno etc., discriminadas em termos de sua aceitabilidade para a relação sexual, o conjunto de acasalamentos possíveis sofre uma redução sensível. Fisicamente, a temperatura do meio ambiente humano oscila no interior de uma ampla gama de valores prováveis. Ao se introduzirem artefatos mediadores entre o corpo humano e o ambiente natural (paredes, roupas etc.), a variação concreta nas vizinhanças imediatas do corpo é mais uma vez reduzida de forma drástica. Em termos fisiológicos, as probabilidades de possíveis resultados de um duelo entre dois animais (um dos quais *homo*) são determinadas por fatores que estão além do controle dos combatentes (destreza muscular, presas, garras); quando um dos adversários altera a capacidade de seu equipamento natural, ou do equipamento de seu inimigo, inserindo artefatos mediadores no processo da luta, as probabilidades relativas dos vários resultados são alteradas.

Esses três exemplos representam três formas alternativas de "estruturação": a) diferenciando os significados atribuídos a várias partes do ambiente; b) introduzindo regularidade num ambiente de outro modo errático e menos previsível; c) manipulando a distribuição de probabilidades para fazer com que a situação "tenda" em favor de um dos lados envolvidos. Todos três constituem os processos principais e universais, de fato, a essência da cultura humana. É fácil perceber que os três, embora em diferentes proporções, implicam a participação de dois tipos de padrão (significando, neste contexto, apenas regularidades): a) padrões que relacionam estados específicos do ambiente a "pós-estados" do organismo humano (os estados do ambiente sendo insumos, e os "pós-estados" do organismo, o produto do ser humano como uma "caixa-preta" cibernética); b) padrões que relacionam estados específicos do organismo humano a "pós-estados" específicos do ambiente (insumos e produtos trocando de lugar, com os ambientes no papel de "caixa-preta"). O processo cultural de estruturar o universo de possibilidades abstratas é, portanto, subdividido em duas estruturações inter-relacionadas: a) a do comportamento humano e b) a do ambiente humano.

Nesse sentido, podemos conceber o processo cultural como extensão ou subcategoria de uma relação de adaptação muito mais geral, em que se inserem todos os organismos vivos e – na outra extremidade da evolução biológico-cultural – mecanismos autorregulados feitos pelo homem; em suma, todos os "sistemas abertos", ou seja, incapazes de sobreviver sem algum insumo de energia e/ou informação proveniente da parte do universo que se encontra além de seus limites.

Segundo Piaget, esse processo de adaptação, forçosamente iniciado pelo ciclo de vida do sistema aberto, consistia numa relação bifacetada de assimilação e acomodação.[94] A primeira é o aspecto externo da adaptação; vários elementos do ambiente são assimilados pelo sujeito, seja do ponto de vista energético, seja informativo, ou ambos. O segundo é o aspecto interno da mesma relação: a estrutura intrínseca do próprio sistema passa por constantes modificações necessárias para que se perpetue o intercâmbio. A adaptação é atingida se, e apenas se, a assimilação e a acomodação forem reciprocamente equilibradas; ou melhor, adaptação *é* o equilíbrio de assimilação e acomodação.

Ora, descrevemos adaptação em termos amplos o suficiente para dar conta dos dois fatores, em geral muito diferenciados – corpo e mente. A adaptação, assim como suas duas facetas – caso seja descrita nos termos acima, e enquanto suas definições forem mantidas dentro do universo de significados que esses termos sustentam – não é "corporal" nem "mental". O que em outros contextos se descreve como corporal ou mental pode ser apresentado como duas formas ou aplicações correlatas da adaptação, mantendo, contudo, uma estrutura idêntica; do ponto de vista da definição, como dois reflexos de uma só estrutura, impressos em dois tipos diferentes de veículo.

É difícil conceber de que maneira processos mentais como pensamento ou inteligência poderiam ser definidos senão pela indicação de estruturas e suas transformações. Usar a "mente" como explicação do comportamento de um sistema parece constituir um erro lógico, de vez que, como afirmou Anatol Rapoport, "mente" é apenas um nome inventado para distinguir a classe das coisas que se "comportam" ou que "realizam ações" daquelas que somente "participam de eventos". Rapoport indica a "plasticidade da reação, a capacidade de modificar a resposta a um dado estímulo" como sintomas reconhecíveis da "inteligência";[95] em outras palavras, a única coisa que podemos afirmar razoavelmente sobre o conceito de "inteligência" é que ele pode ser aplicado sempre que os sintomas acima estejam mesmo presentes.

De modo similar, segundo o clássico estudo de A.M. Turing, a menos que possamos definir os processos mentais de uma forma que nos obrigue a concordar com a afirmação de que a única maneira de se ter certeza de que uma máquina pensa é ser essa máquina e sentir-se pensando, a única forma alternativa de resolver o problema da "máquina pensante" é testar seu desempenho numa situação que se possa, em geral, descrever como exigindo um comportamento inteligente.[96]

A noção genérica de cultura, portanto, foi cunhada para superar a persistente oposição filosófica entre espiritual e real, pensamento e matéria, corpo e mente. O único componente necessário e insubstituível do conceito é o processo de estruturação, com seus resultados objetificados – as estruturas produzidas pelo homem.

A contínua e infindável atividade da estruturação constitui o cerne da práxis humana, o modo humano de ser e estar no mundo. Para tocar em frente essa existência ativa, o homem recebe dois instrumentos essenciais – *manus et lingua*, como disse são Tomás de Aquino; instrumentos e linguagem, segundo a tradição marxiana. Com esses dois implementos, o homem maneja – pela estruturação – a si mesmo e ao mundo em que vive. Esse "manuseio" consiste em extrair energia e gerar informação.

Os dois componentes do modo humano de existência tendem a ser percebidos de diferentes maneiras. A energia é aquilo de que o homem necessita; ao satisfazer essa necessidade, ele é dependente de forças que não estão inteiramente sob seu controle. Esse estado de dependência é percebido pelo homem como ser um objeto, ser exposto a uma manipulação que ele não pode evitar por não poder sobreviver a não ser se submetendo às condições que essa dependência lhe impõe. Ele vivencia a informação como algo que deseja; ao gerá-la, submete à sua vontade forças até então elementares e descontroladas. Esse estado de criação é por ele percebido como estar no sujeito, como algo que expõe o mundo à sua manipulação. Daí a contínua persistência, no pensamento humano, do mundo caracterizado pela multidenominada dicotomia espírito e matéria, mente e corpo; e a invariável tendência a associar aquele com liberdade e este com servidão.

A cultura é um esforço perpétuo para superar e remover essa dicotomia. Criatividade e dependência são dois aspectos indispensáveis da existência humana, não apenas condicionando-se, mas sustentando-se mutuamente; não se pode transcendê-los de forma conclusiva – eles só superam sua própria antinomia recriando-a e reconstruindo o ambiente do qual ela foi gerada. A agonia da cultura, portanto, está fadada a uma eterna continuidade; no mesmo sentido, o homem, uma vez dotado da capacidade de cultura, está fadado a explorar, a sentir-se insatisfeito com seu mundo, a destruir e a criar.

· 2 ·

Cultura como estrutura

A segunda lei da termodinâmica proclama a tendência universal de todos os sistemas isolados a passar de estados mais a menos organizados; essa passagem se chama "aumento da entropia", e, dentro dos limites de determinado sistema isolado, é considerada um processo irreversível; o sistema não pode, "por conta própria", voltar a um estado mais organizado. Há uma interpretação da entropia[1] como a energia que deve ser aplicada para trazer o sistema de volta à condição inicial. Essa quantidade cresce inexoravelmente em função do fluxo do tempo. Nenhum sistema isolado pode extrair a energia necessária de seus recursos internos; quando muito, ela deve ser buscada no ambiente que circunda o sistema.

O único remédio contra a maximização inescapável da entropia (descrita com propriedade pela termodinâmica como "morte térmica) parece ser abrir as fronteiras do sistema ao intercâmbio com o que antes era seu ambiente externo, agora dela desconectado. Essa transformação de um sistema isolado em aberto equivale à inclusão do ambiente na órbita do sistema; ou melhor, ao ingresso do sistema e de seu ambiente numa rede de relações mútuas, constantes e regulares, ou seja, num "metassistema" mais amplo e espaçoso. O sistema inicial, inferior, agora irá constituir aquela parte do metassistema em que o processo de aumento da entropia foi interrompido ou até revertido – à custa da outra parte do metassistema, a "ambiental" (tenhamos clareza em relação ao significado puramente relativo do termo "ambiente", nesse contexto, definível apenas como a "outra parte" do metassistema).

É isso que de fato ocorre no caso de todos os organismos vivos. Segundo o famoso adágio de Schrödinger, as criaturas vivas "sugam a negentropia" (= entropia negativa) de seus ambientes. Elas são, como numa outra expressão célebre, de Anatol Rapoport, pequeninas "ilhas de ordem" num mar de desordem crescente. O mesmo se pode dizer de "organismos" de um tipo diferente – os sistemas socioculturais humanos.

Essa digressão não parece descabida. A analogia entre um organismo vivo e uma sociedade humana ainda é malvista a ponto de ser objeto de constante e maliciosa suspeita. Muitos cientistas não a consideram digna de ser usada numa discussão acadêmica séria. Essa desconfiança quase universal talvez seja historicamente justificada pelos caprichos de algumas cabeças do século XIX, intoxicadas pela síndrome biológica então em moda (em particular pelas ideias bizarras de Novikov na Rússia, Schäffle na Alemanha, Worms na França; em certa medida, também as de Spencer na Inglaterra). Dificilmente se justificaria hoje; é improvável que alguém vá tão longe quanto, digamos, P. Lilienfeld,[2] para dizer que as mesmas leis biológicas explicam e desmentem os processos de uma só célula e o comportamento de um indivíduo humano.

Agora somos sofisticados o bastante (ou talvez mais conscientes de como pode ser doloroso ferir os dedos) para rejeitar com desdém as iscas da analogia simplista. Ainda assim, a moderna equação, ciberneticamente inspirada, entre *sistemas* biológicos e sociais guarda uma semelhança apenas superficial com o expansionismo biológico do século XIX. O que está em jogo hoje não é a transposição descuidada de conclusões de uma estrutura para outra, de tipo muito diferente, garantida por uma semelhança apenas fenomenal, mas o doloroso esforço de penetrar em homo e isomorfismos essenciais já assentados em profundidade. Como disse A. Rapoport:

Argumentos baseados em analogias comuns dificilmente são conclusivos. Por exemplo, por ser verdade que a seleção natural beneficia a sobrevivência da espécie não se pode concluir que a competição econômica seja indispensável para o vigor de uma nação. Tampouco é convincente a justificativa da pena capital com base na analogia entre esta e uma cirurgia aplicada a uma parte doente do corpo. Uma analogia matemática, contudo, é coisa bem diferente. Ela é evidência de uma *estrutura* semelhante em duas ou mais classes de eventos, e dessa semelhança se pode deduzir muita coisa.[3]

Se há, por exemplo, um componente universal em cada caso no qual exista uma luta contra o aumento da entropia, ele certamente se situa entre as qualidades gerais da estrutura e de seu processo de formação. De modo semelhante, se estamos interessados na cultura, em sua qualidade de instrumento antientropia, temos de começar investigando sua estrutura.

O conceito de estrutura

Como já foi indicado no Capítulo 1, estrutura, em primeiro lugar, é um antônimo de "estado de desordem". As duas noções estão intimamente relacionadas ao conceito de probabilidade. Um estado de desordem, afinal, é um conjunto de eventos em que as probabilidades de ocorrências concretas são distribuídas de forma totalmente aleatória; tudo é possível, tudo pode acontecer com o mesmo grau de probabilidade; em outras palavras, nada é previsível.

Num estado completamente desprovido de ordem (estrutura), nenhuma quantidade de dados será suficiente para que se preveja uma nova sequência de eventos (futuros estados do campo em questão). Estrutura, ao contrário, implica alguma diferenciação de probabilidades reais entre os estados teoricamente concebíveis. Alguns estados futuros do campo são mais prováveis que outros. Os estados futuros de uma totalidade estruturada são previsíveis; quanto mais estruturado (ordenado) for um campo, menos informação será exigida para que se produza um prognóstico razoavelmente confiável.

A qualidade singular (na verdade rara) das totalidades estruturadas (sistemas) pode ser atribuída à presença de padrões passíveis de repetição. A natureza exata desses padrões muitas vezes é malcompreendida. Há uma tendência nas ciências sociais a generalizar os atributos universais dos sistemas a partir de uma classe muito menos universal de atributos de um subconjunto de totalidades estruturadas, representadas sobretudo por organismos vivos (no sentido biológico) individuais. A característica peculiar desses sistemas consiste em seu caráter "defensivo"; em geral possuem limites estritos de tolerância à flexibilidade de suas próprias variáveis, e sua "sistemicidade" manifesta-se máxime na ação de unidades "equilibradoras" especializadas que (a) evitam oscilações excessivas de variáveis passíveis de prejudicar a sobrevivência do todo e (b) e trazem a totalidade do sistema de volta aos limites estabelecidos por parâmetros de fronteira rígidos e firmes. Essa qualidade dos sistemas em questão indica sua fragilidade, as limitações de sua natureza sistêmica, sua vulnerabilidade às condições adversas que tendem a reduzir sua resistência antientropia; tudo se reduz, em última análise, à circunstância de que, quaisquer que sejam as relações constantes entre as subunidades do sistema (que estão na base de seu desafio à lei da entropia), elas só se sustentam nos limites definidos e traçados pelos parâmetros de fronteira.

Essa "analogia orgânica" injustificada é persistente a ponto de quase se tornar endêmica nos conceitos sociológicos do sistema social. Originada nos tempos modernos, por obra de Durkheim e Pareto, há na teoria dos sistemas sociais uma tendência estável a identificar a questão da sobrevivência do sistema com a defesa de uma rede de relacionamentos rígida e inflexível. Essa tendência encontrou sua elaboração mais ampla e sofisticada na visão de Parsons a respeito do sistema social. Sua fragilidade intrínseca foi apontada por Walter Buckley na seguinte observação:

Enquanto organismos maduros, pela própria natureza de sua organização, não podem mudar sua estrutura dada além de limites muito estreitos e ainda permanecer viáveis, essa capacidade é o que distingue os sistemas socioculturais. No esquema evolutivo é uma grande vantagem adaptativa desse nível de organização.[4]

Ora, o problema da abordagem que estamos aqui debatendo não é o pressuposto de que existem limites à viabilidade do sistema – fronteiras dentro das quais as subunidades sistêmicas permanecem relacionadas umas às outras de maneira definível; na verdade, nesse sentido, existem limites a qualquer sistema e a toda estrutura imaginável. Tampouco pode o conceito intuitivo de "estreiteza" dos limites, que provavelmente desafiará qualquer tentativa de especificação empírica, servir como guia confiável em nosso esforço de desenredar as qualidades universais da estrutura de suas manifestações orgânicas específicas.

Não parece que a intuição que nos impede de extrapolar o modelo biológico para o campo dos sistemas socioculturais seja significativa e proveitosamente articulada em termos de discrepâncias qualitativas e "substantivas". No cerne da questão está, em vez disso, uma diferença quantitativa, embora evidente o bastante para inspirar – e, de fato, exigir – uma diferenciação das perguntas feitas sobre organismos biológicos, de um lado, e sistemas socioculturais, de outro.

Ao produzir imagens estruturadas de organismos biológicos, nossa atenção, em geral de forma deliberada, se concentra na maneira pela qual os sistemas tentam se manter, com sucesso, dentro dos limites. Nada há de ilegítimo nesse processo. Temos todo o direito possível de selecionar o mesmo foco cognitivo ao lidar com sistemas socioculturais, como na realidade faz a maioria dos sociólogos quando procura equacionar a famosa dúvida hobbesiana. Mas esse é um ponto de vista que abre à nossa observação as fronteiras da "sistematicidade", mais do que a natureza do próprio fenômeno "sistêmico".

Se "ser estruturado" relaciona-se acima de tudo a resistir às tendências entrópicas que levam a um estado de desordem crescente, a questão crucial é a capacidade de alguns setores escolhidos do mundo se estruturar, se "negentropizar", em vez de apenas manter intacta e congelada uma estrutura já "estruturada". Daí nossas objeções à natureza parcial da acusação de Buckley. Quando ele menciona a "estrutura dada" dos organismos maduros, está falando de uma rede estabelecida de relações entre as partes. Mas a inaplicabilidade da abordagem biológica aos sistemas socioculturais, que Buckley prega (de forma acertada), não resulta da concentração das atenções dos biólogos sobre uma "estrutura dada" apenas no sentido acima exposto; a hipótese subjacente à crítica de Buckley é a natureza estática e imóvel da estrutura como tal. Logicamente, ele cunha um termo distinto, "morfogênese", para denotar um sistema construído de tal forma que não dá preferência a qualquer "estrutura dada" em particular. Mas que haveria de "sistêmico" nesse tipo de sistema?

O atributo de possuir uma "estrutura dada" é a única qualidade que distingue uma parte ordenada, de tipo sistêmico, da realidade de seu exterior caótico e desorganizado. Portanto, a estrutura é, por sua própria definição, algo relativamente estável e constante, resistente à erosão entrópica. O cerne do problema, contudo, é que essa constância endêmica não se manifesta de maneira necessária no nível empírico, na repetitividade monótona de seus resultados fenomenais. Pelo contrário, uma variedade empírica ampla e quase ilimitada ainda pode corresponder a uma estrutura subjacente constante e até inflexível. Permitam-me repetir, nada existe de errado, em termos intrínsecos, em se concentrar a atenção, seja a de um biólogo, seja a de um sociólogo, na descoberta de uma "estrutura dada" (pressupor a existência de muitas – quantas? – estruturas num sistema, em vez de apenas uma, significaria na verdade a negação da sistematicidade). O que de fato está errado é confundir os planos empírico e estrutural.

Se situamos a estrutura no plano empírico, e admitimos para ela a constância de correlações estatísticas entre fenômenos, então, e apenas então, torna-se enganoso extrapolar a partir de organismos biológicos para sistemas socioculturais. O que parece consistir na falha seminal da imagem de sistema social de Parsons não é o pressuposto da constância da estrutura, mas a localização dessa estrutura no plano das relações sociais concretas; e, por conseguinte, a suposição de que a defesa da estrutura do sistema é equivalente à defesa da rede atual de suas realizações empíricas.

Podemos voltar agora à discussão sobre a natureza dos padrões que constituem a característica distintiva das totalidades estruturadas. Sabemos que elas são aquelas em que "nem tudo pode acontecer"; ou melhor, em que a probabilidade de alguns estados, que a lógica da estrutura dada define como incoerentes, é minimizada. Portanto, as unidades do todo devem se inter-relacionar. Em outras palavras, pode-se dizer que existe *comunicação* entre as unidades. Na verdade, comunicação é o traço definidor da condição de "ser membro do sistema". Segundo Oscar Lange, um sistema deve ser definido como um agregado de "elementos comunicantes":

> Cada unidade do sistema comunica-se pelo menos com outra ou recebe comunicação de pelo menos outra unidade do sistema. Assim, não há no sistema unidades isoladas, que não se comunicam nem recebem comunicação de qualquer outra.

Uma unidade x comunica-se com uma unidade y (mais uma vez, segundo Lange) se alguns componentes do produto de x se tornam componentes do insumo de y (estamos presumindo que o produto de qualquer unidade, tomado isoladamente, se relaciona de alguma forma constante ao seu insumo).[5]

Essa associação íntima entre sistematicidade e comunicação (em seu sentido moderno, ampliado e generalizado) é a ideia guia da cibernética. Foi elaborada, em particular, por W. Ross Ashby,[6] que enfatiza de modo insistente a limitação como principal componente – o conteúdo, na verdade – de qualquer ato de comunicação. Se, dado um estado S^x_1 da unidade x, outra unidade y pode assumir todos os estados imagináveis S^1_n contidos no espaço de possibilidades, então, diz Ashby, não há comunicação de espécie alguma entre x e y.

O significado da comunicação é, em suma, coextensivo ao conceito de limitação. A generalidade radical do conceito moderno de comunicação, assim como seu papel fundamental na caracterização de qualquer tipo de estrutura, foi afirmada de maneira explícita por Abraham Moles, que define comunicação como o "estabelecimento de uma correspondência inequívoca entre um universo espaçotemporal A (x, y, z, t), o emissor, e um universo espaçotemporal B $(x^1, y^1, z^1, t+t')$, o receptor". A definição é ampla o suficiente para acomodar grande número de noções em geral introduzidas de forma independente.

Aquilo a que o termo "comunicação" se reporta não é apenas seu referente de senso comum – a troca de mensagens entre dois agentes distintos –, mas também: a anamorfose (transformação) de um e do mesmo meio, quando ocorre entre o momento t e $t+t'$ e permanece em "correspondência unívoca" com o estado do meio no momento inicial t; a tradução – ou "transferência de um espaço simbólico para outro"; a explicação – ou "transferência de um espaço de atributos simbólicos para outro"; e a compreensão – ou "transferência do campo fenomenal para o campo dos símbolos combinados (*reliés*) numa estrutura".[7] Todos esses tipos de relação de comunicação, assim como outros, sem nome (ainda que apenas isomórficos), podem constituir uma estrutura.

Uma forma alternativa, portanto, de dizer que a estrutura é uma limitação imposta a um universo de eventos possíveis é afirmar que ela é uma rede de comunicação no interior de um conjunto de elementos. A forma alternativa de dizer que a comunicação consiste numa correspondência inequívoca entre dois conjuntos de componentes é afirmar que o conjunto, o segundo na sequência (não necessariamente temporal), pode ser descrito, em termos teóricos, como uma função do primeiro – $B = F(A)$. A estrutura, portanto, pode ser definida como um conjunto de regras de transformação de (e entre) um grupo de elementos inter-relacionados. Uma vez que as transformações geradoras de eventos definidas num espaço dado de eventos possíveis são submetidas a regras (padrões), o pool de ocorrências concretas é um subconjunto limitado do universo de possibilidades total.

As ocorrências concretas estão situadas no plano da percepção (nível fenomenal ou empírico). O mesmo não se dá com a estrutura, que não é diretamente acessível à experiência sensorial. Tampouco ela é derivável do processamento dos dados experienciais, ou seja, pela computação da distribuição estatística de certas variáveis no pool de eventos registrados. A relação da estrutura com os fenômenos empíricos é reflexo da relação dos modelos abstratos com as impressões sensoriais (e vice-versa; seria inútil jogar no lixo, neste momento, a antiga discussão sobre prioridade, já que os dois reflexos só podem ser alcançados por nosso conhecimento – só existem para nós – em conjunto, ou não existem de modo algum). O importante aqui é que não há relação um a um entre uma estrutura dada e um conjunto correspondente de eventos empíricos.

Uma estrutura pode gerar conjuntos de ocorrências bastante diversos; e vice-versa, qualquer conjunto de eventos empíricos pode ser gerado como produto de várias estruturas subjacentes, o que, claro, torna importante, em particular, a exigência de se evitar a confusão entre os níveis.

Observemos também a conexão íntima entre a noção de estrutura, tal como aqui a definimos, e o conceito moderno de informação, como foi elaborado, acima de tudo, por C.E.S. Shannon e W. Weaver.[8] Tanto a estrutura quanto a informação relacionam-se diretamente com a limitação imposta ao universo de possibilidades. A mensuração da informação proposta por Shannon e Weaver, como sabemos, é homóloga à medição da entropia; quanto maior o grau de entropia em determinado agregado de elementos, mais informação é transmitida quando se atinge a descrição exata do estado do agregado. Em outras palavras, quanto mais estruturado for um determinado agregado (quanto mais limitado for o pool de estados possíveis), menos informação será necessária para eliminar de todo a incerteza com respeito a seu verdadeiro estado.

Se quisermos computar a quantidade de informação contida numa mensagem específica, devemos subtrair o resíduo de incerteza que permanece depois da mensagem do grau de incerteza que existia antes de ela ser enviada. Uma vez mais, se desejarmos expressar quão "estruturado" certo agregado é, devemos deduzir a quantidade de informação necessária para descrever plenamente seu estado da quantidade que teria sido necessária caso o agregado fosse de todo aleatório.

Uma conclusão possível merece nossa particular atenção por seu caráter seminal para o conceito genérico de cultura. Já vimos que, com o crescimento da entropia num agregado, o escopo da informação disponível (ou seja, a possibilidade de eliminar a incerteza quanto ao seu estado) se reduz. Por outro lado, quanto mais sucesso tivermos em reduzir a entropia do agregado, mais informação se tornará disponível de imediato. Ora, a redução da entropia só pode ser atingida, como nos lembramos, à custa de um insumo de energia proveniente da área externa ao agregado (lembremo-nos da "sucção de negentropia"). O que se segue é a intercambialidade de energia e informação, a possibilidade de ampliar o escopo da informação atingível mediante aplicação de energia.

Diversos estudiosos mostraram uma notável homologia entre as equações que expressam a transformação de energia e as que descrevem o processamento da informação (princípio da dualidade energia-informação).[9] Tenhamos em conta esse fenômeno, que parece de fundamental importância para a compreensão adequada da cultura em sua função estruturante.

Outro comentário torna-se oportuno. Os teoremas básicos da teoria da informação, quando não registrados em termos matemáticos, estão muitas vezes envoltos numa linguagem que sugere os fenômenos psicológicos (cognição, conhecimento), ou, na verdade, um pensamento consciente, como fatores constitutivos do próprio ato de originar a informação. Em sintonia com os referentes semânticos da palavra no senso comum – supérfluos do ponto de vista da teoria de Shannon e descartados por esta teoria –, o termo "informação" é vez por outra utilizado em conjunção com um "observador" que é (ou era) incerto, para o qual a informação foi passada e que empregou a informação recebida para dispersar sua incerteza (subjetiva) etc.

Graças à origem vernacular do termo, é difícil descartar de todo esse "observador" sem correr o risco de ser desastrado e artificial nas descrições não matemáticas dos fenômenos relacionados à informação. Inevitável como provavelmente ele é, aquele uso desafortunado pode contribuir para a tendência já difundida de interpretar a informação em termos subjetivos e colocá-la a serviço do reforço e do apoio à teoria mentalisticamente centrada da cultura. Ainda assim, a presença de um "observador" ubíquo nas versões verbais da teoria da informação é redundante do ponto de vista teórico, motivada apenas pela conveniência da expressão (ou talvez pelo desejo de aproximar uma noção incomum da experiência do leitor). A noção de informação não exige, mais que a de entropia, o conceito da mente do observador como componente constitutivo. A "incerteza", fundamento da teoria da informação, não é de modo algum um fenômeno subjetivo; ela significa a distribuição aleatória objetivamente real das probabilidades de que certos membros de um conjunto de eventos venham a ocorrer.

Nem a "transmissão" de informação se refere a um verdadeiro intercâmbio de conhecimento entre duas mentes conscientes; essa expressão significa uma mudança ocorrida, mais uma vez, num sentido objetivamente real, na distribuição das probabilidades. A transmissão de informação é acima de tudo uma transformação do meio descrito em termos informacionais; é uma operação real, objetivamente tangível, realizada num setor da realidade objetiva. O aumento e o decréscimo no volume de informação disponível constituem um processo objetivo que prossegue e alcança sua forma completa, quer haja ou não a "mente do observador" à sua volta para vigiá-lo e apropriar-se de seus benefícios.

A relevância humana verdadeira, prática, das oscilações do volume de informação consiste, em última análise, na oportunidade – oferecida a qualquer mente que esteja colocada na posição de observador – de avaliar a situação, fazer a previsão certa e escolher o comportamento adequado. No arcabouço desse desenvolvimento auto-orientado, contudo, os seres humanos não entram no processo informativo como fatores operativos que codeterminam o volume real de informação disponível. Eles entram (se é que o fazem) com outro papel, o de detentores da prática, produtores e manipuladores do ambiente. As pessoas que assumem o primeiro e o segundo papéis não são necessariamente as mesmas.

Condição ontológica e epistemológica da estrutura

O papel ascendente desempenhado pela noção de estrutura na lógica da ciência moderna revive uma série de debates essenciais relacionados à natureza da cognição e do conhecimento. Todos têm uma longa história e ocupam lugar de destaque na tradição intelectual do Ocidente, nascida do choque seminal entre as duas principais correntes da antiga filosofia grega. Duas delas, porém, merecem menção particular no presente contexto, já que estão, de modo manifesto ou latente, na base da atual discordância inspirada pelo advento do estruturalismo como principal adversário do establishment positivista nas ciências sociais. A primeira é a controvérsia entre o conhecimento do "certo" e do "contingente"; a segunda, entre a ontologia do "transcendental" e a do objeto "imanente" da cognição.

Platão foi o primeiro a articular esse paradigma, embora, como era costume naquele estágio, em termos ontológicos. Em paralelo à distinção entre alma e corpo, "pensado" e "sentido", havia duas camadas do universo, com certeza intimamente entrelaçadas, mas ainda assim autônomas, cada qual com um modo de vida próprio, distinto e singular. A intercambiabilidade e a imutabilidade estavam, respectivamente, entre suas características distintivas mais importantes.

Platão resumiu a história pré-socrática da filosofia grega como um processo dominado pelo choque entre duas grandes tendências representadas pelos "ionianos" (Tales e seus discípulos) e pelos "italianos" (Parmênides e sua escola); o tema principal da filosofia se havia sedimentado, em sua visão, a partir dessa disputa contínua, como a batalha entre "gigantes" e "deuses": "Do lado dos deuses estão todos aqueles que sempre acreditam que coisas não vistas constituem a realidade verdadeira; do lado dos gigantes, todos os que sempre acreditam que o real nada mais é do que o corpo que eles tocam e manipulam."[10] Nas palavras de um dos personagens do *Sofista*,

> Um lado tenta puxar para a terra tudo que está no céu e no desconhecido, literalmente agarrando rochas e árvores com as mãos; pois eles se sustentam em cada tronco e em cada pedra, e afirmam com energia que a verdadeira existência pertence apenas àquilo que pode ser manuseado e oferece resistência ao toque. ... E, de modo correspondente, seus adversários são muito cuidadosos em defender sua posição em algum lugar nas alturas do não visto, sustentando com todo o vigor que a verdadeira realidade consiste em certas formas inteligíveis e incorpóreas.[11]

Por trás dessa diferença de opinião está, claro, a disputa a respeito da natureza da realidade, surgida, em última análise, de uma arraigada desconfiança em relação à realidade do movimento e da mudança. "As muitas coisas que trazem os mesmos nomes das formas estão sempre mudando em todos os aspectos; e essas são as coisas que vemos e tocamos, enquanto as formas não são vistas." Fica então estabelecido que há duas ordens de coisas: as não vistas, isentas de qualquer mudança, e as vistas, que sempre mudam. Por fim, afirma-se ser provável que a alma, não vista, se pareça mais com o divino, o imortal, inteligível, simples e indissolúvel, enquanto o corpo se parece mais com o humano, mortal, ininteligível, complexo e dissolúvel.

"Os amigos das formas assumem a imutabilidade como a marca do ser real; a variabilidade, como a marca do vir-a-ser. ... As formas não admitem qualquer espécie de mudança, enquanto as tantas coisas perceptíveis jamais permanecem as mesmas." Em *Fédon* e na *República*, o mundo ideal é muitas vezes descrito como se excluísse qualquer mudança, e isso sempre foi tratado como condição necessária à existência do conhecimento."[12] A identidade absoluta do "real", do "verdadeiro" e do "imutável" era o fundamento da tradição platônica da teoria do conhecimento. O que demonstra sua existência apenas pelo fato de ser acessível aos sentidos não pode proclamar a verdadeira realidade: não tem bases sólidas para sustentar essa reivindicação, já que ela é acidental, casual, transitoriamente ilusória. O que é real deve sê-lo para sempre, em vez de submeter sua realidade ao perigoso teste da contínua presença sensória.

Nesse ponto, a primeira questão funde-se com a segunda. Platão resolve o intricado problema da maneira como o "real", visto que independente da autoridade da evidência sensorial, pode de alguma forma ser apreendido assumindo a imortalidade da alma. A alma imortal é introduzida como conclusão lógica do fato de que o real nos é acessível "a partir de dentro": "Se a verdade das coisas está sempre em nossa alma, a alma deve ser imortal; portanto, você começa a ser confiante na procura e a recuperar a memória daquilo que não sabe, ou seja, de que não se lembra"; "procura e aprendizado nada mais são que reminiscências"; uma vez que a alma imortal "já viu todas as coisas, tanto neste quanto no outro mundo, nada há que ela não tenha aprendido".[13] A forma é dada de uma vez por todas; a condição do imutável εἴδη deve ser superior à da modalidade de coisas que "mudam de forma", deve desafiar as fronteiras das entidades essenciais – que só podem ser reais enquanto permanecerem idênticas a si mesmas.

Essa linha de pensamento deu origem à ciência da lógica, tal como ela surgiu nos ensinamentos de Aristóteles e floresceu com a escolástica medieval, sob a forma da ciência das relações "necessárias", imutáveis, sem as restrições da evidência sensorial. Atingiu novos patamares nos ensinamentos de Descartes. Naquela época, a separação conceitual entre "certeza" e prova existencial estava concluída. A nova lógica, a da investigação empírica, encontrava-se em plena vigência, mas prevalecia a opinião, na verdade codificada por Descartes, de que nenhuma quantidade de evidências empíricas da "existência" real de eventos pode acabar levando a um conhecimento genuinamente "correto". E vice-versa: sem o apoio do pressuposto platônico da imortalidade da alma reunindo o verdadeiro conhecimento das formas, a certeza deixou de ser uma prova da existência real.

Descartes distingue "aquela faculdade da nossa compreensão pela qual ela tem a consciência intuitiva das coisas e as conhece a partir daquilo pelo qual ela avalia, fazendo uso da afirmação e da negação". Avaliações desse último tipo devem ser inconclusas, já que dão conta de "naturezas complexas", contingentes, que podem aparecer mas também não, e portanto não podem ser consideradas certas. "A dedução nos é assim deixada como o único meio de agregar as coisas de maneira a ter certeza de sua verdade. ... A espécie humana não tem diante de si um caminho que leve ao conhecimento seguro, salvo os da intuição evidente e da dedução necessária"; só podemos chegar à certeza nos casos em que não tenhamos "muito trabalho para determinar se elas [as naturezas que analisamos] realmente existem ou não".[14]

Toda a questão foi assim despida de seu verniz ontológico e traduzida numa linguagem epistemológica. Deixou de ser um problema de formas imutáveis; em vez disso, tornou-se a questão da certeza, que se baseia, em última instância, na evidência intuitiva, e que pode ser estendida, com a ajuda da lógica, a avaliações obtidas pela dedução.

Os dois principais pilares do conceito platônico de conhecimento, contudo, continuaram intactos: a distinção entre "necessário" e "contingente", e a identificação do conhecimento verdadeiro, melhor, superior, absolutamente confiável, com a primeira categoria. Restou ao empirismo moderno, proclamando que *nihil est in intellectu, quod non prius fuerit in sensu* ("nada está no pensamento que antes não estivesse nos sentidos"), desafiar esses dois princípios essenciais da teoria racionalista do conhecimento.

O ataque atingiu a máxima intensidade quando as premissas empíricas receberam tratamento positivista. A intuição foi ridicularizada, a evidência, descartada como um resíduo da metafísica e o conhecimento humano, reduzido ao que pode ser derivado, por manuseio apropriado, dos dados primários da experiência sensorial imediata. A regra que sustenta o nominalismo atribui a conceitos e declarações gerais o papel auxiliar de registros taquigráficos, convenientes, de fatos-eventos essencialmente individuais. Não há espaço para verdades "autoimpositivas", evidentes, muito menos para "essências" perenes e imutáveis enraizadas em algum lugar da infraestrutura da cadeia de ocorrências contingente e empiricamente acessível.

As duas regras mencionadas não impedem que se acomode a noção de estrutura no corpo de conhecimento definido pela perspectiva positivista. Contudo, a noção deve passar por uma mudança bastante substancial; grande parcela dos atributos que imputamos ao conceito de estrutura não é admissível segundo as regras da austeridade experiencial. Acima de tudo, à estrutura se nega qualquer espécie de condição soberana, ou mesmo superior, com respeito aos dados da experiência. A própria controvérsia sobre o status da estrutura como algo distinto do status dos registros factuais traz uma lembrança sombria da metafísica. À estrutura, no arcabouço do conhecimento positivista, se deveria atribuir o significado de simples organização de dados primários; o tipo bem conhecido a partir dos quadros estatísticos que mostram a distribuição de fatos observados segundo um aspecto escolhido, ou melhor, que nos informam como os eventos observados são divididos pelo observador em classes definidas, por motivos de parcimônia e conveniência. A estrutura é um resultado da medição e uma forma de registrar as descobertas quantificadas, o que é um modo de definir diferente daquele, digamos, de Lévi-Strauss, o qual é enfático sobre a falta de conexão necessária entre medida e estrutura.[15]

O tolo desdém com que o positivismo tratou todos os dados que não fossem observáveis inspirou ressentimento nos cientistas preocupados com a fragilidade e a precariedade manifestas do solo em que a fé na validade do conhecimento humano deveria assentar, caso as premissas positivistas fossem aceitas sem reservas. As conhecidas lacunas e inconsequências do raciocínio indutivo, além da óbvia contingência daquilo que, da perspectiva positivista, era apresentado como "fatos", empurrou a atividade acadêmica para muito longe do persistente ideal científico de "certeza". O mais celebrado, neste século XX, foi o ataque fenomenológico à fortaleza do positivismo. O objeto do verdadeiro conhecimento uma vez mais transferiu-se do reino do "transcendental" para o do "imanente". No famoso lema de Husserl, *Zu den Sachen selbst!* ("ir às coisas mesmas"), as "coisas" foram redefinidas como a essência purificada do objeto direto da *Bewusstsein* (consciência); esta, por sua vez, como o tipo de existência que um objeto de conhecimento assume quando é conhecido, isto é, trazido à consciência. Assim, a tradicional dicotomia entre *cogito* e *cogitatum* parece ter sido afinal transcendida; os dois parceiros no ato cognitivo se fundem em um só, diretamente acessível ao exame acadêmico.

Com esse expediente Husserl espera dotar o conhecimento humano de alicerces vigorosos; mais uma vez, alcançar o conhecimento necessário, essencial – "a existência contingente não pode mudar o que a razão reconheceu como a própria essência de seu objeto"; conhecimento que vai englobar as essências objetivas das coisas, "independentemente de qualquer significado arbitrário que um sujeito lhes *deseje* atribuir".[16] Ao fato da "existência" atribui-se mais uma vez o papel de hipótese a ser confirmada; mas é irrelevante a busca de essências – a existência não tem lugar entre seus atributos necessários. "Para mim, o mundo não passa daquilo de que tenho consciência e do que parece válido em tais *cogitationes*."[17] Esse pressuposto torna possível a declaração categórica de que "a análise da essência é *eo ipso* uma análise geral; a cognição da essência em termos de essência, em termos de natureza essencial, em termos de cognição dirigida a objetos universais".[18]

Não apenas as ideias básicas de Descartes foram justificadas, mas, em seus ataques virulentos à dissipação positivista do conhecimento, Husserl aventurou-se num terreno pantanoso em que o próprio Descartes não teria se arriscado. Pode-se dizer que Husserl aplicou a Descartes o mesmo tipo de tratamento radical que Fichte dedicou ao legado de Kant. A assustadora dicotomia entre o necessário e o existente foi posta de lado, em vez de ser resolvida. A ἐποχή (*epokhé*), a suspensão do problema existencial atingida desde o início das *cogitationes* fenomenológicas, nunca foi na verdade revogada. A validade do conhecimento humano foi resgatada à custa da informação empiricamente acessível, sem utilidade para a fenomenologia, da mesma forma que as verdades essenciais para o positivismo.

Não admira que o projeto hercúleo do mestre tenha se reduzido, na prática de seus discípulos heréticos, a uma regra metodológica que com dificuldade se poderia declarar husserliana, mas era obviamente espiritualista (manifesta, por exemplo, na definição de Maurice Natanson: fenomenologia é um termo genérico "para incluir todas as posições que enfatizam o primado da consciência e o significado subjetivo na interpretação da ação social";[19] nessa caricatura da posição de Husserl, o mundo "lá fora", sub-repticiamente readmitido ao domínio das avaliações definitivas, é de novo categorizado nos velhos termos do "primado" subjetivo que Husserl afirmava, sem sucesso, ter descartado).

A busca da certeza e o desejo de conhecimento do necessário estavam, contudo, na própria fonte do ramo husserliano de rebelião antipositivista. Parece que, no arcabouço de sua irresistível intenção, a única modalidade disponível para "estrutura" era a da *Sache*, no sentido husserliano, ou seja, uma das essências totalmente definíveis e descritíveis em termos de intenções; esse era um método semelhante à *définition intentionelle* de Boudon. As intenções particulares constitutivas da estrutura seriam as da ordem, coerência e coesão lógica. A questão da existência, como no caso das outras *Sachen*, se anularia pelo princípio da *epokhé*. A única disciplina a que a estrutura, como "*Sache*", se submete é a do significado imposto por suas intenções constitutivas. Como o pré-requisito da necessidade é a principal intenção, a estrutura só não pode ser o próprio epítome da "certeza" e da "necessidade" das coisas.

Mas a suspensão do mundo fenomenal dificilmente seria assimilável no universo gerado pelos pressupostos da ciência. Como foi demonstrado pelos ramos da fenomenologia destinados a produzir uma metodologia prática das ciências sociais (Merleau-Ponty, Schutz, Natanson), a necessidade e a certeza, no sentido husserliano, são as primeiras vítimas de qualquer esforço de ampliar de modo suficiente os princípios fenomenológicos para cobrir o campo constitutivo da sociologia. Pois esses dois ideais parecem estar deslocados, resistindo a qualquer tentativa de enquadrá-los na tarefa de lidar com a realidade fenomenalmente acessível do homem.

Qualquer noção de estrutura destinada a ter uma chance de ser assumida e utilizada na prática da ciência deve ser definida de tal forma que garanta papel de destaque ao conjunto total das questões surgidas com a admissão da autoridade da evidência fenomenal. Mas, então, talvez a noção pura (cartesiana-husserliana) de certeza, oferecida pelo conhecimento apenas do necessário, se torne insustentável. O que resta às antigas εἴδη platônicas é a ideia de constância, invariância, estabilidade oculta por trás da corrente de fenômenos variáveis, diversificados e aparentemente caóticos. A "essência" ainda é o objetivo supremo da ciência, em desafio à *sophrosyne* positivista, mas agora macula-se pela impura relação de sangue com o plano fenomenal, irremediavelmente investido da suprema autoridade legitimizante sob a regra positivista ampliada.

A posição atual, de certa forma montada na barricada que separa adversários por demais radicais, foi expressa de modo sucinto por Jacques Monod:

> A estratégia fundamental da ciência na análise dos fenômenos é a descoberta de invariantes. Toda a física, aliás, como todo desenvolvimento matemático, especifica uma relação de invariância. ... Seja o que ela for, há e haverá na ciência um elemento platônico que não poderíamos afastar sem arruiná-la. Na diversidade infinita dos fenômenos singulares, a ciência só pode buscar invariantes.[20]

O que Monod deixou de lado foi a forma profundamente não platônica pela qual o antigo objetivo platônico agora é perseguido por cientistas: por meio da razão voltada para o universo fenomenal e não para si mesma. Na verdade, nada sobrou de esotérico na noção de "constante" e "invariante", a que Platão atribuía a qualidade de um absoluto, acessível apenas pela memória de uma alma imortal; ou – mesmo que tiremos, generosamente, a capa metafísica da terminologia idiossincrática –, ainda, acessível por uma rota alternativa, em essência distinta da que leva à determinação de dados empíricos.

Para Monod, "os invariantes" que sua ciência, a biologia, procurava podem ser descobertos na análise da substância viva em laboratório, e somente lá. São estruturas e funções dos organismos vivos, fixados "ali", "transcendentais", como Husserl ansiosamente observaria, e acessíveis por meio da única realidade que a um só tempo os abre à mente inquisitiva e dela os esconde: mediante fenômenos que podem ser abordados do ponto de vista empírico. "É a reprodução, *ne varietur*, a cada geração celular do texto escrito, sob a forma de uma sequência de nucleótidos no DNA, que assegura a invariância da espécie."[21]

A estrutura, definida acima de tudo por sua invariância, mas dificilmente "necessária" no sentido de ser a única imaginável, a única logicamente possível, parece realizar também a tarefa cognitiva buscada por Lévi-Strauss. Sua famosa fórmula, cunhada em *A estrutura dos mitos*,

$$F_x(a) : F_y(b) \equiv F_x(b) : F_{a-1}(y),$$

é precisamente desse tipo.

> Aqui, com dois termos, *a* e *b*, aos quais se atribuem também duas funções, *x* e *y*, admite-se que existe uma relação de equivalência entre duas situações respectivamente definidas por uma inversão de *termos* e *relações*, sob duas condições: (1) que um termo seja substituído por seu oposto (na fórmula acima, *a* e *a*−1); e (2) que se faça uma inversão entre o valor função e o valor termo dos dois elementos (acima, *y* e *a*).[22]

O comentário refere-se à lógica do pensamento mitológico, passível de descoberta (se é que isso é possível) pela análise dos mitos; nenhum montante de análise fenomenológica de significados intencionais poderá revelar que as duas relações acima descritas são equivalentes, ou quais condições específicas uma inversão deve preencher para que essa equivalência seja admitida pela lógica dos mitos. Regras lógicas desse tipo podem ser invariantes, mas não são necessárias, ou seja, as únicas imagináveis que poderiam gerar uma linguagem capaz de cumprir de fato a tarefa de ordenar o Universo.

De modo semelhante, pode-se provar que outra regra lógica, formulada temporariamente num plano menos abstrato (e portanto menos universal), como "o jaguar está para a filha não disponível como o morcego está para o jaguar" (ou, registrado via aplicação: "Em geral considerado responsável por um furo corporal e um sangramento, o morcego se transforma ... em responsável por um fechamento corporal e uma reabsorção de excrementos."),[23] talvez seja um princípio invariante da lógica dos mitos, mas com dificuldade se poderia considerá-la representativa da transformação que é "obviamente" ou "intuitivamente" verdadeira.

Uma vez mais, Noam Chomsky é explícito quanto ao caráter decisivo do divórcio entre "certeza" e "necessidade", assim como ao segundo matrimônio contraído pela "certeza", dessa vez com a "invariância", por vezes denominada universalidade. Após descrever várias das muitas regras estruturais da linguagem, Chomsky extrai, de forma enfática, uma conclusão que seria difícil descrever como platônica:

> Não existe uma necessidade a priori de que isso seja verdade. Essas características da linguagem, se verdadeiras, são fatos empíricos. É razoável supor que sejam a priori para o organismo, já que definem para ele o que se deve considerar uma linguagem humana, e determinam o caráter geral desse conhecimento adquirido da linguagem. Mas é fácil imaginar sistemas de linguagem que se afastariam desses princípios. ... Tais princípios, podemos especular, são a priori para as espécies, ... mas não são propriedades necessárias nem mesmo naturais de todos os sistemas imagináveis que possam desempenhar as funções da linguagem humana.[24]

Usando palavras diferentes, as regras invariantes da linguagem podem parecer necessárias do ponto de vista da subjetividade individual de qualquer membro da espécie *Homo sapiens* tal como historicamente surgiu sobre a Terra; a cada ser humano elas são dadas de uma vez por todas como constituintes indispensáveis de seu universo inteligível, e talvez possam ser desnudadas pela "razão voltada para si mesma"; mas, nesse sentido, o termo "necessidade" não acrescenta muito à noção de universalidade, que é um fato empírico. Essa necessidade "aqui e agora", identificável do ponto de vista da experiência, é ela própria um artefato do longo processo histórico de desenvolvimento, devendo sua posição a priori em relação a uma experiência específica, individual ou de grupo, ao fato de ser a posteriori em referência a uma experiência coletiva da espécie que é tão longa quanto a história. A história da espécie levou à cristalização de algumas estruturas como elementos constitutivos do universo inteligível e significativo de cada um de seus membros.

Podemos dizer que o processo de vida do ser humano como pessoa (a entidade individual definida por seus valores e pelos fins que persegue, teleologicamente organizada, orientada para o futuro) só é possível, e de fato só se concretiza, no arcabouço de sua existência como sujeito epistêmico; essa existência, por sua vez, está imersa num mundo humano estruturado e organizado do ponto de vista histórico, no qual se tenha alcançado o isomorfismo do pensamento e da prática humanos. Em termos mais gerais, a relação entre a atividade do indivíduo e o arcabouço estrutural fornecido pelo universo em que ele vive pode ser comparada à relação entre o operário e a máquina, tal como descrita por Marx nos *Grundrisse*:

> A atividade do trabalhador, limitada à mera abstração, é determinada e regulada de todos os lados pelo movimento do maquinário, e não o contrário. O conhecimento que obriga as partes inanimadas da máquina, por sua construção, a trabalhar da forma adequada, como um autômato, não existe na consciência do trabalhador, mas age sobre ele por meio da máquina, como uma força estranha, como se fosse o poder da própria máquina.[25]

Essa relação dialética entre o pensamento que torna real o universo dos seres humanos e o que o torna inteligível e acessível a uma interação significativa é apresentada em termos mais gerais em *A ideologia alemã*:

> A estrutura social e o Estado evoluem de modo contínuo a partir do processo de vida de indivíduos definidos, não como estes podem aparecer em sua própria imaginação ou na dos outros, mas como eles realmente são, ou seja, da maneira como trabalham, produzem materialmente e agem sob limitações materiais, pressupostos e condições definidas, independentes de sua vontade.[26]

Em outras palavras, os indivíduos evoluem a partir do processo de vida, não como pessoas, mas como seres epistêmicos, ou melhor, produtores de epistemes. Como pessoas, eles podem vivenciar o choque entre seu projeto organizado segundo valores e o veículo transcendental, organizado segundo a lei, a que o projeto deve ser aplicado; podem até tentar superar a oposição da maneira típica de uma pessoa, ou seja, reduzindo os dois polos da oposição ao mesmo princípio filosófico, aquele que orienta o lado esquematizante, significativo e organizado segundo valores. Como entidades epistêmicas, contudo, os indivíduos participam do Universo à medida que se submetem inteiramente a um conjunto de regras de transformação estruturantes-estruturadas; não fossem eles participantes, dificilmente poderiam nem sequer existir, fosse como pessoas pensantes, fosse como organismos vivos.

Maurice Godelier parece acertar na mosca ao indicar que, se a futura ciência do homem se concentrar nas leis que governam o surgimento e a evolução das estruturas tal como criadas pelo universo humano, e também como suas criadoras, as oposições, hoje consagradas e insuperáveis, entre psicologia e sociologia, sociologia e história, história e antropologia (no sentido de Lévi-Strauss) se tornariam estéreis.[27] Então, acrescentemos, o programa original de Marx estará redimido; e entre as oposições que agora pairam sobre a ciência do homem, que serão superadas, a suposta contradição entre indivíduo e sociedade terá papel preeminente.

Recapitulando: a estrutura buscada pela compreensão estruturalista da cultura é o conjunto de regras geradoras, historicamente selecionadas pela espécie humana, que governam a um só tempo a atividade mental e prática do indivíduo humano visto como ser epistêmico, assim como o conjunto de possibilidades em que essa atividade pode operar. De vez que esse conjunto de regras se condensa nas estruturas sociais, ele parece ao indivíduo uma necessidade transcendental semelhante à lei; graças à sua inexaurível capacidade de organização, é vivenciado pelo mesmo indivíduo como sua liberdade criativa. Este é, contudo, o pressuposto básico do projeto aqui em debate: que ambos os elementos da experiência humana fundamental – sua existência e sua essência, suas modalidades objetiva e subjetiva – crescem, em última instância, do mesmo tronco; e para isso se deve e se pode rastrear o seu passado.

Síntese do projeto estruturalista

Deveria estar clara agora a posição do autor, de que a abordagem estrutural, tal como descrita nos parágrafos precedentes, abre novos panoramas para a análise sociológica. Em particular, ela promete resolver vários problemas bastante desagradáveis, até agora vistos como obstáculos em tese insuperáveis no caminho da ciência que se ocupa da sociedade e da cultura. Deve-se enfatizar, contudo, com bastante vigor, quanto a essa declaração, que o autor não pretende apresentar a abordagem estruturalista como um substituto de tudo aquilo que a sociologia inventou e tentou fazer até agora. É fácil apontar inumeráveis problemas analíticos de máxima importância que podem ser enfrentados, de modo eficiente e proveitoso, com as ferramentas já empregadas pelos sociólogos.

Parece que a perspectiva de um modelo teórico abrangente, capaz de dar conta de todo e qualquer problema cognitivo suscitado com legitimidade por um cientista social, pertence à categoria das utopias atraentes, porém inatingíveis. A práxis humana, com seus múltiplos níveis e facetas – a derradeira fonte de todos os interesses que possam ser reapresentados como questões cognitivas –, escapa a qualquer tentativa de reduzir sua variabilidade a um só princípio.

O princípio da natureza estruturada-estruturante da própria práxis, submetido à regra de um tipo de "metagramática generativa", não é exceção. Por isso, em vez de lançar outro manifesto revolucionário (o que se tornou muito frequente na sociologia recente), parece bem mais razoável enumerar esses problemas discutíveis e emaranhados da ciência social; segundo a opinião generalizada, se não universal, eles ainda não foram tratados de maneira intelectualmente satisfatória, porém têm mais chance de ser resolvidos se abordados da forma imaginada pela visão estruturalista da cultura.

1) Primeiro – e talvez o mais atraente – vem a chance de lidar, pela primeira vez de maneira séria, com o problema dos universais culturais e sociais (não confundir, enfatizemos, com generalizações a priori, ao estilo Murdock, deriváveis do tratamento estatístico de dados fenomenais). O problema é bem mais importante pelo fato de ser simples e compreensível desde o começo. A patente falta de sucesso na busca dos universais da existência humana e também a absoluta falta de ferramentas analíticas relevantes para a tarefa constituem uma doença endêmica das ciências sociais.

Com pouquíssimas exceções, todos os conceitos e ferramentas analíticas hoje empregados pelos cientistas sociais são adequados a uma visão do mundo humano em que a totalidade mais abrangente é uma "sociedade", noção equivalente, para todos os fins práticos, ao conceito de "Estado-nação". Acima do plano do Estado-nação, podemos fazer apenas "comparações" que acabarão por nos levar à descoberta de distribuições estatísticas de características significativas apenas no nível do Estado-nação; ou podemos aplicar as abordagens da teoria dos jogos, cujos objetos devem satisfazer uma condição só para se tornar analisáveis nos termos que a teoria estipula: devem ser "unificados" em sua conformidade às regras do jogo.

A reconhecida inaptidão das ciências sociais para transcender suas próprias limitações no campo dos universais consagrou na prática, por muitas décadas, a confusa e perigosa distinção entre a sociologia, como empreendimento científico, e a antropologia filosófica, como ramo das artes. Parece haver pouca justificativa para essa divisão, pela qual apenas os assuntos humanos situados abaixo do plano do Estado-nação se tornam acessíveis ao tratamento científico. Dificilmente se pode legitimar a notável capacidade de sobrevivência dessa distinção sem referência ao pecado original, cometido num estágio inicial do processo de institucionalização da sociologia moderna como ciência estabelecida do ponto de vista acadêmico. De outra maneira, o importante divisor de águas entre o tratamento artístico e o tratamento científico da dupla condição existencial humana dificilmente iria se sobrepor às fronteiras do Estado nacional como organização.

Gideon Sjöberg e Ted R. Vaughan mostraram, com competência, que a flagrante inibição da sociologia em lidar com questões suprassocietais data dos anos de formação da ciência social moderna.[28] Eles consideraram Durkheim e Weber os principais responsáveis pelas aflições até agora incuráveis da sociologia. A decisão de Durkheim de fixar sua visão da existência humana à estrutura da sociedade, percebida como nação politicamente organizada, ajustava-se muito bem à lógica inerente à sua teoria do homem, a qual, deve-se observar, tinha raízes no passado da filosofia social francesa, em Jean-Jacques Rousseau e, mais para atrás ainda, em Blaise Pascal: na visão que eles tinham do ser humano dividido em metades incompatíveis, a bestial e egoísta e a divina e altruísta; e, de modo particular, no estratagema teórico de Rousseau, de conciliação entre ambas: a ideia de moralidade percebida como alcançável somente pela vontade comum, elemento constitutivo da sociedade politicamente organizada.

Assim, muito antes de Durkheim, a tradição filosófica francesa investiu o Estado-nação da condição de suprema autoridade moral e anunciou a origem fundamentalmente moral de tudo o que é social no indivíduo humano. Sobrou para Durkheim somente codificar o conhecimento já de senso comum naquilo que no futuro seria tomado como a linguagem da ciência social. Foi apenas lógico, portanto, que se negasse às entidades supranacionais um lugar de direito no sistema sociológico. Elas só poderiam ser admitidas se fossem capazes de garantir sua condição de fontes de autoridade moral. Mas, como vimos, essa fonte já havia sido identificada, por definição, como uma comunidade politicamente organizada.

Há, portanto, um travo de argumentação circular na declaração de Durkheim, que Sjöberg e Vaughan citam sem observar a tautologia intrínseca: "Em contraste com a nação, a humanidade como fonte de moralidade sofre desta insuficiência: não há sociedade constituída."[29] Enquanto a integração moral continuar a ser a maior preocupação e o principal tópico organizador da sociologia, o Estado-nação prosseguirá como a encarnação empírica da "sociedade" em sua forma mais elevada – e qualquer conceito que se refira a entidades supranacionais permanecerá "cientificamente" oco, quando não ilícito.

Sjöberg e Vaughan associam seu viés restritivo, característico de Weber e Parsons, na mesma medida que de Durkheim, com a preferência dos sociólogos por ideologias confinadas do ponto de vista nacional. Qualquer que seja, contudo, a direção em que aponte a corrente causal, a sociologia hoje dominante não tem utilidade para universais humanos, tampouco uma linguagem relevante para a tarefa de descrevê-los. Robert A. Nisbet mostrou-nos admiravelmente que a sociologia moderna começou quando "a ideia de Estado abstrato, impessoal e legal é desafiada por teorias baseadas na presumida prioridade da comunidade, da tradição e do status".[30]

Talvez haja uma conexão íntima entre a prioridade da comunidade (ou Estado-nação) sobre o indivíduo como pedra angular da sociologia e a incapacidade endêmica de os sociólogos formularem o problema dos universais, em vez de meras "classificações comparativas". Os universais genuínos só podem ser estabelecidos, se é que o podem, no plano dos fatores operativos na moldagem tanto dos "seres epistêmicos" quanto dos "atores na práxis", ou seja, tanto dos indivíduos humanos quanto de suas redes de relacionamentos.

Outra limitação inerente que contraria muitas tentativas da sociologia atual de lidar de forma significativa com a questão dos universais humanos é a aceitação tácita e complacente da institucionalizada "divisão em ramos" da sociedade. As populações intracastas de sociólogos duplicam o "poder de especialização" estabelecido; somos sobretudo sociólogos da indústria *ou* da educação, *ou* da religião, *ou* da política etc. Nessas circunstâncias, é apenas natural que as estruturas ou regras generativas comuns a todas as esferas da atividade humana tendam a ser negligenciadas.

A aceitação das fronteiras institucionalizadas de um domínio envolve, embora apenas de modo inadvertido, a adoção de valores funcionais operativos em sua institucionalização: implica, por conseguinte, a apropriação do arcabouço de referência analítica relevante. Para identificar as verdadeiras universalidades, é preciso transcender as fronteiras que – implantadas no plano superficial, fenomenal – deixam o observador cego à infraestrutura compartilhada por todos os campos institucionalizados. As mesmas regras generativas governam a práxis humana na política, na indústria, na religião e em tudo o mais; são anteriores às divisões funcionais, e sua origem só pode ser identificada se a visão do analista for ampliada para abarcar, num único esforço de esquadrinhamento, a totalidade da práxis humana. Ainda que concentrada, para ser empiricamente viável, em um setor escolhido da práxis, a sociologia deve ser organizada pela estratégia de deixar de lado os aspectos fenomenais que devem seu nascimento e sua presença à diferenciação funcional. Uma vez mais, a abordagem estrutural da cultura oferece o que parece ser o ponto de vista correto e há muito procurado.

2) Outra chance oferecida pela abordagem estrutural é a de uma nova perspectiva do conceito de função, exaurido até atingir um

desencanto frustrante. Os usos tradicionais do termo, quase sem exceção, têm sido agourentamente reminiscentes do *télos* aristotélico; de Malinowski a Parsons, a ideia, se não o conceito, de "pré-requisitos sistêmicos" tem sido a companheira indispensável da noção de função. Logicamente, se não do ponto de vista genético, o conceito de sistema societal tem prioridade sobre o idioma da função: na verdade, é a esse conceito que o atual significado de função deve sua inteligibilidade.

Quaisquer que sejam os argumentos contrários à acusação de teleologismo, a verdade é que, para fazer algum sentido, o conceito de função só deve ser introduzido como um elo sucessivo numa cadeia de raciocínio que começa numa declaração existencial sobre uma sociedade consumada, "concluída", que "tende" a sobreviver; e que, para "atingir seu objetivo", "impõe" padrões específicos, "promulga" determinados valores etc. Seja qual for a utilidade da noção de função como recurso heurístico, a fragilidade endêmica de seus fundamentos teóricos continua uma fonte inesgotável de embaraço para seus defensores.

A sequência lógica que essa noção em sua interpretação atual inevitavelmente presume é, além do mais, conducente a uma brecha intransponível entre as dimensões sincrônica e diacrônica da análise sociológica: se a existência de um sistema societal maduro, capaz de gerar efetivamente seus "pré-requisitos", é a principal condição para que a ideia de função seja aplicada de forma significativa, então a análise sociológica organizada em torno dessa ideia é incapaz de explicar com razoabilidade, em primeiro lugar, como pôde surgir a sociedade; também não consegue, salvo por excentricidades improváveis, tornar inteligível a dinâmica contínua da forma comunal de coexistência humana.

Qualquer que seja o fator que a teoria sociológica acabe selecionando como conceito analítico central, seria prudente ter cuidado com escolhas inatas na discussão estéril sobre prioridades societais-individuais. Tal conceito deve ser um fator operativo em ambos os níveis. Deve explicar as duas facetas, inextricavelmente interligadas, da existência humana: subjetiva e objetiva, determinante e determinada, criativa e criada, socializante e socializada. Então, e só então, pode ser utilizado na construção de modelos ao mesmo tempo sincrônicos e diacrônicos, e no estabelecimento de uma ponte entre os níveis, até então isolados, da situação individual e da estrutura social, de uma forma que não imponha a falsa questão da "prioridade" de uma das duas modalidades da existência humana.

A ideia de função-signo parece ser a candidata óbvia a conceito analítico central, equipado com todos os méritos exigidos. De fato, o signo, como "o ato de remover a um só tempo duas massas amorfas", de criar e transmitir o significado, que é "uma ordem tendo o caos dos dois lados",[31] é coextensivo em suas modalidades à própria práxis humana; como conceito analítico, é como se fosse o reflexo especular da práxis, fiel no sentido ideal, embora raro, de codimensionalidade. Analisando padrões culturais em termos de sua função-signo (ou seja, em termos semióticos), nós os relacionamos diretamente à práxis humana, sem prejudicar a questão no plano analítico. É um conceito dinâmico de função, capaz não somente de preservar, mas de gerar formas; algo determinável, não em relação a uma entidade concluída, inflexível e, por suposição, estabilizada, mas a um processo, à cadeia infinita e irrestrita da atividade humana.

Nesse sentido, a função dos padrões culturais consiste em criar ordem e orientação; ou melhor, no processo em duas fases de ordenamento do ambiente societal e do comportamento humano neste ambiente. Nenhum dos dois lados reciprocamente constitutivos da práxis humana reivindica prioridade sobre o lado oposto.

Ora, a função-signo dos padrões culturais é efetuada pelas operações de "discriminação" ou "delimitação",[32] dirigidas ao mesmo tempo ao ambiente de ação e ao programa orientador da ação. Essas duas operações básicas ordenam, por diferenciação, os planos de outro modo amórficos da "realidade" e do "mapa cognitivo-motor". Daí, "um termo-objeto único não tem significado algum; qualquer significado pressupõe a existência de uma relação; é só no plano da estrutura que deveríamos buscar as unidades significativas elementares, não no dos elementos".[33]

É a relação entre vários signos aplicáveis numa situação que conta como significativa; exatamente essa relação – a presença de um signo representa ao mesmo tempo a ausência de outro – que é acessível ao tratamento funcional. O valor-significado de qualquer signo-padrão "depende de sua oposição a outros elementos, de eles serem diferentes de outros elementos. Portanto, eles não são caracterizados por alguma qualidade positiva própria, mas por sua qualidade oposicional e por seu valor diferencial". Os signos devem sua funcionalidade à capacidade ativa, regulatória – à faculdade de remoldar tanto a mente cognitiva quanto seu objeto. Nas palavras de Luis J. Prieto, o signo

> coloca-se em relação não apenas com a possibilidade que se efetua, ou com as possibilidades com as quais aquela que ele significa se relaciona, mas com todas as possibilidades envolvidas. Isso não pode ser de outra forma, já que o signo indica a possibilidade que se efetua, ou as possibilidades com que ele se relaciona – e só o faz porque isso elimina outras possibilidades.[34]

Para tomar o exemplo mais simples possível, uma placa de "Proibida a entrada" só é significativa quando há outras portas sem uma placa dessas, já que a função do signo "Proibida a entrada" não é designar uma relação peculiar um a um, entre a ideia transmitida pela inscrição e portas específicas que tenham a placa; consiste na diferenciação ativa entre as pessoas que se aproximam da porta do lado com a placa e as que dela se aproximam do outro lado; assim como em informar todos os leitores potenciais sobre a diferença entre as pessoas que moram atrás da placa e as que estão privadas desse tipo de proteção.

3) Em parte como consequência das observações anteriores, a abordagem estrutural da práxis humana promete uma nova chance de solução satisfatória para o controverso paradigma da estrutura social-cultural. Quaisquer que sejam as conhecidas diferenças entre as muitas definições disponíveis, respectivamente, de cultura e estrutura social (e de modo independente da intensidade dos

sentimentos provocados pelo debate permanente, que tende a ampliar distinções de importância relativa menor), os dois conceitos, sempre que aparecem como antônimos, são racionalizações da natureza dual, constante e comumente vivenciada da condição humana; de um lado, os seres humanos vivenciam sua própria existência como um conjunto de restrições implacáveis, recalcitrantes, resistindo desafiadoramente a qualquer tentativa de moldá-las segundo a vontade humana; de outro, eles sempre aprendem sobre seus próprios projetos intelectuais e seu desejo influenciado por emoções, que parecem diretamente administráveis, flexíveis, maleáveis – como o reino da liberdade manifestado na criatividade.

Essa distinção vivencial básica, raiz declarada da maior parte da filosofia ocidental, é um subproduto epistemológico do choque entre *Sein* e *Sollen*, entre o que é e o que deveria ser; numa sociedade perfeitamente integrada, livre de significados ambíguos e da necessidade de escolha (como, por exemplo, no mundo artificial criado por Kurt Goldstein para seus pacientes psiquiátricos afligidos pela perda da capacidade de pensar "abstratamente"), essa distinção nem teria sequer ocorrido aos homens. Mesmo assim, ela tem estado presente, desde a época dos poetas líricos da Grécia Antiga, na fórmula intelectual da experiência humana característica da civilização ocidental. A mesma experiência básica, dependendo do foco de interesse ou do nível de análise, está subsumida em outros pares de oposições seminais, como sujeito e objeto, espírito e matéria, mente e corpo, norma e realidade, valor e fato.

Todas as três categorias do conceito de cultura que distinguimos no primeiro capítulo pertencem à mesma metade do universo semântico do discurso filosófico que em outros contextos é organizada por termos como mente, norma, espírito, valor etc. Essa metade explica o universo de normas ou padrões normativos cuja origem se pode atribuir, em princípio, à criação humana – talvez, em última instância, à capacidade generativa da mente humana; enquanto a estrutura social, embora reduzida a um conjunto de normas comportamentais institucionalizadas, é tratada como um adversário potencial da norma *in actu*, como uma entidade mais rija, mais resistente, em certo sentido "mais real" (ou mesmo "substancial").

Ora, ao longo da história da civilização ocidental há uma tendência manifesta e obstinada a reduzir a mencionada dualidade de nossa imagem do mundo a um só elemento, pela representação de um adversário como corolário do segundo. Nosso breve retrospecto dos destinos históricos da dicotomia platônica ofereceu-nos um insight superficial sobre as formas específicas pelas quais essa tendência pode se manifestar.

No interior do arcabouço analítico agora em debate, os estratagemas propostos assumem, compreensivelmente, a forma de assertivas ontológicas. As alternativas vão do conceito de geração inequívoca da superestrutura pela infraestrutura societal (em alguns ramos do marxismo de tendência positivista) até seu exato oposto, uma visão da estrutura social "tipificada" e, portanto, um monótono sedimento dos padrões culturais normativos (tanto em Parsons quanto em Berger e Luckmann, apesar das diferenças que possam apresentar em outros aspectos).

Mas até os adversários diretos concordam, como podemos ver, que a relação entre a estrutura social e a cultura é a de determinação ou geração, por vezes suplementada por uma relação funcional. A história desse debate lembra-nos os movimentos irregulares de um pêndulo, e não uma cadeia de soluções conclusivas; só a reconhecida amnésia da ciência social com respeito a seu próprio passado pode explicar o fato surpreendente de que um grande número de teóricos ainda espera chegar a algo esclarecedor pela exploração de becos sem saída para sempre percorridos, de um lado para outro, por seus predecessores.

Uma vez mais a abordagem estrutural, semiótica, da práxis humana oferece a chance de uma nova e convincente solução para o antigo problema. A pista é fornecida pela dialética entre *signifiant* e *signifié*, analisada de modo convincente por Ferdinand de Saussure.[35] Os dois aspectos fundidos são distinguíveis em todos os signos, não só os linguísticos.

É provável que, no ato cultural, visto da perspectiva semiótica, os dois aspectos intimamente vinculados, embora distinguíveis do ponto de vista analítico, possam se organizar em duas estruturas isomórficas: uma em geral chamada de cultura, a outra tratada sob o título de "estrutura social". Se agora vemos a segunda como uma rede de dependências e restrições integrada ao fluxo de energia (o aprendizado dos princípios constitutivos essenciais de qualquer totalidade autorregulada e autoprogramada, incluindo a sociedade humana, a partir da cibernética), então a primeira pode ser interpretada como o código pelo qual a informação da segunda é expressa, transmitida, decifrada e processada. As duas participam em conjunto do esforço humano básico para reduzir a incerteza da condição humana, ordenando-a, tornando-a mais previsível e, portanto, mais administrável.[36] Caso essa interpretação se sustente, cultura e estrutura social têm uma relação de significação (que é, permitam-me repetir de modo enfático, um processo ativo do princípio ao fim); e os métodos exatos, elaborados para analisar conjuntos isomórficos, podem ser empregados nesse estudo.

4) Apesar das interpretações equivocadas, também está presente no equipamento analítico do estruturalismo moderno a chance de estabelecer uma ponte sobre o abismo conceitual entre sincronia e diacronia. As inúmeras e frequentes declarações em contrário (o próprio Lévi-Strauss esteve por algum tempo entre os principais culpados, responsável pela atual associação entre estruturalismo e descrença na contribuição do conhecimento histórico à descrição de sistemas) foram provocadas pela paixão – compreensível, embora não necessariamente convincente – dos pregadores devotos por uma ideia sem dúvida revolucionária. A defesa contra a ortodoxia truculenta parece exigir, de maneira enfática, que se veja toda ambiguidade como tabu.

Uma vez que a heresia se transformou há muito tempo em rotina respeitável, tornou-se manifesto que a análise sincrônica mais sofisticada não exige o abandono da perspectiva diacrônica; pelo contrário, deve existir "alguma conexão entre processo diacrônico e regularidades sincrônicas, já que mudança alguma pode produzir um estado sincronicamente ilegítimo, e todos os estados sincrônicos resultam de processos diacrônicos".[37]

Além disso, aspectos genéticos e estruturais só se tornam compreensíveis em sua recíproca interdependência processual e analítica,³⁸ e as mudanças socioculturais, assim como a estrutura dos sistemas sociais e culturais, são analisáveis com o mesmo conjunto conceitual.³⁹ A ferramenta conceitual que mais amiúde nos ocorre com relação a isso é a dos signos "não marcados" e "marcados" (a oposição "primitiva" de Trubetzkoy entre membros "*merkmaltragend*" e "*merkmallos*").⁴⁰

O signo "não marcado", em geral o mais simples e superficial dos dois, denota indiscriminadamente toda a classe de fenômenos; então, um atributo característico de só uma subclasse torna-se, por algum motivo, importante; assim, parte das aplicações do signo não marcado recebe uma "marca" para distinguir apenas essa subclasse. O signo não marcado, até então monopolista, está agora em oposição ao novo signo marcado; até então neutro em relação à característica marcada, ele agora transmite a informação sobre sua ausência.

Victor V. Martynov⁴¹ desenvolveu uma teoria razoavelmente convincente usando o conceito de "marcadores" para mostrar como os processos diacrônicos de mudança são muitas vezes gerados por uma estrutura sincrônica em virtude de suas regras endêmicas. Não há dúvida de que nenhuma consideração séria impede a substituição de termos linguísticos por itens culturais nos modelos de Martynov. Voltarei a esse aspecto mais adiante.

Há muito mais na grande promessa estruturalista do que conseguimos mostrar enumerando apenas alguns de seus aspectos principais. Não admira que, a despeito das críticas diretas expressadas pelos mais tradicionais representantes da antropologia e da sociologia, as fileiras dos acadêmicos que tentam aplicar as conquistas da linguística à análise sociocultural cresçam a cada ano. Na antropologia, a aplicações das ideias estruturalistas trouxe realizações notáveis, das quais os trabalhos de Edmund Leach e Mary Douglas, na Grã-Bretanha, constituem testemunhos convincentes.

Mas o argumento contra a analogia linguística tem sido cada vez mais reforçado, e nem tudo nele pode ser descartado como um tributo à conservação da ciência institucionalizada. Os que tentaram fazer isso, e também os que não o fizeram, advertem-nos contra a prática de atribuir esperanças exageradas à aplicação de métodos linguísticos a fenômenos não linguísticos, embora humanos. Como em geral acontece, a linguagem ontológica é preferida em relação à metodológica; adversários do projeto de Lévi-Strauss enfatizam, em primeiro lugar, a peculiaridade qualitativa dos domínios culturais não linguísticos, que em tese reduzem qualquer tentativa de extrapolar a metodologia estruturalista para a análise cultural mais genérica.

Duas questões de debate aparecem de forma confusa na maior parte das críticas. A primeira é se os domínios não linguísticos da cultura humana são construídos da mesma forma que a linguagem; assim, se procedemos de maneira adequada quando tentamos distinguir neles o mesmo tipo de unidades e relações que Saussure, Jakobson, Hjelmslev e outros descobriram na área da linguagem.

A segunda é: se toda a cultura humana, incluindo a linguagem, se origina do mesmo esforço humano universal de decifrar a ordem natural do mundo e impor-lhe uma ordem artificial, e se, ao fazê-lo, todos os campos da cultura são submetidos aos mesmos princípios lógicos que evoluíram para se adaptar às propriedades do universo; seria justificado, portanto, aplicar à análise sociocultural os princípios metodológicos gerais que alcançaram o mais alto nível de elaboração e sofisticação na linguística estrutural? Não é necessário dizer que uma resposta negativa à primeira questão não pressupõe necessariamente uma rejeição da última pergunta. Por infortúnio, muitos críticos pensam o contrário.

Só houve até agora alguns poucos exemplos de defesa da relevância científica do primeiro elemento. Um dos mais influentes é o de Kenneth L. Pike,[42] cuja contribuição já foi apresentada. Pike preocupa-se com o problema oposto ao dos estudiosos do segundo problema: não com o que é significado pelos itens culturais, o modo como os fenômenos culturais organizam e ordenam o campo cognitivo e operacional do comportamento humano etc.; mas se dedica a provar que – a despeito de sua função semiótica – existem, em todo comportamento humano institucionalizado, unidades elementares análogas às da linguagem. A proposição de Pike é que toda cultura é linguagem no sentido formal da palavra.

O problema do argumento de Pike é que, embora a linguagem seja uma parte da cultura (especializada em transmitir informação), a cultura não é uma linguagem; se não por outras razões, pelo menos porque os fenômenos culturais desempenham muitas outras funções além de informar alguém de alguma coisa. Seria mesmo muito estranho se a cultura fosse construída segundo os princípios constitutivos feitos sob medida apenas para a função comunicativa. É verdade que os seres humanos, o que quer que façam, sempre constroem uma série de coisas diferentes a partir de uma quantidade limitada de materiais básicos (a infindável variedade de cada culinária nacional, por exemplo, é em geral alcançada com a ajuda de alguns poucos ingredientes básicos). Mas declarar esse fato não nos aproximaria nem um pouco da compreensão da cultura humana. O único resultado possível talvez seja uma nova versão dos espúrios feitos classificatório-comparativos dos colecionadores de borboletas: o "conhecimento" de que, digamos, a "linguagem da cozinha" é feita dos "fonemas" sal, açúcar e pimenta, enquanto a "linguagem dos gestos" é feita de mãos que se elevam e cabeças que se abaixam. Não se sabe, caminhando nessa direção, se conseguiremos atingir alguma coisa além de desacreditar a própria ideia de analogia linguística.

Além do mais, o destino dessa analogia não depende de Pike ter sucesso em discriminar "unidades êmicas" em toda parte; nem de Charles F. Hockett acertar ou não quando declara que "facilmente demonstrável que nem todo comportamento cultural consiste em combinações de unidades distintas do tipo encontrado na linguagem ao analisarmos a fala como combinações de fonemas distintos".[43]

O que parece importante e proveitoso, de fato, é o segundo problema dos dois mencionados. Norman A. McQuown tinha isso em mente quando declarou:

Os princípios gerais que menciono são de tal generosidade que, sem dúvida, constituem atributos do Universo e não dos seres humanos em particular, ou da cultura humana em particular, ou da estrutura da linguagem em particular. ... Afinal, todas as coisas têm algum tipo de estrutura, e os elementos dessa estrutura opõem-se ou complementam-se uns aos outros, ou estão em variação livre entre si, ou exibem padrões de congruência, ou parecem elegantes quando descobrimos como a coisa funciona de maneira geral.[44]

A oportunidade oferecida pelos princípios estruturais descobertos por linguistas consiste, em resumo, nisto: na busca das leis gerais necessárias que regulam a cultura humana, podemos agora descer até o sistema inconsciente que precede e condiciona todas as escolhas socioculturais específicas, passíveis de uma abordagem empírica. A única alternativa disponível é o projeto tipificado pela declaração de Margaret Mead: "As semelhanças mais generalizadas, em matéria de comportamento cultural, que ocorrem em diferentes partes do mundo, em diversos níveis de desenvolvimento cultural", deveriam ser explicadas assumindo-se, em hipótese, uma possível organização biológica que nenhuma imaginação cultural pode ultrapassar ou ignorar.[45]

O que se propõe aqui é relacionar as similaridades *ex post facto*, situadas no plano dos usos e desempenhos culturais, à natureza biológica universal, pré-humana; esse procedimento só pode resultar na convicção de Murdock quanto ao fundamento biológico do interesse humano aparentemente universal pelo Sol, a Lua, a chuva e o trovão. Em vez de tentar descobrir as leis culturais gerais na esfera das relações necessárias, endêmicas e generativas, pedem-nos para situá-las no campo do acidental e do externo.

A aplicação direta das descobertas dos linguistas estruturais à cultura como um todo é limitada por diferenças importantes entre os subsistemas linguísticos e não linguísticos da cultura humana.

1) Em geral, presume-se que o processo linguístico é uma "comunicação pura"; a única razão pela qual as pessoas usam dispo-

sitivos linguísticos é o desejo de transmitir umas às outras algumas informações que consideram úteis ou importantes. A versão mais radical dessa opinião diz apenas que cada evento discursivo não tem outra função a não ser transmitir uma mensagem; trata-se, assim, de uma atividade muito especializada, e tudo aquilo em que ela consiste pode ser interpretado à luz da comunicação pretendida ou da intenção de provocar uma reação específica.

Nem todos os linguistas e psicolinguistas estão preparados para corroborar essa declaração. Para dar um exemplo das objeções bastante pesadas à imagem radicalmente "comunicativa" da linguagem, podemos citar a lista dos atributos onipresentes nos eventos discursivos (de A.T. Dittman e L.C. Wynne) que, no entanto, não podem ser vistos como partes do sistema da linguagem stricto sensu.[46] Esses autores distinguem, entre outros: caracterizadores vocais (voz embargada, risos ao fundo etc.), segregados (sons que não são palavras), qualificadores (*crescendo*, *piano* etc.), qualidade da voz (tempo, ritmo, precisão de articulação etc.), ambiente vocal (fadiga etc.). Pela sua imperfeição, nenhum desses fenômenos deve ser tratado como parte da linguagem propriamente dita (podemos acrescentar): em vez de serem signos arbitrários, reservando seu significado para suas relações com outros signos, estão muito mais próximos do que Charles Pierce descreveu ao falar de "índices"; podem ser lidos pelo receptor, se ele estiver familiarizado com algum tipo de conhecimento psicológico e fisiológico, como uma informação sobre o estado do emissor; mas o conhecimento da linguagem dificilmente ajudaria a decodificá-los. Diríamos, acompanhando Karl Buhler,[47] que, embora possuam a qualidade da *Ausdruck* (*fonction émotive*, segundo Giulio C. Lepschy),[48] eles não são dotados de *intenções* conotativas ou denotativas, como os signos linguísticos. Mas de fato participam de cada ato discursivo, tornando-o menos homogêneo do que poderia parecer à primeira vista.

Outra diferença entre as linguagens naturais e o modelo apenas comunicativo foi apontada por S.K. Shaumian, famoso linguista soviético:

Não devemos esperar atingir as causas da mudança linguística apenas pela exploração imanente. A linguagem estrutural é afetada por fatores psicofísicos e sociais, externos de seu ponto de vista; sua influência não pode ser levada em consideração porque, no que se refere à estrutura linguística, ela é acidental.[49]

Se nem o processo linguístico pode ser visto como "comunicação pura", isso também é duvidoso no que se refere aos campos não linguísticos da cultura. Com poucas exceções (como a linguagem dos gestos e a etiqueta – não por acaso a palavra "linguagem" tem sido espontaneamente aplicada a esses fenômenos), a cultura não linguística opera com um tipo de material que se relaciona por si mesmo a necessidades não informativas, de certa forma, "energéticas". Embora possamos considerar eventos culturais não linguísticos como transmissores de informação, a razão informação/energia é, nesse caso, muito menos favorável à informação do que no de atos linguísticos. Isso significa que o papel dos elementos não informativos nesses eventos é maior do que nos atos discursivos, e, portanto, quase que por definição, muito mais influente na formatação dos próprios eventos.

Em primeiro lugar, as "necessidades energéticas" estabelecem os limites da liberdade no ajustamento dos usos de determinado material para fins semióticos. Em segundo lugar, no caso de choque ou fricção entre as funções informativa e energética, nem sempre é a primeira que leva a melhor.

Pelo menos em um de seus artigos, Edmund Leach (embora seja possível encontrar elementos contrários em outras obras suas) parece sugerir que uma extrapolação direta da linguística estrutural para a análise da cultura humana em sua totalidade é garantida pelo fato de que "as convenções padronizadas da cultura, que tornam possível a convivência dos seres humanos numa sociedade, têm a qualidade especificamente humana de serem estruturadas 'como' a linguagem humana; e de que a estrutura da linguagem e a da cultura humanas, em certo sentido, são homólogas" (embora sempre se possa perguntar o que significam as aspas na palavra "como" e qual o sentido de "em certo sentido").⁵⁰ A análise de Leach evita características importantes dos subsistemas de cultura não verbais, embora semióticos – que, para usar as palavras de Roland Barthes, "têm uma substância de expressão cuja essência não é significar"; Barthes propõe chamar de "funções signos" esses signos semióticos cuja origem é utilitária e funcional.⁵¹

O aspecto mais importante é que os ramos não linguísticos da cultura não podem ser esgotados por qualquer descrição ou formatação organizada apenas em torno da função informativa. Duas funções autônomas interferem constantemente uma sobre a outra, e nenhum fenômeno cultural é redutível a uma só função. Cada sistema cultural, pelas escolhas que faz, ordena o mundo em que vivem os membros da respectiva comunidade; executa uma função claramente informativa, ou seja, reduz a incerteza da situação, reflete e/ou modela a estrutura da ação sinalizando/criando a porção relevante da rede de interdependências humanas chamada "estrutura social". Mas também modela o mundo dos *seres concretos* que, para sobreviver, devem satisfazer suas irredutíveis necessidades individuais. Esse duplo aspecto é discernível sob as formas de abrigo, vestimenta, culinária, bebida, meios de transporte, padrões de lazer etc. Tentaremos desenvolver esse tema adiante.

Outra observação, contudo, justifica-se nesse contexto. É bem possível que os materiais básicos que servem como objeto da atividade ordenadora humana tenham se colocado, em primeiro lugar, na órbita do universo humano em virtude de suas aplicações "energéticas". Mas a variedade de formas que depois adquirem e a pródiga abundância de empregos sofisticados e elaborados que se agrupam em torno deles têm pouco em comum com seus usos básicos. Podemos arriscar a hipótese de que, se o fato de os seres humanos produzirem artefatos de algum tipo pode ser atribuído a necessidades humanas basicamente não informativas, a diferenciação de sua forma e a maior parte das complexidades de sua árvore genealógica devem se referir, para serem explicadas, à função semiótica que desempenham em relação à estrutura social (ou seja, em relação à tarefa de ordenar o ambiente humano). O mais recente exemplo foi fornecido pela irrupção imaginativa, violenta e tecnologicamente (energeticamente) dispendiosa e descabida dos produtores de automóveis. Se não houvesse uma função estratificadora vinculada aos automóveis em seu papel de signo, não conseguiríamos entender por que produtos sofisticados da indústria moderna são considerados descartáveis após dois anos de uso.

Para resumir: ao contrário do caso da linguagem, ao analisarmos os subsistemas não linguísticos da cultura, temos de aplicar dois arcabouços analíticos de referência complementares, embora independentes. Nenhum modelo único e qualitativamente homogêneo pode explicar todos os fenômenos empíricos da cultura.

2) A segunda limitação diz respeito à "lei da parcimônia". Muitas vezes se presume que, no desenvolvimento histórico das linguagens naturais, os fatores mais ativos são os da economia crescente; não apenas as distinções destituídas do suporte das discriminações isomórficas de significado tendem a se contrair e desaparecer, mas tipos alternativos de oposições expressivas tendem a se coagular, diminuindo assim o número total de padrões oposicionais. Louis Hjelmslev chegou até a definir a linguagem, em oposição a todos os fenômenos culturais, à exceção de alguns poucos (como a arte ou os jogos), "como uma estrutura em que os elementos de cada categoria comutam uns por outros".[52] O termo central "comutação" significa uma correspondência entre as distinções que aparecem no plano da "expressão" e aquelas discerníveis no plano do "conteúdo". É de Hjelmslev a afirmação de que oposições expressivas não sustentadas por diferenciações isomórficas de significado, e vice-versa, são apenas fenômenos "extramodelares", e não fatos linguísticos propriamente ditos.

Mesmo nas linguagens naturais, a quantidade dessa espécie de redundância (que não deveria ser confundida com outro tipo de redundância, a *eufuncional*, que garante a decifração adequada de mensagens) parece, contudo, bastante significativa. B. Trnka, um dos fundadores da famosa Escola de Praga, assinala que existe em cada linguagem uma variedade de fonemas que "estão em distribuição complementar um ao outro, não havendo um ambiente no qual ambos ocorram". Isso quer dizer que "sua capacidade sempre presente e potencial de diferenciar palavras não é utilizada". Trnka chega a ponto de concluir que, "falando em termos estritos, a verdadeira função dos fonemas não é preservar o significado das palavras umas em relação às outras, mas apenas de distinguir os fonemas entre si".[53] A maior parte do poder de distinção potencial dos fonemas permanece sem uso em todas as línguas vivas, significando que, ao enfrentarmos uma oposição no plano da expressão, estamos autorizados a suspeitar da existência de uma oposição "comutativa" no plano do conteúdo – mas não podemos ter certeza de que ela exista. Harry Hoijer enfrentou a mesma questão do ponto de vista das relíquias e dos arcaísmos abundantes em todas as línguas:

> Há padrões estruturais como esse que, em muitas línguas indo-europeias, dividem os substantivos em três grandes classes: masculinos, femininos e neutros. Esse padrão estrutural não tem um correlato semântico discernível. ... Quaisquer que possam ter sido as implicações desse padrão estrutural na origem – e isso continua indeterminado –, agora está bem evidente que o padrão só sobrevive como um dispositivo gramatical, importante nessa função, mas carente de valor semântico.[54]

Independentemente do que se possa dizer em relação à linguagem, as exceções à "lei da parcimônia" são muito mais amplas no caso dos subsistemas culturais não linguísticos. A capacidade discriminatória dos itens culturais disponíveis em dado momento para qualquer comunidade, em regra ultrapassa seu uso concreto. Pode-se considerar que a realidade empírica de cada cultura é cheia de signos "flutuantes" à espera de que lhes seja veiculado algum significado. Isso é determinado, ao menos em parte, pela situação específica dos códigos não linguísticos: embora toda comunidade geograficamente condensada em geral use uma só língua, ela é exposta a muitos códigos culturais superpostos, institucionalmente distintos, mas empregados pelas mesmas pessoas, ainda que em diferentes contextos de papéis. Os signos flutuam livremente sobre fronteiras institucionais, mas, quando separados de seu contexto sistemático intrainstitucional, perdem o vínculo "comutativo" com seus significados originais.[55]

O único conjunto disponível como arcabouço de referência semântico comum para todos os subcódigos usados pelos membros de determinada comunidade é a estrutura social da comunidade como um todo. É verdade que alguns signos significativos no interior de subcódigos "institucionais" especializados também adquirem uma qualidade discriminatória adicional no "supercódigo" comunal (como acontece, por exemplo, com os signos originados no arcabouço de subcódigos "profissionais", em geral também indicativos da posição ocupada na estratificação societal mais ampla); mas essa não é, de modo algum, uma regra geral.

Por outro lado, embora a criatividade humana seja em larga medida inspirada pela demanda de novos signos para substituir os antigos, esvaziados em função da frequência, não é possível reduzi-la apenas a esta causa. Apenas a seu caráter (ao menos em parte) espontâneo e imotivado, a criatividade humana produz itens culturais em números que excedem a demanda semiótica real. São signos "imaginários", potenciais, que até o momento não se "comutam" com quaisquer distinções reais na estrutura da realidade humana.

Em terceiro lugar, há também o importantíssimo papel desempenhado pela tradição – pelos atrasos no "esquecimento" cultural. O desenvolvimento de qualquer cultura consiste tanto na invenção de novos itens quanto no esquecimento seletivo dos antigos: daqueles que, no curso do tempo, perderam seu significado e, não tendo encontrado nova função semiótica, arrastam-se como relíquias do passado, explicáveis, mas destituídas de sentido. Porém, alguns itens se recusam a desaparecer muito depois de já não terem sentido. Sobrevivendo às vezes apenas pela dessincronia entre a mudança de um sistema e as instituições socializadoras, desafiam a crença funcionalista na utilidade universal de tudo que seja real e alimentam o mito durkheimiano da alma coletiva.

Em suma, nem todos os elementos numa realidade cultural empírica são explicáveis com referência a seu papel semiótico. Uma vez mais, o que pode ser dito sobre uma cultura do ponto de vista de sua verdadeira função semiótica não exaure a riqueza de sua existência empírica.

3) Outra conclusão procedente da natureza comunicativa da linguagem é que os atos discursivos podem ser definidos como eventos surgidos da *intenção* de transmitir uma mensagem. A equipe de linguistas franceses liderada por André Martinet avançou bastante no sentido de definir a linguagem como um dos "tipos de fenômeno social muito amplo, e até agora não muito bem delimitado, que se definem pela intenção de comunicar, verificável por critérios comportamentais". Embora a sentença anterior sugira que, segundo a opinião dos autores, a intenção de comunicar não distingue apenas a linguagem, outra afirmação testemunha o contrário: "Antes que se decida que a arte é uma linguagem, é razoável investigar com cuidado se o artista procurou, antes de mais nada, comunicar-se ou apenas se expressar."[56] A ideia da intenção de comunicar como característica definidora dos fenômenos linguísticos está tão entrincheirada no pensamento dos estudiosos que Lévi-Strauss, ao tentar originalmente expor a natureza linguística do sistema de parentesco, parecia presumir que esse sistema tenta atingir, à sua própria maneira simbólica, é a circulação de mulheres, ou sua troca entre os homens.[57]

Agora parece duvidoso que a função comunicativa seja de fato a mais geral, aquela em relação à qual todas as funções mais específicas executáveis na sociedade humana são subordinadas e particulares. Talvez seja isso, mas só se definíssemos comunicação segundo o espírito da moderna teoria dos sistemas, e não na tradição da "troca", de "fazer circular algo para outro por intermédio de alguém". A moderna teoria dos sistemas relaciona a noção de "comunicação" aos conceitos de "dependência", "ordem" e "organização". Esses conceitos, por sua vez, foram definidos como um tipo de limitação imposta ao espaço de eventos, que de outro modo seria ilimitado (isto é, desorganizado, caótico).[58] Dois elementos são membros do mesmo sistema (= comunicam-se entre si) quando nem todos os estados do primeiro forem possíveis enquanto o segundo permanecer em determinado estado. Em linguagem mais descritiva, podemos dizer que um elemento "influencia" os valores que o outro pode assumir.

Em resumo, falamos de comunicação sempre que há alguns limites impostos ao que é possível ou ao que pode acontecer e à probabilidade dessa ocorrência. Falamos de comunicação sempre que um conjunto de eventos é ordenado, o que significa, em certa medida, previsível. Se formos agora da perspectiva sociológica para a linguística estrutural, e não o contrário, veremos a totalidade da atividade humana como uma tentativa de ordenar, organizar, tornar previsível e administrável o espaço de vida dos homens, e a linguagem se revela para nós como um dos dispositivos desenvolvidos para servir a esse propósito geral: um dispositivo feito sob medida para a comunicação no sentido mais estrito. Em vez de toda a cultura ser um conjunto de particularizações da função comunicativa encarnada na linguagem, a linguagem transforma-se num dos muitos instrumentos do esforço generalizado de ordenar, elaborado apenas pela cultura como um todo. A abordagem sociológica da linguagem e suas funções não é alheia às intenções originais do próprio Saussure, pelo menos de acordo com alguns de seus seguidores – em primeiro lugar, A. Meillet.[59]

Parece que, para evitar mal-entendidos causados pela ambiguidade do termo "comunicação", é melhor falar de "ordenamento" como função superior da cultura como um todo. O efeito direto de um ato linguístico é ordenar de determinada maneira o campo cognitivo do receptor da mensagem; como consequência disso, podem resultar outros atos comportamentais, os quais organizam o próprio espaço da ação – mas esses atos, embora efeitos da fala, não pertencem propriamente à mesma esfera da linguagem.

Por outro lado, os eventos culturais em sentido mais amplo (dos quais os atos puramente linguísticos podem ser uma parte) só são realizados quando se atinge o ordenamento particular. A cerimônia institucionalizada, em termos culturais, de dirigir-se a uma pessoa e cumprimentá-la organiza o espaço comportamental para a interação que se segue – assinalando os padrões de conduta apropriados e estimulando os participantes a escolherem esses padrões em vez de outros. Cada participante está consciente do fato de que é provável que o parceiro escolha padrões particulares, e esse conhecimento possibilita-lhe planejar suas próprias ações e manipular a situação como um todo no arcabouço das opções que lhe são oferecidas.

A maneira sociocultural específica de ordenar por limitação está correlacionada[60] a uma característica fundamental da condição humana: o vínculo entre a posição do indivíduo no grupo e seu equipamento biológico, "natural", é mediado. Isso significa que o status "social" de um indivíduo não se determina, de forma não ambígua, por seus atributos naturais em geral, e em particular por sua bravura e seu poder físicos. O que representa, por sua vez, que os índices de qualidade de vida de um indivíduo, herdados ou desenvolvidos, mas sempre biológicos, no arcabouço da *natureza*, tornam-se *socialmente* irrelevantes, quando não ilusórios. Músculos da cauda desenvolvidos decerto lhe garantiriam uma condição de respeito se ele fosse membro de um rebanho de alces ou de um bando de pássaros. Contudo, são profundamente ilusórios como sinais da posição de um indivíduo numa sociedade humana.

A mediação teve início com a produção de ferramentas. Desde então, os seres humanos cercaram-se de artefatos que não são encontrados em condições naturais, produtos de sua atividade de projetar. Uma vez criados e apropriados, esses artefatos destruíram a homologia anterior entre ordem natural e social, mudando inteiramente a capacidade de ação dos indivíduos e dando vida a um novo conjunto de oportunidades e probabilidades ambientais. Portanto, um decisivo valor adaptativo foi conferido à regulação (assim como à orientação) da rede de relações especificamente sociais (que neste contexto significa, simplificando, "não naturais").[61]

Essas duas exigências da condição especificamente humana – ordenamento e orientação –, em geral, são subsumidas a dois tópicos distintos: estrutura social e cultura.[62] Ainda está por ser escrito o estudo histórico das circunstâncias que levaram à petrificação das duas faces inseparáveis da mesma moeda em dois arcabouços conceituais, por longo tempo desconectados. Quaisquer que sejam as razões, contudo, um esforço capaz de consumir um volume desproporcional de tempo foi investido pelos estudiosos na resolução daquilo que, diante de um exame mais minucioso, parece um problema enganoso e artificial. De acordo com a conhecida tendência humana a hipostatizar distinções puramente epistemológicas, os dois conceitos analíticos cunhados para "descrever" os dois aspectos indivisíveis da atividade humana de ordenamento foram tomados como dois seres distintos em termos ontológicos.

O fato básico a partir do qual nos propusemos começar é: substituir um ambiente natural por outro artificial equivale à substituição da ordem natural por uma ordem artificial (não natural, criada pela atividade humana). A noção de ordem é nivelada, e o nível de ordenamento se mede pelo grau de previsibilidade, ou seja, pela discrepância entre o índice de probabilidade dos eventos admitidos pelo sistema e o daqueles que o sistema tenta eliminar. Em outras palavras, ordenar significa dividir o universo de eventos abstratamente possíveis em dois subconjuntos: aqueles cuja ocorrência é muito provável e os improváveis de acontecer. Ordenar dissipa uma incerteza até então inexistente quanto ao curso dos eventos esperados. Isso só pode ser realizado pela seleção e escolha de uma quantidade limitada de opções "legalizadas" a partir de uma variedade ilimitada de sequências. A compreensão da forma como se atinge o ordenamento de um sistema encontra-se nas clássicas, embora esquecidas, observações de Franz Boas sobre o vínculo íntimo entre os significados estatístico e moral da "norma" no processo de geração e manutenção da ordem:

O simples fato de esses hábitos serem costumeiros, enquanto outros não são, é razão suficiente para eliminar os que não são costumeiros. ... A ideia de propriedade surge simplesmente da continuidade e da repetição automática desses atos, o que produz a noção de que maneiras contrárias ao costume são incomuns e, portanto, impróprias. Pode-se observar em relação a isso que os maus modos sempre são acompanhados por sentimentos bastante intensos de desprazer; e a razão psicológica desse desagrado é que as ações em pauta são contrárias àquelas que se tornaram habituais.[63]

Voltemos nossa atenção para um aspecto: Boas não distingue entre as faculdades do estabelecimento da ordem e as da orientação na ordem, sem dúvida presumindo, de modo tácito, que, de alguma forma, nós apreciamos e avaliamos positivamente o habitual e o esperável, ao mesmo tempo que desprezamos e rejeitamos o incomum e o imprevisto (conjectura corroborada pelos psicólogos); e supondo que essa singular capacidade humana explica tanto a necessidade de ordem quanto a eficiência da função orientadora da cultura. Um só veículo é suficiente para atingir ambos os fins, já que: (a) ordenar (estruturar) significa tornar o setor ordenado *significativo*, isto é, chegar a uma situação em que alguns eventos concretos em geral seguem uma condição particular; (b) alguns seres para *os quais* o setor é significativo sabem que tais eventos, de fato, seguem essa condição. Em outras palavras, o setor é significativo para aqueles diante dos quais ele tem significação se, e apenas se, eles possuem alguma informação sobre as tendências dinâmicas desse setor. A divergência entre a informação de fato necessária para determinar completamente o setor e a quantidade de informação de que se precisaria caso o setor fosse "desorganizado" mede o grau de sua "significação".

Chegamos até aqui sem distinguir conceitualmente os dois aspectos do esforço humano de ordenação: introduzir significado num universo que de outra forma estaria desprovido de sentido e fornecer-lhe os índices capazes de assinalar e revelar esse significado àqueles que podem ler. Ao que tudo indica, ambos os lados dessa dupla empreitada podem ser descritos e compreendidos num único arcabouço analítico. Surge então o problema de saber se cabe introduzir algum outro arcabouço de referência ou conceitual, além daquele necessário à análise da própria atividade ordenadora, a fim de explicar a relação entre estrutura social e cultura. A sistemática do mundo em que vivem é de tal forma importante para os seres humanos que parece justificado atribuir-lhe um valor autotélico. Dificilmente seria necessário (se é que não seria redundante) buscar outra explicação para essa exigência apontando para um propósito ao qual "tornar o mundo significativo" supostamente sirva.

Por conseguinte, parece que a lógica da cultura é a lógica do sistema autorregulador e não a do código, nem a da gramática generativa da linguagem – esta última é um caso peculiar da anterior, e não contrário. A conclusão mais importante que se segue é: só se justifica extrapolar (para as esferas não linguísticas da cultura) as características mais gerais da linguagem, exatamente aquelas que tipificam a interação linguística em sua capacidade como exemplo de uma classe mais inclusiva de sistemas autorreguladores. Seria melhor, portanto, buscar inspiração diretamente na teoria dos sistemas. Isso não significa, contudo, que deveríamos deixar de nos apropriar das impressionantes realizações da análise linguística sobre a natureza do significante, mas representa que, embora nos permitindo a inspiração nas realizações da linguística, devemos estar conscientes de que seu poder de prova não é maior que o das analogias em geral.

4) Em seu uso comum, o termo "signo" quer dizer apenas *aliquid stat pro aliquo* ("algo que está no lugar de outra coisa"), e a atenção dos estudiosos do "significado" tradicionalmente se voltou para as condições sob as quais algo "representa" outra coisa. Encerrando – à luz da teoria do aprendizado – a longa linha de desenvolvimento das interpretações behavioristas do signo (que teve início com Watson e passou pelas obras clássicas de C.K. Ogden e I.A. Richards e Charles Morris), Charles E. Osgood definiu-o, em 1952, como algo que "desenvolve num organismo

uma reação de mediação, sendo esta (a) uma parte fracionada do comportamento total inspirado pelo objeto e (b) produtora de uma autoestimulação distinta que faz a intermediação das respostas as quais não ocorreriam sem a prévia associação dos padrões não objetais e objetais de estimulação".[64] Assim, da perspectiva behaviorista, resolver o problema do significado é mostrar que um "não objeto", por sua associação com "o objeto", evoca reações semelhantes às que são estimuladas pelo objeto.

Para o psicólogo que um behaviorista chamaria de "mentalista", "querer dizer" significa "transmitir para", o que difere substancialmente da definição behaviorista nos termos empregados, mas continua a pertencer ao arcabouço da única questão com a qual qualquer psicólogo se preocupa: exatamente o que é um signo para alguém para quem ele já é ou se torna um signo? Como vimos, para um sociólogo ou para um "culturalista", a principal questão é outra: como esse "algo" adquire um poder não natural, não intrínseco, de significar outra coisa e, assim, de desempenhar o papel de signo? É por isso que – tecnicamente – o problema dos sócio-logos e dos culturo-logos é muito próximo daquele enfrentado pelos linguistas estruturais que tentam resolver a questão das condições a serem preenchidas por um "não objeto", não para evocar reações "naturais" quando se trata de um "objeto" concreto, mas para ser capaz de evocar alguma resposta, seja ela qual for.

Alguns linguistas chegaram a ponto de estabelecer uma distinção entre dois tipos diferentes de informação em tese subjacentes a essas duas questões. Assim, de acordo com Berzil Malmberg, pode-se dizer que uma mensagem contém informação num duplo sentido.[65] Ela tem seu "significado", que é a interpretação popular tradicional do conceito; a mensagem "nos dá informação sobre alguma coisa". Mas também pode implicar o que podemos chamar aqui de *informação distintiva*, ou seja, as características particulares que tornam possível para o receptor identificar os signos – ou mais exatamente seu nível de expressão, pois essa informação não supõe necessariamente a compreensão da mensagem.

O segredo de dar significado, transmitir a informação, e assim por diante, está, em primeiro lugar, nas relações entre os próprios signos-corpos (relações sintáticas, segundo a clássica tipologia tríplice de Charles Morris). V.A. Zvegintsev considera adequado até mesmo definir a linguagem, o sistema natural de signos mais desenvolvido e especializado, pelas qualidades das peculiares relações intersignos. Graças a essas relações a linguagem desempenha o papel de um "instrumento de distinção, um sistema de classificação que aparece no curso da atividade humana da fala. ... Ao dissecar o continuum percebido e sentido do mundo em unidades distintas, a linguagem fornece aos homens significados que lhes possibilitam comunicar-se por meio da fala".[66]

Aqui chegamos à primeira característica importante dos signos: eles são distintos, diversos, *diferentes* entre si, e ser diferente é a própria condição para desempenhar o papel de signos, para que sejam percebidos como signos, para "querer dizer" e "transmitir a". Torna-se claro, nesse momento, como pode ser ilusório limitar a discussão dos signos à sua relação com o objeto significado. Nada se pode aprender da natureza dos signos estudando-se a relação entre um único signo e um único objeto significado. Sem dúvida a diversidade e a diferenciação dos signos, que parecem constituir seu primeiro traço distintivo, não podem ser descobertas no arcabouço de uma correspondência do tipo "um único signo – um único objeto". Para que essa correspondência chegue a ser possível, os signos devem, em primeiro lugar, estabelecer determinadas relações entre si.

Roman Jakobson afirma repetidas vezes que foi Charles S. Peirce quem descobriu essas condições iniciais de qualquer fenômeno significante, ou seja, significativo. Foi ele quem decidiu que,

> para ser compreendido, o signo – em particular o signo linguístico – exige não apenas que dois protagonistas participem do ato da *parole*; cabe, além disso, haver um *interpretante*. ... A função desse interpretante é preenchida por um outro signo, ou um grupo de signos que são atribuídos, de forma conjunta, ao signo em questão, ou que poderiam ser substituídos por ele.[67]

Típica das apresentações mais recentes desse problema é a formulação bastante simples de A.J. Greimas: "A significação pressupõe a existência da relação: o surgimento da relação entre os termos é a condição necessária da significação. ... É no plano das estruturas que cumpre procurar as unidades significativas elementares, e não no plano dos elementos."[68] André Martinet e seus discípulos são até mais explícitos e precisos: "A informação não é dada pela própria mensagem, mas por sua relação com as mensagens às quais ela se opõe."[69]

As perspicazes conjecturas de Peirce, no curso do tempo, foram reforçadas e corroboradas pela moderna teoria da informação e tornaram-se as bases inabaláveis da compreensão contemporânea dos signos e da função significante. Considerado em si mesmo, um signo não tem significado algum; o que tem significado é uma diferença entre signos que poderiam ser usados alternativamente no mesmo lugar. Portanto, qualquer informação é e pode ser transmitida pela presença ou ausência de um signo particular, não pelas qualidades imanentes do signo em si. Isso, por sua vez, significa que os atributos mais importantes e definidores de um signo são exatamente aqueles que o discriminam de signos alternativos, e essa capacidade discriminatória é a única coisa que conta na transmissão de informações – ou seja, na transformação do caos num sistema de significação, ou, em termos mais gerais, na redução do nível de incerteza.

Ora, se a cultura humana é um sistema de significação (e deve ser, se uma de suas funções universalmente admitidas é ordenar o ambiente humano e padronizar as relações entre os homens), o que se afirmou até agora sobre a natureza do significante é relevante demais neste contexto. Isso quer dizer que tentar estabelecer o significado de um item cultural analisando-o isoladamente, em si mesmo, às vezes é irrelevante e sempre incompleto e parcial.

Mas é exatamente isso, desde Malinowski, o que fazem os funcionalistas. Ou eles tentam, tal como fez o próprio Malinowski, explicar os fenômenos culturais relacionando-os às necessidades individuais que em hipótese eles satisfazem – a esse hábito, George Balandier com propriedade retorquiu que "o lugar que Malinowski concede às necessidades, qualificadas de 'fundamentais', pode levar a que se encontre a explicação dos fenômenos sociais por meio de um procedimento (bastante aleatório e muito suspeito do ponto de vista científico) de redução da ordem sociocultural à ordem psicofisiológica",[70] o que de fato ocorre; ou – desta vez segundo a tradição durkheimiana – elaboram um conceito antropomórfico da "necessidade do sistema" a fim de declarar uma função razoável para cada padrão cultural singular. Ambas as abordagens contradizem o imperativo metodológico para relacionar significados a oposições entre signos e não a cada signo tomado em separado. O significado de um signo não se torna transparente no contexto de algumas entidades não semióticas, mas no de outros signos com os quais aquele que está sob análise se relaciona de forma sistemática.

Tendo concentrado nossa atenção nas diferenças entre itens e padrões culturais em seu papel semiótico (de transmissão de informação), não deveríamos, contudo, concluir que toda diferença de formato físico dos itens esteja necessariamente carregada de significado. Significantes são apenas as diferenças que existem entre itens alternativos, ou seja, aqueles que podem substituir uns aos outros na mesma situação, no mesmo lugar na corrente das interações humanas.

A essa categoria importante em termos semióticos pertencem diferentes padrões comportamentais empregados por duas pessoas ao se dirigir uma à outra, por trajes sociais e informais, por minissaias e saias "simples", pelas portas com e sem o aviso de "É proibida a entrada", ou dois lados da mesma porta com esse aviso em apenas num deles. Trata-se de itens "paradigmaticamente opostos", ou seja, substituíveis na mesma seção da corrente comportamental. Sempre que dois itens culturais são opostos em termos paradigmáticos, podemos, inversamente, suspeitar que eles transmitem informações sobre alguma realidade não semiótica. Antes que qualquer dos dois itens paradigmaticamente opostos fosse empregado, a situação era incerta, pois cada um deles tinha, até certo ponto, possibilidade de aparecer; depois que um deles apareceu, em vez do outro, a incerteza foi reduzida, e assim se atingiu a ordem.

Segundo a conhecida tipologia de N.S. Trubetzkoy,[71] os dois membros ou termos de uma oposição significativa podem diferir entre si de três maneiras alternativas: cada um pode possuir, além da parte comum a ambos, também um elemento que não aparece no outro. São as *äquipollent Oppositionen* ("oposições equipolentes", ou "equitativas"); ou cada membro tem a mesma qualidade, porém em graus diferentes – são as *graduelle Oppositionen* ("oposições graduais"); e há também uma terceira categoria, chamada "privativa": "São oposições aquelas em que um dos membros será assinalado por uma marca e o outro pela ausência da marca." Esse tipo de oposição, em que os membros são correspondentemente "*merkmaltragend*" e "*merkmallos*" (Trubetzkoy), "marcados" e "sem marca" ("A linguagem pode se contentar com a oposição de qualquer com nada", segundo Jakobson[72]), "intensivos" e "extensivos" (L. Hjelmslev), embora estatisticamente menos frequente que a oposição equipolente, é dotado de algumas características particulares que devem concentrar a atenção de qualquer estudioso da cultura.

A mais importante consiste no "duplo significado" do termo sem marca: ele "representa" toda a categoria ou uma parte dela – a que ficou depois que o termo marcado "eliminou" o outro. Assim, o termo sem marca é indicativo de certa categoria de entidades, mas nada diz sobre a presença ou ausência de determinado traço cujo aparecimento é significado pelo termo marcado (é neutro em relação a esse traço). Joseph H. Greenberg é tão fascinado com a "natureza onipresente no pensamento humano dessa tendência a considerar sem marca um dos termos de uma categoria posicional, de maneira que ele represente toda a categoria ou, *par excellence*, o termo opositivo à categoria marcada",[73] que chegou a declarar a oposição privativa como uma das mais pertinentes "universais da linguagem".

Há razões para presumir que a oposição "marcado-sem marca", muito mais uma forma geral da atividade humana de ordenamento que um artifício linguístico específico, desempenha um papel crucial no funcionamento da cultura em geral e de sua dinâmica em particular. A propósito, parece que esse tipo peculiar de oposição fez com que gerações de antropólogos negligenciassem funções distintivas de entidades culturais e os induziu a se concentrar na análise de itens singulares. Isso ocorreu porque, por sua própria natureza, a categoria sem marca só revela seu caráter quando deliberadamente confrontada com uma categoria marcada. Em geral, contudo, não a percebemos em termos de distinção; ela denota um estado de coisas "normal", universal, uma "norma" no sentido estatístico, cuja própria prevalência inspira o pressuposto tácito de que deve haver algumas "necessidades humanas gerais" que tornaram desejada e inevitável determinada categoria sem marca.

A falta de marca é um cenário, não uma característica distintiva. Tínhamos um nome especial para "minissaias", mas não para o resto das "apenas saias"; estávamos prontos a admitir que as minissaias, de alguma forma, distinguiam suas usuárias, que transmitiam uma mensagem específica, eram carregadas de um valor simbólico particular etc. Ao mesmo tempo, dificilmente ocorreria à maior parte das pessoas que, uma vez que as minissaias apareceram, o mesmo se pode dizer das "apenas saias"; quanto a estas, continuamos convencidos de que desempenham alguma função fisiológica (proteger a temperatura do corpo) – e talvez uma função vagamente moral, difundida e universal demais para levantar suspeitas quanto a seu caráter sectário-discriminatório. Levou algum tempo para que as minissaias se tornassem tão comuns e "normais" a ponto de se transformar num novo cenário semioticamente neutro e, por sua própria frequência, limítrofe da "normalidade", para que parecessem desprovidas de qualquer capacidade distintiva. Assim, estava preparado o terreno para o triunfal surgimento da "máxi".

Num tratado extremamente estimulante escrito por Victor Martynov,[74] encontramos a seguinte hipótese: se a estrutura nuclear de uma sentença semioticamente relevante é SAO (Sujeito-Ação-Objeto), então podemos passar de uma sentença V' para uma sentença V" modificando um dos três membros da estrutura. "Modificadores" são os novos signos acrescentados a um dos termos polares; "atualizadores" são os acrescentados ao elemento central. Observemos que tanto os termos modificados quanto os atualizados relacionam-se a suas versões anteriores da mesma forma que os signos "marcados" se relacionam aos "sem marca": S" é o membro marcado da oposição S" – S' etc. Essa é, na verdade, a única forma de criar novos significados; ela sempre leva a cortar alguma parte de uma categoria antes indiscriminada pela eliminação de uma característica específica de determinado subconjunto de uma série mais ampla.

Algumas vezes os signos mais antigos absorvem seus modificadores ou atualizadores (quando são com frequência usados em conjunto), enquanto transformam seu próprio formato. Esse processo foi denominado por A.V. Isatchenko "condensação semântica"[75] e parece responsável, ao menos em parte, pelas dificuldades com que em geral se defronta qualquer tentativa de encontrar as raízes comuns de signos diversificados. Ainda assim tendemos a suspeitar que "acrescentar marcas" (modificadores ou atualizadores) a signos já existentes (= introduzir distinções mais finas, mais sutis e mais discriminatórias numa categoria antes indivisa) fornece o principal caminho, se não o único, para a ramificação e o enriquecimento de qualquer código semiótico.

Martynov também observou que as marcas podem ser caracterizadas por sua peculiar "capacidade de perambular" dentro da estrutura nuclear: modificadores podem transformar-se em atualizadores, e vice-versa (o homem no escritório deve respeitar seus chefes – o homem deve respeitar seus chefes no escritório – o homem deve respeitar no escritório seus chefes), o que significa que o mesmo significado "marcado" da relação *in toto*, ou outros semelhantes, pode ser expresso de modo intercambiável marcando o sujeito da ação, seu objeto ou o padrão da ação em si.

Ora, há uma notável homologia entre a estrutura nuclear de uma sentença, analisada por Martynov, e a estrutura nuclear da relação social (= relação entre papéis socialmente institucionalizados), tal como analisada por, digamos, S.F. Nadel.[76] O padrão comportamental e um papel social correspondente não apenas são intrinsecamente interconectados, mas de fato constituem duas maneiras complementares de conceptualizar o mesmo processo de interação repetitivo e recorrente. A relação de troca entre dois indivíduos (ou, mais propriamente, duas categorias de indivíduos) ganha relevo pela troca da definição social do papel e, ao mesmo tempo, do padrão comportamental adscrito. Na prática – podemos presumir –, o surgimento de um subpadrão de comportamento marcado, discriminado, leva, por conseguinte, à distinção, no interior do papel mais amplo, de uma nova categoria marcada e mais estrita. Novos papéis numa estrutura social ramificada parecem ser institucionalizações categorizadas de uma nova função, mais especializada e específica. Os artifícios operativos básicos no processo que leva da estrutura nuclear $R'_1 A' R'_2$ para a estrutura nuclear $R'_1 A'' R''_2$, mais específica, são uma vez mais "modificadores" e "atualizadores" – em suma, marcadores e marcados.

5) Um dos axiomas básicos da linguística estrutural é que a forma de expressão é fundamentalmente arbitrária em relação ao conteúdo denotado. Nos termos propostos por Saussure, o *signifiant* é "imotivado" pelo *signifié*. Nem todos os linguistas de peso concordariam com essa afirmação. Um dos primeiros a protestar contra o radicalismo da atitude de Saussure foi Émile Benveniste: "Entre o significante e o significado, o laço não é arbitrário; ao contrário, ele é *nécessaire*. ... Em conjunto, os dois estão impressos no meu espírito; juntos, eles evocam um ao outro em todas as circunstâncias."[77] Depois, os mesmos argumentos foram expostos por Roman Jakobson. A essência do argumento é o vínculo íntimo entre um "pensamento" ou "ideia", de um lado, e um grupo de fonemas por meio do qual essa ideia é expressa e transmitida, de outro. A emissão de certos sons evoca, caso decifrada da forma correta, determinada ideia; e essa ideia não pode existir senão em sua forma expressiva aceita; sua existência é mediada e realizada pelo *signifiant*.

Apesar da controvérsia que o tema provoca no campo da linguística, não há dúvida de que, em fenômenos socioculturais, os "signos culturais" e as relações sociais correspondentes são, em muitos casos, reciprocamente motivados, e *não arbitrários* mutuamente. Suas relações recíprocas podem, claro, assumir todas as tonalidades do espectro, desde o acidental em termos genéticos ao interligado ao ponto da identidade. Mas a frequência das relações próximas ao segundo polo do continuum provocou inumeráveis ultrapassagens das fronteiras analíticas entre a sociologia e a "culturologia" (qualquer que seja seu nome institucionalizado); e – pior de tudo – grande volume de esforços desperdiçados em falsos problemas, como definir se a "essência última" da sociedade é cultural ou social.

Todos os fenômenos da vida humana parecem ser socioculturais no sentido empregado por Benveniste ou Jakobson; a rede de dependências sociais chamada "estrutura social" é inimaginável em qualquer outra forma que não a cultural, enquanto a maior parte da realidade empírica da cultura sinaliza e traz à luz a ordem social concretizada pelas limitações estabelecidas. O famoso princípio de G. Ungeheuer, "Pelo 'canal' fluem apenas os veículos do signo",[78] é irrelevante no caso da comunicação em sentido amplo, que representa a esmagadora maioria dos fenômenos socioculturais.

Ao escolher determinado padrão cultural, criamos no setor de determinada ação social a rede de dependências que pode ser generalizada num modelo total de estrutura social. Não é possível chegar a qualquer coisa generalizável nesse conceito a não ser da maneira possibilitada pelos recursos que os padrões culturais tornam disponíveis. A estrutura social existe mediante o processo sempre contínuo da práxis social; e esse tipo particular de existência é propiciado pelo fato de a práxis ser padronizada por uma quantidade limitada de modelos culturais.

Se me pedissem que expressasse o "projeto estruturalista" numa pequena frase, eu apontaria a intenção de superar a conhecida dualidade da análise sociológica, evitando ao mesmo tempo a tentação de cair em uma de suas duas alternativas extremistas. Houve tentativas de adaptar o método estruturalista aos idiomas espiritualistas tradicionais com o artifício singular de postular o domínio do "significado" mentalisticamente interpretado como o campo semântico dos signos culturais. É minha convicção que a promessa estruturalista só pode passar da possibilidade para a realidade caso se compreenda que o papel desempenhado pelo campo semiótico na análise linguística é assumido, no mundo das relações humanas, pela estrutura social.

· 3 ·

Cultura como práxis

Os antropólogos britânicos, por motivos descritos no Capítulo 1, veem pouca utilidade para o conceito de cultura. Ao contrário de seus colegas americanos, que consideraram útil descrever o que *ouviam* em termos de cultura, a geração de Radcliffe Brown ou Evans-Pritchard relatou com êxito o que viu em termos de estrutura social. O uso conceitual britânico foi resumido de maneira adequada por Raymond Firth: estrutura social é aquela parte do alinhamento social – da mesma forma que das relações sociais – "que parece ser de fundamental importância para o comportamento dos membros da sociedade, de modo que, se essas relações não operassem, não se poderia afirmar que a sociedade existe daquela forma".[1]

Muito pode ser dito sobre a utilidade heurística de uma definição tão obviamente intuitiva, em que termos cruciais continuam não especificados, e o limiar crítico, subdeterminado; mas a intenção essencial fica bem clara, e a definição de fato não é ambígua se considerada pelo que realmente representa: a placa de orientação no cruzamento vital que leva a uma teoria da integração social.

A identidade de uma sociedade tem raízes, em última instância, numa rede mais ou menos invariante de relações sociais; a natureza "societal" da sociedade consiste acima de tudo numa teia de interdependências desenvolvida e sustentada pela e na interação humana. As relações sociais são elas próprias o "núcleo duro" da interação concreta (tal como a estrutura social é o núcleo duro da organização social – da "forma como as coisas são feitas na comunidade ao longo do tempo").² Elas são o esqueleto permanente, duradouro, pouco sujeito a mudanças, da prática societal. São padrões, o fulcro de estabilidade num casulo de eventos flutuantes.

Por um tempo considerável, a maioria dos antropólogos britânicos parecia muito satisfeita com esse compromisso teórico centrista; poucas vezes indagaram, se é que chegaram a tanto, como esses padrões surgiram, ou qual a verdadeira natureza desses padrões, o que os mantém "em ação". A noção de estrutura sem dúvida era bastante próxima, do ponto de vista semântico, da intuição acerca de coesão e equilíbrio. Evans-Pritchard tornou essa associação explícita; para ele, o próprio uso da palavra "estrutura" "implica que existe algum tipo de coerência entre as partes, pelo menos a ponto de se evitarem a contradição e o conflito, e representa que ela tem maior durabilidade que a maioria das coisas transitórias da existência humana".³

Uma vez mais, porém, pouco se disse a respeito da origem dessa coerência e dos fatores responsáveis por sua perpetuação. Se a pergunta fosse feita de maneira sistemática, a resposta talvez se situasse a pouca distância da "ação societal" durkheimiana, seja sob a forma de *mentalité collective*, seja – menos metaforicamente – de ritos, usos, socialização tradicionalizada etc. O aspecto importante é que, a despeito dos fatores assinalados, eles seriam, quase sem exceção, gravados no cerne "material" das interações humanas empiricamente observáveis; a busca de causas e forças motoras só com alguma dificuldade levaria os exploradores para além do domínio das instituições.

Mas, desde o início, esse "além" tem sido o território nativo da antropologia norte-americana. Mesmo que os antropólogos de tradição americana debatam explicitamente o conceito de estrutura social (em comparação com os britânicos, poucos o fazem), eles se apressam em enfatizar que o veem de maneira diferente. Para Redfield, a estrutura social "pode ser encarada como um sistema ético". Segundo ele, era melhor enxergar a estrutura social "nem tanto como tessitura de pessoas – conectadas pelos fios de sua teia social, as relações sociais –, mas como os estados mentais das pessoas, característicos e inter-relacionados, com respeito à conduta de homens em relação aos homens".[4]

A estrutura social foi assim reduzida a um conjunto de preceitos morais, e a integração de normas e expectativas foi substituída pela questão mais ampla (ou, talvez, apenas diferente) da integração da sociedade como um todo. A.L. Kroeber desenvolveu a dicotomia profundidade-superfície do ethos-eidos como correspondente à relação estrutura social-organização social, de Radcliffe-Brown: pelo que nos ensinaram, o eidos de uma cultura "seria sua aparência, seus fenômenos, tudo sobre ela que se possa descrever de forma explícita"; a realidade oculta, mais profunda, que dá à superfície fenomenal sua consistência e regularidade, é o ethos, "a qualidade total" da cultura que, a um só tempo, resume "aquilo que constituiria a disposição ou o caráter de um indivíduo" e "o sistema de ideais e valores que dominam a cultura, e portanto tendem a controlar o tipo de comportamento de seus integrantes". Em sua existência um tanto etérea, semelhante à de um espírito, o ethos é a qualidade "que atravessa toda a cultura – como um sabor –, em contraste com o agregado de constituintes distinguíveis, o eidos, que consistem em sua aparência formal".[5] A função última do mundo dos "é" fica assim transportada para o universo dos "devia", e o mistério da aparente coerência do plano observável, fenomenal, encontra sua explicação conclusiva no campo das normas e avaliações morais. A emergência e a continuidade de um sistema social tornam-se acima de tudo um problema de intercâmbio mental, educação, doutrinação moral, formação de personalidade.

A controvérsia entre antropólogos britânicos e americanos tem um significado muito maior do que poderia sugerir a natureza transitória do choque entre dois cursos genéticos separados por acaso. Ela reflete e resume de alguma forma um debate muito antigo, até hoje não resolvido, sobre a natureza da integração social, que não deixa de fora quase nenhuma das grandes escolas das ciências sociais. Essa disputa, por sua vez, parece representar apenas uma das muitas facetas do dilema profundamente arraigado nas experiências humanas mais básicas e que, portanto, assombra a totalidade da autorreflexão humana, com sofisticados sistemas filosóficos num dos polos, e a apreensão realista da vida cotidiana no outro. Parece, portanto, não ser de muita ajuda travar essa controvérsia nos limites estritos do debate original. Para que se apreenda de maneira plena sua importância, a disputa deve ser vista de uma perspectiva muito mais ampla, baseada, em última análise, na percepção humana – em essência intuitiva, mas persistente – do processo existencial.

A irredutível dualidade da existência humana talvez seja a experiência mais generalizada, infinitas vezes repetida, de qualquer indivíduo – pelo menos de qualquer indivíduo imerso num contexto social pluralista, heterogêneo, repleto de choques entre desejos e a dura realidade. A maior parte da história da filosofia parece um esforço sempre inconcluso, embora muitas vezes otimista, de explicar essa dualidade, na maioria dos casos reduzindo-a a um só princípio (no sentido genético ou lógico, epistemológico ou prático).

A "dualidade" é uma das impressões que "recebemos" do universo da realidade, que parecem recair em duas divisões muito distintas, diferindo quanto a uma série de dimensões fundamentais. Parecem possuir distintas "substâncias", "modos de existência" específicos; transmitem informações sobre si mesmas, abrem-se ao insight humano por diferentes canais de percepção; e, o que é mais importante, parecem tolerar e admitir graus de manipulação humana diferenciados, demonstrando níveis diversos de maleabilidade diante da vontade dos homens.

A experiência, em sua essência, é intuitiva, pré-teórica, inexprimível num discurso articulado, a menos que seguida de conceitos explicativos. Já que cada conjunto só continua significativo no campo semântico de um universo discursivo escolhido, e que nenhum universo discursivo contém a totalidade da experiência humana, todas as articulações conhecidas e prováveis da experiência básica se destinam a permanecer parciais. Cada articulação "projeta" a certeza intuitivamente acessível num plano de referência distinto; em função de sua raiz comum, todos os planos pertencem a uma só família – mas crescem depressa, para se transformar em entidades autônomas a ponto de desenvolver sua própria lógica argumentativa, supostamente desconectada.

Assim, estamos diante de domínios da discussão filosófica ou científica em aparência soberanos, adequadamente denominados questões de espírito e matéria, mente e corpo, liberdade e determinação, norma e fato, subjetivo e objetivo. Não importa o nível de sofisticação e sutileza intelectual atingido pelas intricadas definições atribuídas às respectivas distinções, elas têm uma linhagem comum, originada numa experiência primitiva, embora em si mesma inarticulada.

Ao que parece, foi William James quem mais se aproximou de uma apreensão abrangente da totalidade dessa divisão multifacetada: nós nos percebemos como pessoas, afirmou ele, "em parte conhecidas e em parte conhecedoras, em parte objetos e em parte sujeitos".[6] O *mim* e o *eu* de James sustentam-se contra o panorama de argumentos tão díspares quanto os que se manifestaram nos estudos existencialistas de Jaspers, Heidegger ou Sartre; nas pesquisas pseudofenomenológicas sobre a natureza da vida social realizadas por Merleau-Ponty ou por Schutz; ou no arrojo da revolução behaviorista em psicologia – embora apenas os existencialistas fossem audaciosos o bastante (com resultados não muito encorajadores) para abandonar o esforço de reduzir a dualidade a um denominador comum unificador.

A tese que pretendo desenvolver neste capítulo é que a controvérsia sobre cultura–estrutura social pertence organicamente à família dos temas originados na experiência básica da natureza dual da condição da existência humana.

Se desprezarmos as mais antigas manifestações filosóficas da dualidade existencial, o moderno tratamento filosófico do dilema que dá relevância aos problemas práticos das ciências sociais[7] remonta pelo menos ao neokantianismo alemão do fim do século XIX. A distinção de Windelband entre o imanente e o transcendente desempenhou nisso papel crucial e decisivo, contendo *in nuce* as ideias essenciais da *Verstehende Soziologie*, da antropologia cultural e da filosofia fenomenológica, todas posteriores.

A transcendência foi definida por Windelband em relação à experiência imediata, interpretada apenas como um estado de consciência; assim, a penumbra da "transcendência" abarcava a totalidade do mundo empírico, e só os valores, os "deves", as formas ideais, eram deixados ao alcance da acessibilidade imanente. Windelband, contudo, teve o cuidado de não voltar ao campo reconhecidamente estéril da querela metafísica entre "idealismo" e "materialismo". Ele assumiu esse problema a partir de onde Descartes deixara a herança de Platão. A própria presença do imanente ao lado do transcendente, do empírico, do físico, era para ele uma característica distintiva da forma humana de existência no mundo; seria, portanto, algo por definição significativo, ou seja, próprio da existência cultural. Ao contrário dos fenômenos físicos, existindo no sentido imanente, impregnado de significado, a vida humana só deve ser apreendida e avaliada se for abordada com um insight também imanente; para ser efetiva, a metodologia da cognição dos assuntos humanos deve permutar a natureza imanente desses assuntos. "O caráter especial da vida é compreendido por meio de categorias que não se aplicam ao conhecimento da realidade física. ... Essas categorias são significado, valor, propósito, desenvolvimento, ideal. ... Significado é a categoria abrangente por meio da qual a vida se torna compreensível."[8]

A totalidade dos significados constitui o domínio do espírito, que não pertence ao mundo dos fenômenos nem ao universo da psicologia individual, e não se esgota em nenhum deles. O espírito é supraindividual; ele torna possível o processo de vida humana individual, conjectural, precisamente porque esse processo compartilha o mundo do espírito, mergulha no oceano dos significados totalizados no e pelo espírito. Ao contrário da crença de muitos sociólogos, o enigma das "representações coletivas", longe de ter sido inventado por Durkheim, era um constituinte legítimo e importante do pensamento europeu da época. Nossa percepção de sua absurda incongruência é, mesmo que inconscientemente, um efeito posterior da insistência positivista na identificação da existência admissível com a acessibilidade empírica, sensível, do tipo evento.

Contudo, apresentada a partir dessa perspectiva sobre a modalidade existencial do espírito, a questão será difícil de exprimir, quanto mais de se evidenciar, na linguagem de Windelband ou Dilthey. O espírito, em definitivo, não é uma soma de consciências individuais, assim como o significado não é a opinião da maioria das pessoas. Tampouco é uma ilusão metafísica – se a inexorável ausência de evidências for o traço definidor das entidades metafísicas; na verdade, ele é acessível ao conhecimento e à compreensão humanos, embora – como diria Rickert e aperfeiçoaria Husserl – por meio do sentimento de autoevidência, e não pela percepção sensorial.

Portanto, não a *Seele* ("alma"), mas o *Geist* (espírito) é o verdadeiro fulcro da compreensão da vida e da própria capacidade de viver. Não é a "alma" do outro que compreendemos ao apreender o sentido de um evento social, já que a alma do outro, quando tratada como fenômeno empírico, não é quantitativamente diferente de outros fenômenos empíricos e, assim, deve permanecer inacessível ao nosso entendimento. O que de fato compreendemos é apenas o componente do "espírito" penetrando as "almas" dos indivíduos, já que nós mesmos também participamos dele, e já que somente o objetivo, o universal, o invariante é passível de compreensão. Sem esquecer sua soberania, sem ser solúvel na multiplicidade de "almas" individuais, o "espírito" subjaz à existência de toda "alma". Mais uma vez citando Dilthey:

> Cada expressão singular da vida representa uma característica comum no domínio dessa mente objetiva. Cada palavra, cada sentença, cada gesto ou fórmula educada, cada peça de arte e cada feito histórico é inteligível porque as pessoas que se expressam por meio deles e as que os compreendem têm algo em comum.

Assim,

> a ordem de comportamento estabelecida no interior de uma cultura torna possível que cumprimentos ou reverências signifiquem, por suas nuances, certa atitude mental em relação a outras pessoas, e assim sejam entendidos. ... A expressão da vida que o indivíduo apreende, em geral, não é apenas uma expressão isolada, mas está plena do conhecimento daquilo que une e de uma relação com o conteúdo mental.[9]

As atitudes mentais das pessoas como indivíduos, intercomunicáveis em função de seu vínculo com o território comum do espírito, fornecem o elo mediador entre o domínio dos significados e a interação humana concreta, assim como sua compreensão. O vocabulário pode ser diferente; as ideias, porém, guardam semelhança marcante com o ethos de Kroeber e, de modo mais geral, com a forma pela qual o conceito de cultura é usualmente abordado pela antropologia americana.

Na verdade, com ou sem a ideia bastante incômoda de "espírito", a imagem da cultura como entidade irredutível aos fenômenos psicológicos – embora tornando-os possíveis em sua capacidade comunicativa, intersubjetiva –, em suma, o conceito alemão de *Geist*, está ampla e firmemente entrincheirada em muitas tradições da ciência social. Foi em seu nome que Kroeber se opôs com tenacidade ao reducionismo psicológico na ciência da cultura, enfatizando repetidas vezes que "mil indivíduos não fazem uma sociedade", e ridicularizando as afirmações de que "civilização é apenas um agregado de atividades psíquicas, e não uma entidade para além delas"; e que, em consequência, "o social pode ser totalmente dissolvido no mental".[10]

Foi Kroeber quem deu aos incansáveis esforços para desembaraçar o corpo da cultura de sua âncora individual, psíquica, o nome de natureza "superorgânica" da cultura. A proposta foi apoiada com entusiasmo, entre muitos outros, por Leslie A. White, aparentemente parafraseando o tema persistente de Durkheim: "A cultura pode ser considerada, do ponto de vista da análise e interpretação científicas, algo sui generis, uma classe de eventos e processos que se comporta nos termos de seus próprios princípios e leis, e que, por conseguinte, só pode ser explicada em relação a seus próprios elementos e processos."[11] Assim, a cultura é uma realidade em si mesma, diferente tanto dos constituintes "duros", materiais, do mundo humano quanto de seus dados "leves", mentais, introspectivos. Mas qual a condição existencial dessa realidade peculiar, postulada por tantos estudiosos da sociedade? As respostas a essa questão insistente recaem em três categorias amplas.

A primeira é o tão discutido *tour de force* durkheimiano, voltado para a redução inequívoca e exaustiva do cultural ao social. "Uma sociedade não pode criar-se nem recriar-se ao mesmo tempo que cria um ideal." Longe de ser a principal fonte dos eventos culturais, o indivíduo humano "não poderia ser um ser social, ou seja, não poderia ser um homem, se não tivesse adquirido" esse ideal.[12] Longe de ser nova, a ideia remonta a Blaise Pascal e Jean-Jacques Rousseau, mas foi Durkheim quem a revestiu de trajes quase empíricos, abrindo caminho para a conjectura essencialmente filosófica nos domínios acadêmicos da sociologia e da antropologia.

O que depois se discutiu sob o título de cultura foi apreendido por Durkheim como o ideal, "algo acrescentado ao real e acima dele", impingindo-se às mentes humanas em virtude de seu vínculo íntimo com a própria sobrevivência da sociedade, isto é, com a natureza humana da existência do homem. Rendendo-se à pressão da *mentalité collective* e apropriando-se de seus preceitos, os seres humanos vêm a ser a sociedade e a nela permanecer. Podemos dizer que a cultura foi ampla e exitosamente projetada no plano societal somente porque a sociedade estava "espremida" no campo da cultura. Em Durkheim, nem sociedade nem cultura são fatos "básicos", no sentido histórico ou lógico do termo. Elas se fundem numa só, e apenas podem ser descritas em termos recíprocos.

Os teóricos da cultura e personalidade caminharam no sentido oposto. Tentaram reduzir a totalidade da cultura à totalidade da personalidade humana. O conceito tradicional de ethos era, para Kardiner, coextensivo aos constituintes definidores de uma "estrutura da personalidade básica". Essa estrutura é constantemente criada e perpetuada por eventos de tipo próximo aos rituais e cerimônias coletivas de Durkheim. Dessa classe comum, contudo, Kardiner selecionou um subconjunto de itens um tanto diferentes – aqueles a que Freud atribuíra particular relevância na moldagem da personalidade humana. Assim, a atenção se concentra nos processos de treinamento infantil, nas formas de gratificação individual, na criação e canalização da frustração. Ao determinar os elementos de seu modelo teórico de cultura, os teóricos da cultura e personalidade estabeleceram o que é a "caixa-preta" dos psicólogos – o espaço diretamente inacessível entre estímulos e respostas tangíveis em termos empíricos.

A cultura, tal como a personalidade, é o mecanismo responsável por processar os estímulos, transformando-os em padrões comportamentais adequados. A cultura *não* se reduz à pluralidade de psiques individuais – Kardiner e seus colegas tiveram o cuidado de evitar o que Kroeber definiu como armadilha mortal; uma vez mais, nem a cultura nem a personalidade são fatos básicos, seja do ponto de vista lógico, seja histórico. Eles fundem-se em um só e são inteligíveis apenas em termos recíprocos.

A terceira é a solução metodológica tentada originalmente por Max Weber. Pouco podemos aprender nos textos de Weber sobre a verdadeira modalidade de existência da cultura. O conceito de *Geist* e outros similares, rescendendo agourentamente a metafísica, entrariam em choque com a intenção de Weber de estabelecer o status científico da sociologia. Ainda assim, com toda a forte ênfase na "compreensão interpretativa" como principal característica distintiva da sociologia científica, e concebida como o objeto particular da exploração sociológica, Weber dedicou sua obra-prima, *Economia e sociedade*, a "estabelecer uma diferença profunda", em oposição a Simmel, "entre significados subjetivamente pretendidos e objetivamente válidos".[13] Mas seu maior afastamento das tendências filosóficas predominantes na Alemanha de sua época, representadas pela escola de Heidelberg, consistiu na renúncia total a qualquer interesse na modalidade existencial dos "significados objetivamente válidos".

A diferença resumida na citação de Weber não era mais a oposição entre experiência mental e espírito, cada qual dotado de um atributo da realidade. A dicotomia de Weber é sustentada com consistência no interior do campo da metodologia. Ela foi gerada pelo interesse na objetividade da sociologia como a ciência da "compreensão", e Weber estava determinado a resolver as questões pertinentes sem se comprometer com qualquer posição ontológica específica.

Ainda assim, a busca de uma superestrutura de significados, inexaurível por qualquer quantidade de experiências mentais aleatórias, singulares e voláteis, avulta, ampla e persistente, na investigação de Weber. Situada na esfera metodológica, ela agora leva a um "tipo puro, teoricamente concebido, de significado subjetivo atribuído ao ator ou atores hipotéticos num determinado tipo de ação", distinto do "significado real existente no caso concreto de um ator particular". "O significado adequado a um tipo puro e cientificamente formulado de fenômeno comum" é diferente não apenas dos significados "privados" de fato pretendidos, mas até de sua média calculada em termos estatísticos, acessível, digamos, por meio de pesquisas por amostragem; não há um caminho que leve da descrição de significados individuais, subjetivos, à construção dos "tipos ideais" – que representam significados objetivos de determinadas ações e que servem aos sociólogos como tipos que têm "o mérito da compreensibilidade clara e da falta de ambiguidade".

Os tipos puros são válidos do ponto de vista objetivo mesmo que não tenham "sido parte concreta da 'intenção' consciente do ator". O tipo ideal deve ser construído "antes que seja possível até investigar como a ação se produziu e que motivos a determinam". A prioridade e a superioridade do significado objetivo em relação ao subjetivo tornaram-se, portanto, de natureza metodológica, mas de forma alguma deixaram de ser prioridade.

Seja qual for a solução procurada e proposta para o tormentoso problema da condição existencial do "superorgânico", a ideia de autonomia da cultura (como conceito, a despeito do termo usado para explicá-la) fornece um dos poucos pontos de concordância entre teorias que, de outro modo, seriam muito divergentes. O que se presume de forma tácita é uma autonomia total em relação aos dois mundos experimentalmente acessíveis – o dos objetos materiais e o da mentalidade subjetiva.

A segunda oposição é enfatizada de modo intenso pelos clássicos da sociologia "orientada para o significado", já que, nesse caso, a ameaça de dissolver o cultural no psicológico é mais evidente. Florian Znaniecki, o sociólogo mais veemente em definir a sociologia como "ciência cultural", buscou dissociar-se de todos os tipos de reducionismo psicológico. Com uma determinação poucas vezes encontrada na literatura sociológica, Znaniecki promulgou o que vem a ser uma acusação final da interpretação subjetiva dos significados como objeto dos estudos sociológicos:

> A doutrina epistemológica segundo a qual a consciência que um indivíduo tem de sua própria vida mental é o alicerce de todo conhecimento foi desmentida de maneira conclusiva pelo desenvolvimento da pesquisa científica no domínio da cultura – o próprio domínio de que ela extrai a maioria de seus argumentos.

No que se refere aos objetos dos estudos sociológicos,

> é totalmente impossível considerar que qualquer um desses dados esteja contido na mente desses indivíduos, já que as expressões simbólicas e as performances ativas destes últimos fornecem evidências conclusivas de que para cada um deles apareceu um dado cultural como algo que existe de forma independente de sua experiência atual, algo que foi e pode ser vivenciado e usado por outros, tanto quanto por si mesmo – quer exista, quer não no universo natural.[14]

A fim de que não reste dúvida para os leitores, Znaniecki resume seu argumento com a proposição inequívoca da "irredutibilidade dos dados culturais tanto para a realidade natural objetiva quanto para os fenômenos psicológicos subjetivos".[15]

Znaniecki talvez seja o sociólogo mais frequentemente acusado de apresentar uma tendência subjetivista. Os dados culturais desfrutam, sim, de uma existência por direito próprio, embora de um tipo diferente da realidade típica do "universo natural". A cultura não é apenas intersubjetiva, mas é subjetiva em seu próprio sentido específico.

Podemos agora concluir nosso breve resumo das ideias básicas subjacentes aos diversos usos do termo "cultura" ou seus análogos. Embora cultura pareça pertencer a uma grande família de conceitos originários da parte "interna" da experiência universal da dualidade do mundo, é diferente de seus parentes na tentativa de transcender a oposição entre o subjetivo e o objetivo (ela compartilha essa distinção com o conceito de *Geist*). Sua persistência no pensamento humano sobre o mundo deve-se ao fato de suas raízes estarem encravadas na experiência humana primeva da subjetividade. Mas ela difere dos outros brotos da mesma raiz porque está enxertada no tronco que nasce da raiz oposta, o da experiência da objetividade dura, inexpugnável e inflexível.

Não importa como seja definida e descrita, a esfera da cultura sempre se acomoda entre os dois polos da experiência básica. Ao mesmo tempo, é o alicerce objetivo da experiência subjetivamente significativa e a "apropriação" subjetiva de um mundo que de outra forma seria desumanamente estranho. A cultura, tal como a vemos em termos universais, opera no ponto de encontro do indivíduo humano com o mundo que ele percebe como real. Ela resiste com teimosia a todas as tentativas de associá-la de modo unilateral a um dos polos do arcabouço experimental.

O conceito de cultura é a subjetividade objetificada; é um esforço para compreender o modo como uma ação individual é capaz de possuir uma validade supraindividual; e como a realidade dura e consistente existe por meio de uma multiplicidade de interações individuais. A ideia de cultura parece encaixar-se no modelo postulado por C. Wright Mills para a investigação sociológica centrada na ligação entre biografia individual e história social. Em suma, o conceito de cultura, quaisquer que sejam suas elaborações específicas, pertence à família dos termos que representam a práxis humana.

O conceito de cultura, portanto, transcende o dado imediato, ingênuo, da experiência privada – a natureza inclusiva e autossustentável da subjetividade.[16] O nível de sofisticação a que ele eleva a autopercepção da condição humana é retirado do solo plano da ingenuidade de senso comum pela diferença quantitativa entre indivíduo e comunidade humana. Como I. Mészáros afirmou:

> A diferença mais importante é que, embora o indivíduo esteja *inserido* em sua esfera ontológica e destacado das formas *dadas* de intercâmbio humano que funcionam como premissas axiomáticas de sua atividade voltada para um fim, a humanidade como um todo – o ser "autotranscendente" e "automediador da natureza" – é "autora" de sua própria esfera sociológica. As escalas temporais são algo basicamente diverso. Enquanto as ações do indivíduo estão circunscritas por seu tempo de vida e, mais ainda, por uma série de fatores limitadores de seu ciclo vital, a humanidade como um todo transcende essas restrições temporais. Por conseguinte, instrumentos de mensuração muito diferentes tornam-se adequados à avaliação da "potencialidade humana" – termo aplicável, estritamente falando, apenas à humanidade como um todo e à avaliação das ações do indivíduo limitado.[17]

Onde Mészáros emprega "humanidade", preferiríamos o conceito de comunidade, já que aquele implica a noção do ser humano como um *species specimen*, e não como membro de um grupo que se mantém unido por uma rede de comunicação e intercâmbio. A ideia de criatividade, de assimilação ativa do universo, de impor a um mundo caótico a estrutura reguladora da ação humana inteligente – a ideia irrevogavelmente embutida na noção de práxis – só é compreensível se encarada como um atributo da comunidade, capaz de transcender a ordem natural ou "naturalizada" e de criar novas e diferentes ordens. Além do mais, a ideia de liberdade, por sua vez associada à noção de criatividade, adquire um significado diferente quando considerada uma qualidade da comunidade ou quando debatida em termos da solidariedade humana individual. No primeiro caso, é a liberdade de mudar a condição humana; no segundo, é a liberdade em relação à coerção e à limitação comunais. A primeira é uma modalidade real, genuína, da existência humana; a segunda, com muita frequência, emana da deslocada nostalgia de uma nova ordenação humana do mundo, mais conveniente, colocada no domínio ilusório do individualismo pelo impacto ofuscante de uma sociedade alienada, ossificada, imóvel. A comunidade, e não a humanidade, muitas vezes identificada com a espécie humana, é portanto o veículo e o portador da práxis.

Ao contrário, contudo, da absolutização da comunidade proposta por Durkheim, a práxis comunal seria quase impossível se os seres humanos, como membros da espécie, não fossem capazes de produzir criativamente comunidades poderosas. Marx estava consciente dessa verdade, não importa quão equivocadas possam ser as conclusões extraídas de sua ênfase na comunidade como lócus derradeiro da compreensão da condição humana. Foi por isso que ele incluiu a sociabilidade entre os atributos mais essenciais e inalienáveis da natureza humana.

Em vez de propor a sociabilidade como alternativa à universalidade, como Richard Schacht sugeriu,[18] Marx tomou uma série de características universais, ancoradas na espécie como precondições da práxis social, sendo a sociabilidade uma das qualidades evidentes. Mais uma vez, ao contrário de Durkheim, para quem tudo que é humano só é possível se tiver origem societal, Marx via a sociedade como um fator mediador entre as qualidades humanas universais e a condição empírica de um indivíduo humano. Pode-se mostrar que todo o resto das diferenças significativas entre a minoria marxiana e a maior parte da sociologia contemporânea, de inspiração durkheimiana, são inexoravelmente predeterminados por essa discordância seminal.

Cada análise do fenômeno da cultura, ao que parece, deve levar em conta essa precondição universal de toda práxis específica em termos empíricos. As qualidades que tornam possível a vida social devem ser tanto lógica quanto historicamente pré-sociais, assim como a capacidade linguística é anterior à competência linguística. De vez que toda práxis cultural consiste em impor uma nova ordem, artificial, à ordem natural, devem-se procurar as faculdades essenciais geradoras de cultura no domínio das normas reguladoras seminais encravadas na mente humana. Como o ordenamento cultural é realizado pela atividade da significação – dividir os fenômenos em classes, distinguindo-os –, a semiótica, ou teoria geral dos signos, fornece o foco para o estudo da metodologia geral da práxis cultural.

O ato da significação é o ato de produzir significado. O significado, por sua vez, longe de ser redutível a um tipo de estado mental, subjetivo, é trazido à luz pelo "*ato de destacar ao mesmo tempo* duas massas amorfas"; nas palavras de Barthes, o significado é "uma ordem cercada de caos por todos os lados, mas essa ordem é, em essência, uma *divisão*"; "significado é acima de tudo uma designação de formatos".[19] Segundo Luis J. Prieto, ele emana "graças às correspondências entre as divisões de um universo do discurso e as do outro", sendo que o universo do discurso é trazido à luz por um ato de indicação que divide um domínio entre uma classe e seu complemento negativo.[20] Vista em suas características mais gerais e universais, a práxis humana consiste em transformar o caos em ordem, ou em substituir uma ordem por outra – e ordem, aqui, é sinônimo de inteligível e significativo.

Da perspectiva semiológica, "significado" quer dizer ordem e somente ordem. Ele se destaca da performance de um indivíduo ou mesmo de um ator coletivo, quer interpretados do ponto de vista mental, quer vistos (no caso dos behavioristas) como mecanismos reativos. Não depende mais de fazer surgir uma ideia associada ao signo, como para C.K. Ogden e I.A. Richards; nem é um padrão de estimulação que evoque reações da parte do organismo, como para Charles E. Osgood ou Charles Morris. Ele é, antes, uma organização cultural do universo humano que torna possíveis essas duas consequências.

Nesse sentido, a imensa e abundante criação de Claude Lévi-Strauss pode ser vista como a busca tortuosa das regras generativas da ordem. A questão controversa da condição existencial dessas regras – apesar de sua importância do ponto de vista filosófico – parece irrelevante para o estudo da metodologia da práxis humana, assim como a natureza existencial de uma língua como sistema é irrelevante para o estudo de sua estrutura. Temerosos de que querelas ontológicas infrutíferas consumam a melhor parte de nossos esforços para compreender o mecanismo da práxis cultural humana, seria melhor tratarmos com delicadeza ou metaforicamente as contínuas referências a *l'esprit* ou ao *inconscient* nos textos de Lévi-Strauss; com a questão ontológica em suspenso, abre-se uma perspectiva virtualmente ilimitada sobre a práxis humana, por meio da declaração seminal de que, "entre todas as formas" de cultura, "há diferença de grau, não de natureza; de generalidade, não de espécie. Para compreender sua base comum, é preciso recorrer mais a certas estruturas fundamentais do espírito humano do que a esta ou aquela região privilegiada do mundo, do que a este ou aquele período histórico da civilização".[21]

O cultural e o natural

Talvez tenha sido essa busca de universalidade que orientou Lévi-Strauss para começar seu estudo antropológico com a proibição do incesto. Nem tanto porque essa proibição esteja entre os exemplos mais óbvios de "universais", no sentido de Murdock, em virtude de sua presença em todas as comunidades culturais conhecidas, mas porque ela constitui o ato mais elementar de independência da cultura em relação à natureza, o passo mais decisivo de um universo governado somente por leis humanas para o domínio humano em que uma nova ordem, até então ausente, é imposta sobre o monopólio anterior da ordem natural.

> Focalizada do ponto de vista mais geral, a proibição do incesto exprime a passagem do fato natural da consanguinidade para o fato cultural da aliança. ... Considerada interdição, a proibição do

incesto limita-se a afirmar, num domínio essencial para a sobrevivência do grupo, a preeminência do social sobre o natural, do coletivo sobre o individual, da organização sobre o arbitrário.[22]

A proibição do incesto oferece o ponto de encontro mais evidente entre natureza e cultura: a natureza impõe a necessidade de aliança sem definir seu formato; a cultura determina sua modalidade. O *Dasein* é natural, o *Sosein*, cultural. Este parece ser um padrão universal para os laços que unem os fenômenos culturais a seu alicerce natural, mas o padrão está longe de ser tão transparente no domínio explorado em *As estruturas elementares do parentesco*.

A contribuição da natureza resume-se, no caso sob análise, a duas coisas: (a) a necessidade, ligada à "sobrevivência" (que pode ser interpretada funcional ou logicamente), de criar algum padrão frouxamente delimitado; (b) o material (por exemplo, a consanguinidade) a partir do qual os signos formadores de padrões podem ser construídos. O resto pertence à práxis cultural.

"As estruturas mentais", que Lévi-Strauss considera subjacentes a todo ordenamento cultural, constituindo assim os verdadeiros universais da cultura, são três: (a) a exigência de uma regra; (b) a reciprocidade como forma mais imediata em que a oposição entre mim e o outro pode ser superada; e (c) o caráter sintético da dádiva – o fato de que transferir um valor de um indivíduo para outro transforma as duas pessoas envolvidas em parceiras e acrescenta uma nova qualidade ao objeto transferido. Esses três princípios são suficientes para explicar e compreender a capacidade de criação da ordem presente na proibição do incesto.

A interdição do incesto pode ser descrita em termos positivos, e não negativos, como a oferta recíproca de uma "dádiva" – irmãs – que transforma os irmãos ofertantes em aliados, e as mulheres trocadas em vínculo da aliança. Lévi-Strauss parece acreditar que os três universais bastam para compreender a totalidade do processo cultural – não apenas uma, embora fundamental, regra do incesto, mas a criação e manutenção da estrutura social em todos os seus aspectos –, embora, pelo que eu saiba, ele nunca os tenha empregado ao analisar outras estruturas que não a de parentesco. Sua suficiência num contexto mais amplo ainda deve ser provada. Parece que, para garantir sua aplicabilidade às estruturas de sociedades complexas, consideravelmente distantes da contiguidade dos vínculos de sangue e afinidade, deve-se ampliar de forma drástica o significado tanto de reciprocidade quanto de dádiva.

Ainda assim, o tema apresenta inúmeras dificuldades e exige amplas pesquisas, que, por infortúnio, não podem ser empreendidas no arcabouço deste livro. De todos os universais postulados por Lévi-Strauss, apenas um será tratado aqui com maior profundidade: a exigência crucial de uma regra. É sobretudo a regra que destaca uma parcela do universo natural e a transforma no veículo da práxis cultural.

Em sua notável análise das características universais das cosmologias antigas e modernas, Mircea Eliade encontra uma distinção marcante entre a condição cosmológica das "ilhas de ordem", subordinadas a regras criadas pelo homem, e o resto do universo percebido.

> O mundo que nos cerca, ... o mundo em que se sente a presença e a obra do homem – as montanhas que ele escala, as regiões habitadas e cultivadas, os rios navegáveis, as cidades, os refúgios –, todos têm um arquétipo extraterrestre, seja este concebido como um plano, uma forma ou pura e simplesmente um "duplo" que existe num plano cósmico mais elevado. Mas nem tudo no mundo que nos cerca tem um protótipo desse tipo. Por exemplo, regiões desérticas habitadas por monstros, terras não cultivadas, mares desconhecidos em que nenhum navegador ousou aventurar-se não compartilham com a cidade de Babilônia, nem com o nomo egípcio, o privilégio de um protótipo diferencial. Correspondem a um modelo mítico, mas de outra natureza: todas essas regiões ermas, não cultivadas e semelhantes são assimiladas ao caos; ainda participam da modalidade indiferenciada, sem forma, da pré-criação.

O que vale para a dimensão espacial também se aplica ao lapso de tempo que divide as "ilhas de ordem":

A coroação de um rei do "carnaval", a "humilhação" do soberano verdadeiro, a subversão de toda a ordem social, ... cada característica sugere uma confusão universal, a abolição da ordem e da hierarquia, a "orgia", o caos. Testemunhamos, pode-se dizer, um *"déluge"* que aniquila toda a humanidade a fim de preparar o terreno para uma nova e regenerada espécie humana.[23]

A primeira e mais fundamental distinção produzida pela atividade humana no mundo é aquela entre o domínio modelado pela práxis humana e todo o resto. A criação começa com a práxis. As regiões inacessíveis à práxis, ou aquelas introduzidas à força entre áreas por ela reguladas para sublinhar as fronteiras da ordem, são deixadas para trás como domínios do amorfo, do indefinido, do caos.

Ao analisar a "linguagem alimentar", Roland Barthes enumera uma série de regras funcionalmente distintas que parecem ter um alcance muito mais amplo e constituir os componentes generativos necessários de qualquer sistema cultural. Em primeiro lugar, Barthes cria "regras de exclusão" (no caso da linguagem alimentar, esse papel é desempenhado pelos respectivos tabus); a criação de uma ordem cultural começa pela imposição de uma regra que especifica o domínio ao qual se aplicam as regras de determinado universo discursivo – delineando ao mesmo tempo o território não regulado do caos.

As classes de regras remanescentes valem na área já escrupulosamente circunscrita. As oposições reguladas só são significativas dentro dos limites estabelecidos pela regra de exclusão; o que é mais importante, as regras de associação só mantêm seu poder regulatório se empregadas dentro da área circunscrita; e as regras do ritual são inúteis na organização eficiente do domínio a menos que se impeça de forma efetiva a transgressão de suas fronteiras. Qualquer que seja o nosso ponto de partida, chegamos inevitavelmente à mesma conclusão: o papel das regras de exclusão é crucial, fundamental mesmo, funcionando como precondição da aplicabilidade de todas as outras.

Num ensaio muito pouco citado, Edmund Leach desenvolveu e refinou a ideia seminal de vínculo íntimo entre a necessidade de um sistema de conceitos claro e funcional e a de preencher ou reprimir os "preceitos de fronteira". Em função do caráter para o qual o ensaio foi encomendado, a discussão limitou-se aos conceitos "verbais"; no entanto, nada na cadeia de raciocínio apresentada por Leach impedia a ampliação das descobertas básicas aos fenômenos culturais em sua totalidade, ou, em todo caso, em sua função comunicativa, semiótica.

A mesma informação – a mesma percepção de uma parcela da estrutura social – pode ser criada e transmitida de maneira eficaz com uma expressão significativa ou com um signo-padrão comportamental significativo; dificilmente poderíamos imaginar dois conjuntos distintos de regras generativas distintos em termos qualitativos que se relacionem aos dois códigos intercambiáveis; os padrões de clareza pelo menos provêm da mesma necessidade superior de ordem, e não da estrutura específica de um código semiótico único. Podemos, portanto, despir o argumento de Leach de seu traje linguístico circunstancial e aplicá-lo aos fenômenos culturais *tout court*.

Ordenar envolve transmutar o que é fundamentalmente um feixe de percepção contínuo, informe, num conjunto de entidades distintas. Nesse sentido, o mundo não é pré-humanamente "dado" como algo ordenado; a imagem e a subsequente práxis da ordem lhe são impostas em termos culturais. "Porque minha língua-mãe é o inglês", diz Leach, "parece evidente que *bosques* e *árvores* são coisas diferentes. Eu não pensaria isso se não tivessem me ensinado que é assim." A declaração seguinte, contudo, parece de longe a mais importante, de vez que elucida o papel desempenhado pelas regras de exclusão na criação e imposição de qualquer ordem cultural: "Se cada indivíduo deve aprender a construir seu próprio ambiente dessa maneira, é extremamente importante que as discriminações básicas sejam claras e desprovidas de ambiguidade. Não deve haver dúvida alguma sobre a diferença entre *mim* e *ele*, ou entre *nós* e *eles*."[24]

Não podemos acreditar que a distinção endêmica, inata, do mundo acabará por se justificar no caso de uma confusão semiótica; não há relações "naturais" entre signos-padrão e partes do mundo; a lucidez e o caráter unívoco dos limites e linhas divisórias devem ser preservados por meios culturais. Leach apresenta o tabu como um desses meios: "O tabu inibe o reconhecimento dessas partes do continuum que separa" as categorias "nomeadas" ou, de modo mais geral, culturalmente marcadas.

Nessa última declaração, dois fenômenos analiticamente distintos, embora aparentados, foram colocados no mesmo saco. É verdade que "apreender" nomeando e empregando "gradientes de generalização" "adquiridos" e "específicos da espécie"[25] deixa partes substanciais da realidade em seu estado "prístino", pré-cultural, não nomeadas, irrelevantes e desprezadas do ponto de vista cultural. Essas partes, até que sejam processadas pelo procedimento semiótico da práxis cultural, quase não existem para os seres humanos; despercebidas, inacessíveis à práxis humana, esses não seres conceituais não podem prejudicar a regularidade da parte domesticada e assimilada, em termos culturais, do universo. Não há necessidade de "suprimi-las", nem base para o tabu; na verdade, a supressão de algo que, do ponto de vista cultural, é quase inexistente resultaria em problemas técnicos insuperáveis. "Não coisas" não constituem, nem podem constituir, o alvo do tabu. Elas fornecem, em vez disso, uma terra virgem infinitamente ampla para a futura assimilação cultural, obtida, na maioria dos casos, pela investigação e argumentação científicas.

A poderosa arma do tabu não encontra sua marca na área carente de significado conferido pela práxis, mas, ao contrário, nas regiões inspiradoras de assombro e ansiedade, sobrecarregadas de significados, em particular de significados logicamente contraditórios. A obstinada continuidade da realidade resiste a todas as tentativas de fragmentá-la em divisões nítidas e definidas; as operações de inclusão produzem, de maneira inexorável, categorias sobrepostas. Não é tanto a "terra de ninguém", e sim a "terra de homens demais" que cria a ameaça mortal à própria sobrevivência da práxis cultural. O tabu é uma tentativa de descartar significados confusos, redundantes, e não de explicar áreas desérticas culturalmente translúcidas.

A reconhecida ambiguidade do complexo atitudinal associado ao tabu é um equivalente do caráter equívoco de situações e objetos a que o tabu fornece uma resposta institucionalizada ou instintiva. O complexo une atitudes de outro modo incompatíveis: respeito e repulsa, admiração e desdém, atração e ódio, curiosidade investigativa e impulso de fuga – *abiance* e *adiance*, nos termos de Holtz.[26] O complexo atitudinal do tabu lembra o que a literatura sociológica, desde Durkheim, chamou de "sagrado"; a discriminação convincente entre as duas noções não é coisa fácil. Fica-se imaginando se o hábito persistente de debater as duas categorias em separado tem muito fundamento além da concatenação de tradições intelectuais.

As regras de exclusão-inclusão, fundamentais para manter a inteligibilidade e a significação do universo humano, fornecem o próprio foco do sagrado. Essa hipótese de que ele se origina do ato de estabelecer o tabu, promovido pelas regras de exclusão-inclusão, parece ter mais probabilidade do que a sociedade mítica de Durkheim, que erige redutos santificados para forçar seus súditos à lealdade interna.

A concentração das crenças mágicas e religiosas em alguns objetos escolhidos, de caráter peculiar, atraiu há muito tempo a curiosidade de etnógrafos e antropólogos. A conjectura de que a ambiguidade da condição existencial é um dos principais critérios na seleção de objetos a que se atribui um poder sobrenatural e misterioso não tem origem recente. Lévy-Bruhl analisou a atitude peculiar dos Maori em relação ao sangue menstrual (compartilhada, por assim dizer, por uma multiplicidade de outros povos) como originária do sinistro significado desse sangue como um ser humano inacabado e incompleto; ele poderia se transformar numa pessoa, mas não o fez, destruindo assim uma vida que ainda não nasceu; o sangue menstrual seria a manifestação exemplar da ambiguidade existencial e conceitual, como só pode ser a morte do que nunca viveu.[27] Como tal, pertence à mesma categoria de fenômenos aparentemente distantes, mas que continuam a se manifestar, como a recusa de comer carne de animais domésticos, o culto da deusa-mãe, a ansiedade suspeita provocada por pessoas marginais, o agourento *ubi leones* nos mapas das antigas *oikoumene* ("terras não habitadas"), ou o Cérbero tricéfalo que vigiava a vulnerável fronteira entre "este" mundo e o "outro".

Embora os objetos de tabu tendam a aparecer sempre que uma distinção meticulosa, fielmente observada, seja dotada de uma significação particular no curso da práxis histórica, algumas fronteiras parecem bastante sensíveis ao estabelecimento de tabus de uma forma quase universal, independente de contingências históricas; talvez elas conformem o arcabouço invariante, supra-histórico, de uma práxis humana historicamente mutável. Essas fronteiras em particular estão sempre presentes nas práticas sagradas humanas, não porque a própria realidade à sua volta seja mais fluida e menos distinta do que em outros lugares, mas porque seu caráter inequívoco é enfatizado de modo um pouco mais passional pela maioria das comunidades humanas conhecidas do que outras linhas divisórias. Leach examinou de forma convincente algumas dessas fronteiras defendidas com veemência e de maneira quase universal:

> Em primeiro lugar, as exsudações do corpo humano são universalmente objetos de um intenso tabu – em particular, fezes, urina, sêmen, sangue menstrual, chumaços de cabelo, aparas de unhas, sujeira corporal, cuspe, leite materno. Isso se encaixa na teoria. Tais substâncias são ambíguas da maneira mais fundamental. ...Fezes, urina, sêmen, e assim por diante, são ao mesmo tempo eu e não eu

– são os componentes destacáveis do "eu" fundamentalmente indivisível; quando separados, transformam-se no componente do mundo externo – pertencem aos dois lados da fronteira, e essa dualidade insuperável solapa a segurança da fronteira.

> No extremo oposto, considere-se o caso da santidade dos seres sobrenaturais. ... O fosso entre as duas categorias logicamente

distintas, este mundo/outro mundo, é preenchido pela ambiguidade do tabu. Esse fosso é superado por seres sobrenaturais de um tipo altamente ambíguo – deidades encarnadas, virgens mães, monstros sobrenaturais metade homem, metade fera. Essas criaturas marginais, ambíguas, são dotadas do poder específico de mediação entre deuses e homens. São objeto dos tabus mais intensos, mais sagrados que os próprios deuses. Num sentido objetivo, a Virgem Maria, mãe humana de Deus, é o principal objeto de devoção na Igreja católica.[28]

Bem, o próprio Jesus Cristo, cujo culto por todo o mundo cristão certamente supera o culto do Deus-Pai, tem a condição profundamente ambígua de ser filho de Deus e mãe terrena; ele próprio usava o nome nada ambíguo de "filho do homem"; a inserção da ambivalência fundamental na definição aceita coincidiu com a elevação de Cristo ao próprio topo da hierarquia sagrada.

A terceira fronteira de máxima importância estabelecida pela atividade humana no mundo é aquela entre "nós" e "eles". A supressão dos casos intermediários, ambivalentes, é condição necessária à coesão do grupo – por exemplo, à aplicação de tipos comportamentais singênicos, em oposição a tipos biocenóticos, adequados às relações com estranhos.[29] A própria existência de casos limítrofes nessa área fundamental gera uma enorme tensão entre dois conjuntos de padrões comportamentais e atitudinais incompatíveis – comparável à tensão que faz o peixe esganagato afundar a cabeça na areia quando, tendo se aproximado da fronteira territorial de seu ninho, é incapaz de escolher entre a postura belicosa do nativo, expulsando o intruso de seu lar, e a posição defensiva de um vagabundo numa terra de estranhos pouco hospitaleiros.

Observemos, nesse contexto, que a objeção suscitada por Leach à forte ênfase de Lévi-Strauss na tendência inata da cultura a estabelecer divisões do tipo "ou este ou aquele" – "não basta ter uma discriminação eu/ele, nós/eles; também precisamos de uma escala graduada perto/longe, mais como eu/menos como eu"[30] – está em óbvia contradição com o cerne de seu próprio argumento. O caráter gradual, intermediário, da condição existencial é a própria causa do terremoto conceitual-comportamental para o qual o tabu e o sagrado fornecem o remédio adequado.

A semelhança com uma escala graduada vem da possibilidade e da pronunciada tendência da conceituação cultural a organizar diversas fronteiras em sequência, ou mesmo numa série de circunferências concêntricas, cujo centro é o olho do ego: a fronteira "eu/ele", nesse sentido, é mais "estreita" que o limite "nós/eles", o qual, por sua vez, é mais estreito que a última fronteira, "este mundo/outro mundo". Muitos outros limiares serão deixados para trás, sem encontrar seu lugar nesse continuum "centrado no subjetivo" – como, por exemplo, as fronteiras entre diferentes estados e formas da matéria, que fizeram de seus transgressores (alquimistas, fundidores do ferro, ferreiros) figuras semissagradas, semimarginais. Qualquer que seja a importância do mapeamento egocentrado das divisões do mundo (elaborado, entre outros, por Alfred Schutz, em sociologia, e Kurt Lewin, em psicologia), o ato e seu produto são colocados em prática empregando-se uma série de oposições definidas do tipo este ou aquele, e essas oposições apenas constituem o foco dos tabus e do sagrado.

Caso fosse ao menos imaginável, a natureza graduada da "eudade" e da "nosdade", se de todo imaginável, solaparia o próprio alicerce da orientação humana no mundo. "Nós" jogamos uns com os outros um jogo que não é de soma zero, ou pelo menos tentamos ou fingimos fazê-lo, enquanto com "eles" o jogo de soma zero é o que se deve esperar e desejar. "Nós" compartilhamos o mesmo destino, ficamos ricos ou pobres juntos, enquanto "eles" vicejam em nossa calamidade e se magoam com nosso sucesso. Espera-se de "nós" que ajudemos uns aos outros, enquanto "eles" ficam à espreita de nossos deslizes. "Nós" entendemos uns aos outros, temos os mesmos sentimentos e pensamentos, enquanto "eles" são impenetráveis, incompreensíveis, sinistros.

As fronteiras do "grupo nós" – a verdade articulada pelo menos desde Sumner – delineiam os limites de nossa segurança intelectual e emocional, e fornecem o arcabouço em que é possível abrigar nossas lealdades, nossos direitos e deveres. Aqui dentro a ordem é conhecida, previsível e administrável. Lá fora, tudo é escuridão e incerteza. Ainda assim, se as fronteiras entre "aqui" e "lá" são assinaladas de forma clara e sem margem de erro, o "grupo nós" pode desempenhar-se razoavelmente bem mesmo na vizinhança do "eles". O grupo, de fato, teria inventado "eles" se estes não existissem. Qualquer "grupo nós" precisa de seu próprio "eles" como complemento indispensável e instrumento de autodefinição. "Eles" são, de seu modo peculiar, úteis, funcionais e, portanto, toleráveis, quando não desejáveis. Mas não se pode pensar num uso benéfico que o "grupo nós" possa fazer de seus "de dentro-de-fora" que não deixe os homens aqui ou lá.

Ian Hogbin fala-nos de um dono de armazém Busama, Yakob, que fingia ser um respeitável empresário de tipo europeu, embora radicado em sua aldeia nativa:

> As pessoas desaprovavam-no tão intensamente que sempre me xingavam por falar com ele. Não se mostravam indignadas quando eu passava uma hora ou duas ao lado de animais, mas costumavam criticar-me com severidade quando eu comprava dele um maço de cigarros. "Ele é um negro que se comporta como se fosse branco, e você não deveria encorajá-lo", diziam-me.[31]

Numa cultura totalmente diferente, a dos Estados Unidos na era do macartismo, um professor universitário, Morton Grodzins, explicitou a odiosa vilania dos "Yakob" políticos, os desleais:

> As lealdades fornecem [ao indivíduo] uma parte da estrutura sobre a qual ele pode organizar sua experiência. Na ausência dessa estrutura, ele não conseguiria produzir respostas fáceis, habituais. Seria confrontado pela tarefa interminável e desesperadamente complicada de tomar novas decisões a cada momento da vida. Logo degeneraria em inconsistências extravagantes e aleatórias, ou num estado de confusão e indecisão, condições que se fundem na insanidade.[32]

Os nomes dados aos marginais flutuam de uma época para outra, de uma sociedade para outra; refletem seleções singulares de conceitos e imagens, historicamente forjadas, típicas de dado código cultural em uma época determinada. Às vezes as pessoas apontadas como ambíguas, e portanto marginais, são chamadas de bruxas ou feiticeiras: "Os feiticeiros e seus acusadores", escreveu Philip Mayer, "são indivíduos que deveriam gostar uns dos outros, mas de fato não gostam. ... O feiticeiro é essencialmente um inimigo oculto, mas um amigo aparente." O que é mais importante, "os feiticeiros voltam-se contra seus vizinhos e parentes; não ameaçam estranhos nem pessoas distantes",[33] embora, de modo curioso, acredite-se que eles sejam cheios de um poder maligno emanado, por assim dizer, de tudo à sua volta, de forma cega e espontânea. No arcabouço da cosmologia aceita, a "vitimização", que Kenneth Burke considera o concomitante indispensável da coesão social,[34] materializava-se na imagem dos feiticeiros. Mas a cosmologia só fornecia os veículos para a operação de uma regra que transcendia toda ideologia específica. Como disse Aldous Huxley:

> Na cristandade da Idade Média e do início da era moderna, a situação dos mágicos e seus clientes era quase análoga à dos judeus sob Hitler, dos capitalistas sob Stálin, dos comunistas e seus simpatizantes nos Estados Unidos. Eram vistos como agentes de uma potência estrangeira, impatrióticos na melhor das hipóteses e, na pior, traidores, hereges, inimigos do povo. A morte era a penalidade adequada a esses quislings* metafísicos do passado; e, na maior parte do mundo contemporâneo, a morte é a penalidade que aguarda os adoradores do diabo políticos e seculares conhecidos aqui como vermelhos, lá como reacionários. ... Tais padrões de comportamento são anteriores às crenças que, em qualquer momento dado, parecem motivá-los, e a elas sobrevivem. Poucas pessoas hoje acreditam no

---

* Referência ao dinamarquês Vidkun Quisling, que em 1940 se aliou aos invasores alemães, sendo por isso considerado o protótipo do traidor da pátria. (N.T.)

diabo; mas muitíssimas gostam de se comportar como faziam seus ancestrais quando o demônio era uma realidade tão inquestionável quanto seu oposto.[35]

O verdadeiro alvo desses "muitíssimos" é a área agourenta, maligna, em que o "aqui" encontra o "lá", o "dentro" encontra o "fora" e o "certo" encontra o "errado". Os marginais são alternadamente odiados e dotados de poderes sobre-humanos porque encarnam essa fonte perene do mais intenso e pungente dos medos humanos.

O conceito de marginalidade já tem uma longa e impressionante história intelectual. Na forma anglo-saxã, provavelmente é descendente direto de *"der Fremde"*, o conceito a que dois grandes intelectuais – cujas próprias vidas oferecem um caso-padrão para os estudiosos da marginalidade e de seu papel sociocultural – atribuíram lugar de destaque em seu sistema de ciência social (Georg Simmel, em *Soziologie*, 1908, e Robert Michels, em *Der Patriotismus*, 1929). Para ambos, *"der Fremde"* ("o estranho", não "o estrangeiro" nem "o forasteiro", era o "forasteiro inato", o "intruso interno" que os fascinava como tema sociológico fundamental) era uma das *"zeitlose soziale Formen"* (forma social sem tempo). Para Michels, em 1929, numa notável antevisão de descobertas muito posteriores, feitas na década de 1960, a grande importância do estranho consistia em ser "o representante do desconhecido. Este desconhecido significa ausência de associação, que vai da antipatia ao medo. Um ditado holandês diz: 'O desconhecido não é querido' (*onbeked maakt onbemind*). A xenofobia surge do sentimento de diferença, isto é, da falta de ligação entre os dois ambientes."[36]

Tanto para Simmel quanto para Michels, o problema do estranho significava, em primeiro lugar, sua vulnerabilidade, a precária fragilidade de sua condição na comunidade, assim como o impacto de sua fraqueza nas atitudes e no comportamento em relação ao estranho do grupo responsável por colocá-lo em seu nicho peculiar. Mas, ao mesmo tempo, o papel iconoclástico, sacrílego, do estranho fora cada vez mais enfatizado. O estranho, diria Alfred Schutz, comete o imperdoável pecado de solapar a *Weltanschauung* relativamente natural de Scheler, aquela que "assume, para os membros do grupo de dentro, a aparência de uma coerência, uma clareza e uma consistência *suficientes* para dar a qualquer pessoa uma chance razoável de compreender e ser compreendida". A ofensa do estranho consiste no fato de ele "não compartilhar ... pressupostos básicos [e] ter de colocar em questão quase tudo que parece inquestionável para os membros do grupo considerado".[37]

A raiz suprema da ameaça representada pelo estranho está, portanto, um pouco deslocada; ela se encontra agora em sua tendência a fazer perguntas bizarras que não ocorreriam a uma pessoa "normal", a contestar as próprias distinções que, para as pessoas "comuns", são atributos do universo em si, e não de suas visões de mundo. A própria existência do estranho não apenas obscurece a desejada clareza da divisão nós-eles; o estranho, como se não bastasse o primeiro crime, torna-se, quer queira, quer não, o epicentro de um terremoto total, pois tende a desafiar não só uma, mas todas as distinções que tornam o mundo inteligível.

A palavra "estranhos" transforma-se no nome de um tipo de comportamento, e não uma forma de condição existencial. Uma pessoa a quem a *Weltanschauung* relativamente natural do grupo a que ela pertence fisicamente (mas nem sempre em termos mentais) "não é um abrigo, mas um campo de aventura",[38] tem uma semelhança impressionante com o intelectual franco-atirador, indeciso, mannheimiano, esse "desmascarador, detector de mentiras e ideologias, relativizador e desvalorizador do pensamento imanente, desintegrador de *Weltanschauungen*".[39] A vitimização, preservando a coesão da comunidade e sempre pairando sobre perigosas terras de fronteira, é vista aqui como se estivesse concentrada em torno de um fenômeno muito mais amplo do que grupos de fronteira ambíguos em termos existenciais; ela recai sobre todos que ousam questionar o caráter "natural", supra-humano, definitivo da ordem imposta sobre e pela práxis comum.

Vale notar que os estudiosos que lidam com o fenômeno da marginalidade muitas vezes caem na armadilha dos preconceitos populares: a crença bastante arraigada de que ultrapassar as fronteiras de domínios existencialmente distintos atesta o poder sobre-humano do transgressor; o ato de transpor limites, entrando em territórios que não são próprios – talvez moldado segundo a imagem de senso comum, arquetípica, da violação da oposição primordial entre macho e fêmea –, é visto como a principal medida de perspicácia, destreza e potência dinâmica do transgressor.

Os cientistas, longe de estar imunes às mandalas quase arquetípicas, poucas vezes tiveram êxito em varrer os vestígios do respeito supersticioso pelos vagabundos sem-teto culturais. Foi o grande Gilbert Murray quem atribuiu a milagrosa erupção de criatividade helênica à marginalidade endêmica dos conquistadores nórdicos do Egeu.[40] Sociólogos da Escola de Chicago costumavam ficar quase emocionados com o seu próprio esquema do "tipo de personalidade marginal". O marginal humano – dizia a história contada por Robert Park – "vive em dois mundos, e em ambos é mais ou menos um estranho". Por essa razão, sua personalidade tende a levá-lo à "instabilidade espiritual, à intensificação da autoconsciência, à inquietação e à doença". Até aqui caminhamos nos limites do discurso empírico. Mas de repente nos pedem para saltar até uma conclusão inesperada: "É na mente do homem marginal ... que podemos estudar melhor os processos de civilização e progresso."[41]

Seguindo essa receita, Peter Gay atribuiu o meteórico surto de criatividade cultural da República de Weimar à inquietação de alguns outsiders que por acaso se encontravam do lado de dentro.[42] É difícil subestimar a surpreendente afinidade entre a crença persistente na potência artística dos híbridos culturais e a fé também persistente nas insuperáveis proezas sexuais do negro *americano*; ou, nesse sentido, na astúcia supranatural desses perenes marginais, os judeus, e no conhecimento mágico dos ciganos.

No estudo mais abrangente sobre os marginais até hoje publicado, Everett V. Stonequist expressa compaixão e piedade apenas pelos "híbridos raciais". Ao mesmo tempo, reconhece com respeito o papel-chave supostamente desempenhado pelos "híbridos culturais" de impulsionar o progresso da humanidade:

> Graças à sua situação intermediária, o homem marginal torna-se um crítico hábil e preciso do grupo dominante e sua cultura. Isso porque combina o conhecimento e a compreensão de quem está dentro com a atitude crítica de quem está fora. ... Ele é hábil em observar as contradições e a "hipocrisia" da cultura dominante. O fosso entre suas pretensões morais e suas realizações concretas é algo que lhe salta aos olhos.[43]

A rocha catapultada contra os "intelectuais desarraigados", com a intenção de matar e destruir, fora recolhida, remodelada e transmutada em cetro de poder único e benevolente. O ânimo autocongratulatório, sendo o exato oposto do temor popular, encontra sua última e maior expressão na linguagem de Karl Mannheim com sua "perspectiva cognitiva privilegiada". Os intelectuais deviam ter orgulho de se ver livres da *groepsbewussyn* (consciência do grupo), traço definidor de um ser humano para os africâneres; é por causa desse suposto handicap que eles podem desrespeitar as lealdades paroquiais de nações, comunidades, classes, raças. E quem é poderoso o bastante para atravessar fronteiras terrestres, sem dúvida é capaz de conversar com o absoluto.

Kathleen Tamagawa, por exemplo, nos conta o que é de fato ser um marginal:

> Os fatos foram estes: nos Estados Unidos, eu era japonesa. No Japão, eu era americana. Eu tinha um pai oriental que desejava viver como um ocidental e uma mãe irlandesa que desejava viver como uma japonesa. ... Comecei a perceber que as pessoas pensavam em termos de grupos, sociedades, nações e raças inteiras, e que todos pensavam de forma diferente. O não aceito, o inesperado, como eu, deve permanecer para sempre fora de tudo isso. ... Seria eu uma boneca japonesa ou uma ameaça?[44]

Por trás da história deprimente de um self dividido e atormentado espreita o ritual de tabu de comunidades ávidas por preservar seus limites territoriais dos intrusos que incansavelmente fincam suas tendas entre as rochas da fronteira. Governadas pela onipresente lei do menor esforço,[45] as mentes humanas tendem a submeter sua práxis a preceitos simples, diretos, do tipo este ou aquele. Mas o sucesso da dicotomização implica a supressão do centro. Em 1954, um grupo de cientistas sociais americanos relacionou diversos artifícios usados por grupos fechados para garantir suas fronteiras:

> Iniciações rituais intragrupos; cerimônias de limpeza para reapresentar um membro do grupo de dentro à sua sociedade após uma ausência; atividades secretas só para integrantes do grupo de dentro; cerimônias de localização na terra natal; cultivo de conceitos de autodefinição, como etnocentrismo ou racismo; designação de agentes de contato ou "manipuladores" de forasteiros; grande valorização da língua ou dialeto do grupo; instituição de barreiras jurídicas.[46]

Por outro lado, Florian Znaniecki, em seu estudo sobre a sociologia da educação, assinalou as muitas precauções e os expedientes com que qualquer grupo justifica sua decisão de conceder a um recém-chegado o título de "membro pleno" – e em particular os cuidadosos rituais do período de transição, em que o "candidato" é mantido a uma distância segura e ao mesmo tempo sob estrita vigilância.[47] Está claro que há um denominador comum a toda essa engenhosa variedade de meios e formas: a tendência do grupo a dividir o mundo nítida e claramente em duas partes, e apenas duas, de modo a não dar margem a situações intermediárias, confusões e interpretações conflitantes. Alguns poucos exemplos bastam para mostrar como essa tendência apresenta-se quando em ação.

Os Nuer, como nos revelou Evans-Pritchard, haviam decidido que seus monstros-crianças de aparência animal eram hipopótamos colocados por engano no ventre humano; essa decisão habilitava-os a jogar os bebês de aparência estranha no rio mais próximo, onde viviam seus verdadeiros parentes, os hipopótamos.

Os judeus seguidores da tradição, desejosos de manter seu grupo bem-definido e limpo, eliminaram o próprio perigo que poderiam representar os monstros metade judeus; resolveram que os filhos de pais gentios são judeus, se nascidos de mãe judia, mas os descendentes de mães gentias são gentios, seja quem for o pai. Explicando por que essa herança do gueto deveria ser adotada e cristalizada pela lei do Estado, o primeiro-ministro de Israel afirmou que "a permissão para casamentos mistos não será concedida por este país". Trinta e cinco anos antes, em 15 de setembro de 1935, as autoridades de um país muito civilizado da Europa Central decidiram, por motivos ideologicamente opostos, mas idênticos do ponto de vista estrutural, que "quaisquer casamentos entre judeus e cidadãos de sangue alemão ou aparentado de hoje em diante estão proibidos. Os casamentos realizados em desrespeito a esta lei são inválidos, mesmo que celebrados no estrangeiro, como forma de contorná-la".[48]

A maneira de resolver o desagradável problema da marginalidade dificilmente se limita a uma tradição cultural ou a um período histórico específicos. Na Europa, suas diversas versões podem ser encontradas em quase todas as épocas. Na Idade Média, por exemplo, era um inabalável artigo de fé que, "embora, num sentido ideal aristotélico, cada forma estivesse em luta para se aperfeiçoar, o processo de aprimoramento (se de fato envolvesse movimento ou mudança no sentido terreno) só teve lugar no interior das fronteiras conceituais de cada categoria da escala, e não de uma categoria para outra". Por assim dizer, "a transmissão vertical de características durante 'trechos' do tempo (a manutenção da tradição como seu produto final, a uniformidade culturo-temporal) era universalmente considerada boa. ... Por outro lado, a difusão propriamente dita, ou a transmissão lateral, horizontal e terrena da cultura, era considerada má".[49]

Essa visão do mundo simétrica, coerente, tinha sua contrapartida, na práxis, em corporações simétricas, coerentes, em que qualidades reciprocamente contrastantes eram fechadas de modo hermético, sem a menor tendência à osmose. À medida que todos se ligavam de boa vontade a seu próprio lugar, ninguém se sentia perturbado com a esquisitice dos outros. O resultado da coesão quase perfeita atingida pela práxis foi a peculiar cegueira cultural que deu fama à Idade Média, a misteriosa imunidade que fez com que os peregrinos ao Santo Sepulcro ignorassem o caráter estranho dos modos de vida com que travaram contato ao viajar por terras estranhas; isso fez a Europa olhar com equanimidade bovina as estranhas criaturas trazidas por Colombo da outra costa do Atlântico; e inspirou a elite intelectual da época a condenar a excessiva sensibilidade diante dos modos dos forasteiros como *turpis curiositas*.

Com o advento do mundo moderno, em constante mudança, muito instável, a perpétua estabilidade dos tipos não podia mais ser considerada um dado, nem era suficiente para afastar os poucos desvios com a ajuda de breves preceitos morais. A regularidade do mundo humano, longe de estar garantida de maneira automática, tornou-se uma questão de preocupação contínua e ativa. A proximidade física dos outros agora adquiria características ameaçadoras quando combinada com a osmose cultural e a nova e apreensiva consciência da mutabilidade e do poder transmutacional das formas.

Embora os judeus fossem temidos e desprezados na Idade Média (sempre houve uma marginalidade embutida no fato de ser judeu no mundo cristão: infiéis autores de pelo menos metade das Sagradas Escrituras; parentes e assassinos de Deus; pais do sagrado, rejeitando sua prole e por ela rejeitados), só a decadência da ordem medieval transformou o *Judengasse* (bairro judeu), símbolo do privilégio e da autonomia corporativa, desejado acima de tudo pelos próprios judeus e concedido a seu pedido, no confinamento de um gueto murado, que teve início em Roma, em 1555, por obra do papa Paulo IV.[50]

Raymond Aron expressou a opinião de que o antissemitismo – um fenômeno moderno stricto sensu – surgiu em conexão com a coincidência entre os judeus que deixaram seu isolamento e o advento da modernidade; todos que tinham motivos para temer a mudança e se sentiam ameaçados pela gradual corrosão do que antes era a ordem confiável, majestosamente imutável, podiam transformar essa ansiedade numa arma apontada para as pessoas que, por sua recente marginalidade, refletiam de modo mais amplo o advento do caos.

A súbita torrente de caça às bruxas, estranhamente fora de lugar na era do racionalismo beligerante e do triunfante progresso da ciência empírica (a evidente contradição que Trevor-Roper trouxe a público de forma tão adequada), se torna inteligível quando situada no mesmo cenário de total e intensa ansiedade enraizada na decadência da ordem habitual.

De modo semelhante, a entrada de paquistaneses e caribenhos nas Ilhas Britânicas coincidiu com o desaparecimento do poder imperial, que, para muitos britânicos, funcionava como matéria-prima a partir da qual era possível construir a percepção de uma ordem segura. Talvez se tenha consolidado uma tendência a concentrar em caribenhos e asiáticos o poder assustador do "inimigo invisível", que torna o perigo para o futuro da Grã-Bretanha maior hoje que "nos anos em que a Alemanha imperial construía couraçados, ou do rearmamento nazista".[51]

O século XIX testemunhou inúmeras tentativas de evitar que a híbrida modernidade solapasse a construção harmoniosa do universo humano. O valor e o significado verdadeiros dessa tendência só se tornam acessíveis se voltamos nosso olhar, das tolices lamentavelmente "científicas" de um Gobineau ou de um Houston Chamberlain, para as declarações das pessoas que estabeleceram o padrão do clima intelectual predominante.

Madison Grant, por exemplo, ao afirmar com todas as letras que "o cruzamento entre um branco e um indiano produz um indiano, o cruzamento de um branco com um hindu é um hindu, e o cruzamento entre qualquer uma dessas raças europeias e um judeu é um judeu",[52] era muito mais representativo da vontade popular de restauração da univocalidade do que os excessos dos pais das teorias raciais modernas. Na verdade, Grant estava alinhado com o folclore intelectual de sua época. Os doutos membros da Sociedade Antropológica de Londres, num debate realizado em 1865, estabeleceram algumas premissas simples que, segundo Fred Plog e Paul Bohannan, diziam o seguinte: "Se 'nativos' se tornam 'civilizados', esse fato pode ser atribuído a ancestrais 'civilizados' (talvez ilegítimos); a mistura pode ser 'nominal' ou puramente superficial." Uma vez que a mistura real, genuína, das essências "nativa" e "civilizada" só pode produzir um monstro, "eles parecem imitar e manter todos os vícios dos brancos, mas poucas de suas virtudes. ... Falando claramente, descobri que toda negra cristã era uma prostituta, e que todo negro cristão era um ladrão".[53]

O monstro sinistro e aterrorizante de todas as ambiguidades é, contudo, um monstro oculto – do tipo que as pessoas talvez não consigam localizar a tempo. Era isso que preocupava um cruzado antissemita francês, Édouard Drumont: "É fácil avaliar que os judeus que não se distinguem por seus costumes são muito mais eficazes por serem menos visíveis. No serviço público, na diplomacia, nos escritórios dos jornais conservadores, mesmo sob a batina de um sacerdote, eles vivem sem provocar suspeitas."[54]

A solução mais eficaz, embora mais simples, seria, claro, marcar de forma evidente as perigosas áreas de ambiguidade. Já em 1815 Christian Friedrich Rühs propôs que "essas pessoas de todo mundo a quem os homens... chamam de judeus" (expressão cunhada por Ernst Moritz Arndt) deveriam usar uma estrela amarela costurada na roupa.[55] A ideia seria aperfeiçoada pelos legisladores nazistas, os quais decretaram que a estrela de Davi deveria ser afixada tanto às roupas dos judeus quanto às entradas de suas casas, e tornaram obrigatório o acréscimo de Israel e Sara aos nomes de homens e mulheres judeus.

O método parece infalível, porém não é o mais conveniente e nem sempre praticável. A alternativa é uma espécie de "marcação psicológica", que consiste em cultivar de forma deliberada – na verdade, levando a proporções histéricas – o medo instintivo da ambiguidade. Há um provérbio que diz que o medo tem olhos grandes; o método consiste em torná-los os maiores possíveis. Pode-se fazer muito menos mal colocando no ostracismo pessoas injustamente suspeitas do que deixando de reconhecer um inimigo disfarçado. Se as pessoas não podem usar luzes de advertência, muitas vezes se contentam com feixes direcionais de busca.

> A *natureza* de uma víbora é rastejar, ter pele escamosa, dentes côncavos e móveis que exsudam uma peçonha venenosa; e a natureza do homem é ser um animal cognitivo, religioso e sociável. Toda a experiência nos ensina isso; e, pelo que eu saiba, nada desmentiu essa experiência. Se alguém deseja provar que a natureza da víbora é ter asas e voz suave, e a de um castor, viver sozinho no topo da montanha mais elevada, cabe a ele prová-lo.[56]

Quem ignora essa advertência e não se convence do tremendo poder da "natureza" – que acabará cobrando seus direitos – é informado da experiência angustiante de um duque francês que "se casara com uma Rothschild apesar das lágrimas de sua mãe. Ele chamou seu filhinho, tirou do bolso um luís de ouro e mostrou-lhe. Os olhos da criança se arregalaram. 'Veja você', continuou o duque, 'o instinto semita se revela prontamente.'"[57] Normas político-morais ("deve-se ficar com sua própria gente") e a propensão cognitiva ao estereótipo, além dos mitos, colaboram para manter livres de transgressores as fronteiras vitais do universo humano.

A srta. Hazel E. Barnes, tradutora americana de *L'Être et le néant*, escolheu de modo adequado o termo *slimy* ("lodoso") como equivalente inglês do famoso *le visqueux* sartriano. A última edição do *Webster's New International Dictionary* diz que a palavra significa "viscoso, pegajoso", mas acrescenta seus outros significados: "vil, ofensivo, vulgar". Dificilmente encontraríamos outro termo em que a imagem de uma substância amorfa, gelatinosa e gotejante se fundisse de modo tão pleno e preciso ao sentimento de enojada repulsa:

> Se o objeto que tenho nas mãos é sólido, posso deixá-lo cair quando quiser; sua inércia é para mim o símbolo de meu poder absoluto. ...

Mas eis aqui a viscosa reversão dos termos; o para-si é subitamente *comprometido*, eu abro as mãos, quero que o viscoso se vá, e ele se gruda em mim, me atrai, me suga. ... Não sou mais o senhor que *detém* o processo de apropriação. Ele continua. Em certo sentido, é como a suprema docilidade do possuído, a fidelidade de um cão que *se dá a si mesmo* ainda que não seja mais desejado; em outro sentido, existe por baixo dessa docilidade uma apropriação subreptícia do possuidor pelo possuído.[58]

Essa é uma "possessão venenosa"; "o viscoso é como o líquido visto num pesadelo, em que todas as suas propriedades são animadas por um tipo de vida e se voltam contra mim." É um pesadelo porque "tocar no viscoso é correr o risco de se dissolver na viscosidade". A armadilha do visco está em sua fluidez; "essencialmente ambíguo", sem dúvida, "aberrante", "imitação da liquidez". Seu modo de ser é traiçoeiro, ávido, cobiçoso, e é por isso que, "enquanto durar o contato com o visco, tudo se passará para nós como se a viscosidade fosse o significado do mundo todo ou o único modo de ser do ser-para-si".

Percorremos um longo caminho desde a tentativa de Frazer para explicar a crença primitiva nas qualidades mágicas das fezes, do sangue menstrual ou das aparas de unhas e de cabelo por referência à lógica aberrante da magia que supostamente dominou o pensamento primitivo até ser superada pela modernidade triunfante. O que antes nos parecia uma deficiência deplorável da mente imatura, que acabaria recuando com pouca resistência diante da força da razão moderna, nós agora vemos como exemplo – claro, já que estranho – de uma regra bem mais geral da práxis humana, cuja esfera de ação se estende muito além do domínio da cultura "primitiva". Esse aspecto foi ampla e lucidamente explorado por Mary Douglas:

> Quando refletimos honestamente sobre a forma diligente como executamos as tarefas de limpar e esfregar, sabemos que nossa maior preocupação não é tentar evitar a doença. Estamos separando, estabelecendo fronteiras, dando visibilidade a declarações

sobre o lar que pretendemos criar a partir de nossa casa material. Se guardamos o material de limpeza do banheiro longe do material de limpeza da cozinha, mandamos os homens para o lavatório do andar de baixo e as mulheres para o de cima, estamos fazendo essencialmente o mesmo que a esposa bosquímana quando chega a um novo acampamento. Ela escolhe onde vai instalar sua fogueira e depois finca uma vareta no chão. Isso orienta a fogueira e lhe dá um lado direito e um esquerdo. Assim, o lar é dividido em áreas masculina e feminina. ... A diferença entre nós não é que nosso comportamento se baseia na ciência e o deles no simbolismo. Nosso comportamento também tem um significado simbólico. A verdadeira diferença é que não transportamos de um contexto para outro o mesmo conjunto de símbolos cada vez mais poderosos; nossa experiência é fragmentada. Nossos rituais criam um monte de pequenos subsímbolos sem relação entre si. Os deles criam um universo só, simbolicamente coerente.[59]

A diferença é entre dois tipos de estrutura social, não entre duas diferentes estruturas da práxis humana. Em ambas há a mesma truculência endêmica contra o viscoso, a mesma eficácia e coerência em impor ao mundo circundante o que pode passar por uma ordem humana. Somente num caso o "mundo circundante" é pequeno e confortável o bastante para ser abrangido por um só conjunto de artifícios regulatórios; no outro ele consiste em muitos planos intercruzados, cada qual levando uma vida parcialmente autônoma e oferecendo campos semânticos também em parte autônomos para ancorar os significados. Uma multiplicidade de códigos simbólicos, em vez de um código coerente e unificado; mas o procedimento de significar e decifrar signos continua mais ou menos o mesmo.

Mary Douglas é uma durkheimiana enérgica e fiel, ao menos em *Pureza e perigo*; ela acredita com firmeza que, na sociedade, *nihil est in sensu, quod non prius fuerit* ("nada está nos sentidos que aí já não estivesse"). A estranha persistência com que os seres humanos de todas as épocas enfrentam a desordem em seus lares e nas vulneráveis áreas adjacentes a seus corpos é responsável –

postula ela – pelos requisitos perenes da solidariedade societária. É a "sociedade" que se esforça por sobreviver, ou seja, por manter sua estrutura intacta, ou forçar as pessoas a respeitá-la com seu comportamento, trazendo a mensagem para seus lares por meio de uma série de batalhas simbólicas, ritualísticas, contra a desordem em si.

Não haveria motivo para as pessoas temerem a desordem se ela não fosse uma desordem "societária"; na verdade, elas dificilmente identificariam qualquer arranjo como algo "desordenado" se o único "objetivo" da desordem – uma violação da estrutura social – não fosse um exercício simbólico de limpeza. Cortar as unhas só é um evento ameaçador, que inspira medo, porque simboliza a transgressão das fronteiras do grupo. Diríamos que há um sistema semiótico que transforma defecar privadamente num *signifiant* do *signifié* de defender a estratificação social. "Não podemos, talvez, interpretar os rituais referentes a excrementos, leite materno, saliva e todo o resto, a menos que estejamos preparados para enxergar no corpo um símbolo da sociedade, e para ver os poderes e perigos creditados à estrutura social reproduzidos, em menor escala, no corpo humano."[60] A ubíqua metáfora de Menênio Agripa é realmente imortal.

Seria difícil, contudo, imaginar como a sociedade (ou de fato qualquer tipo de rede regulada de relações humanas) seria possível se não houvesse uma propensão a regular a práxis incrustada nos animais humanos. Pode-se traçar uma linha longa e quase contínua dos animais inferiores até o homem, delineada pela natureza mutável do processo adaptativo organismo-ambiente.

Essa linha tem um paralelo no plano das qualidades mentais, ou seja, da inteligência: "As funções mais generalizadas do organismo", diz Piaget, "organização, adaptação e assimilação, são todas reencontradas quando nos voltamos para o domínio cognitivo, onde elas desempenham o mesmo papel essencial."[61] As duas estruturas – de adaptação corporal e das operações da inteligência – são de fato isomórficas, já que a substância da inteligência, que implica tanto o repertório instintivo, hereditario quanto o insumo do aprendizado, não passa do processo de adaptação assimilatório-acomodatício realizado sem mudanças "materiais" e irreversíveis no ambiente e sem alteração orgânica do corpo em adaptação.

A ampliação da capacidade operativa do organismo no processo de evolução parecia vir acompanhada de uma mudança consistente na composição da inteligência. A transformação ocorria em pelo menos duas dimensões: (a) aumento do número de oposições que o organismo é capaz de distinguir significativamente, ou seja, como outorgantes de modos distintos de comportamento; (b) reforço relativo do papel desempenhado pelas discriminações comportamentais aprendidas por ontogênese, em comparação com o repertório instintivo da espécie. Em ambas as dimensões o processo alcançou o auge na espécie humana. Mas as duas tendências de desenvolvimento, caso combinadas, produzem tanto a necessidade quanto a capacidade de suplementar (ou, de fato, de substituir) a ordem natural com uma ordem artificial.

Quanto mais oposições um organismo é capaz de distinguir significativamente, mais "rico" se torna seu ambiente assimilado, e mais evoluída fica a correspondente estrutura interna de organização; mas o organismo é menos tolerante a oscilações, mesmo que sutis, de seu estado ambiental. Os vermes, que distinguem poucas oposições, muito genéricas, como seco-úmido ou claro-escuro, podem sobreviver a uma série bem ampla de revoluções ambientais sem alteração notável de estrutura; de certa maneira, do ponto de vista da espécie, são "perfeitamente adaptados" a um espectro quase ilimitado de condições bastante diversas.

Essa situação confortável e estável, contudo, muda de forma drástica com o aumento gradual do número de oposições cognitivamente acessíveis correspondentes a padrões comportamentais diversificados. O organismo torna-se mais seletivo em relação à gama de ambientes disponíveis, e, aos poucos, é menos tolerante a suas flutuações; a maior dependência em relação ao ambiente instável caminha emparelhada com o ganho em termos de flexibilidade comportamental. Quanto mais "específica" for a adaptação da espécie quanto à biologia, menos provável será a resposta evolutiva oposta a um novo conjunto de demandas ambientais.

Em suma, o organismo mais rico em termos cognitivos e comportamentais tem uma capacidade de sobrevivência reduzida. Só há uma forma de compensar essa desvantagem paradoxal: passando o foco da adaptação da espécie para o indivíduo, do instinto para o aprendizado. Todavia, mesmo o poderoso instrumento do aprendizado (tornar-se sensível a novas oposições semióticas e fazê-las significativas, ou seja, fixar-lhes os padrões opostos de resposta) teria um valor adaptativo apenas limitado, ainda confinado a um tipo único (embora amplamente concebido) de ambiente ao qual a espécie se ajusta em termos sensoriais e de impulsos.

O genuíno "aumento das possibilidades adquiridas pelo organismo no curso da evolução", em que Piaget, seguindo Rensch, vê a melhor forma de avaliação do progresso evolutivo,[62] só se torna possível se a capacidade de aprender for suplementada pela crescente capacidade da espécie de manter o ambiente (agora incomparavelmente mais rico em seu significado, e portanto menos capaz de permanecer "estável" por si mesmo) dentro dos parâmetros que delineiam as fronteiras de sua adaptação evolutiva. A otimização das condições de vida numa espécie sensível, rica em termos semióticos e diversificada da perspectiva comportamental, só pode ser alcançada, se é que pode, pela criação ativa de um ambiente estabilizado artificialmente (isto é, com a atividade da espécie). Em outras palavras, ela exige uma práxis reguladora. A práxis humana, com suas regras generativas funcionalmente inevitáveis, parece ser um pré-requisito da sociedade humana, mais que seu artefato motivado do ponto de vista simbólico.

Fezes e sangue menstrual, pedaços de unhas e chumaços de cabelo não precisam simbolizar conflitos de rua nem golpes de Estado para se tornar perturbadores, misteriosos ou mesmo aterrorizantes. São o que são para nós – quase instintivamente – graças à sua condição semiótica "viscosa". Seu lugar não é aqui nem ali; eles ultrapassam a fronteira cuja ambiguidade é o próprio alicerce da ordem. Compartilham essa qualidade traiçoeira com raposas ou camundongos, cujo lugar é a "selva", mas que nos impingem sua comensalidade; ou com os estranhos, que tentam conciliar o inconciliável, forasteiros e nativos ao mesmo tempo. Sua "viscosidade" pouco tem a ver com sua substância; ao contrário do visco "natural", é produto da práxis humana. A qualidade da "viscosidade" preenche as áreas sobrepostas das distinções criadas pelo homem, embora sem dúvida num grau variável. Nisso, no sentido semiótico e não como símbolos, o visco tem como origem a atividade da sociedade. Ou, mais precisamente, a práxis regulatória humana.

Um exemplo esclarecedor da qualidade endêmica da práxis humana de gerar visco foi analisado em profundidade por Leach num estudo clássico intitulado "Magical hair". Se um estilo de penteado peculiar é escolhido para significar o status social de um indivíduo (como um signo discriminador entre esta e todas as outras partes da estrutura social), então a pessoa *com* esse penteado pertence a uma categoria diferente (definida por um conjunto distinto de direitos e deveres) que alguém sem o penteado. Mas então o procedimento de criar o penteado, que envolve cortar o cabelo, é um poderoso ato criador que confere à pessoa sua nova qualidade definidora. Assim, os chumaços de cabelo, além de sua viscosidade "natural", adquirem outra, gerada pela práxis, e seus poderes se ampliam e intensificam. Sustentam-se não apenas sobre os dois lados da fronteira quase pré-cultural entre "mim" e "não mim"; estão dos dois lados de uma muralha intransponível, destinada a manter separadas duas posições sociais distintas. "O ato da separação ... não apenas cria duas categorias de pessoas, mas também uma terceira entidade, a coisa que é ritualmente separada."[63]

Poderíamos dizer que essa condição é tão insustentável como a do sangue menstrual, embora o padrão tenha se invertido: se o sangue não tivesse escorrido, um novo ser humano teria nascido; se o cabelo não fosse cortado, a pessoa permaneceria em sua condição anterior. Sangue menstrual significa a morte do nascituro; o corte de cabelo ritual significa renascer da morte. A magia dos chumaços de cabelo recai na mesma categoria da mística do "honrar o uniforme", do desdém pelo "novo-rico" e da admiração, ancorada no medo, que provocam os agentes duplos.

Antes da percepção humana da viscosidade existe, portanto, a práxis. A relação entre ambas oferece um projeto amplo e multidimensional do que parece ser a promessa de uma pesquisa frutífera, rica em descobertas significativas. A perspectiva que advogamos sugere, em parte, a reorganização de numerosas descobertas adquiridas sob outros arcabouços analíticos; em parte, contudo, ela exige o estabelecimento de um projeto totalmente novo. Nos dois casos, a tarefa ultrapassa o limitado volume deste estudo. Só se pode esboçar o que deve ser feito em linhas amplas e gerais.

1) A primeira dimensão da relação que se procura pode ser condensada na ideia de "densidade cultural". Como bem sabemos, cada cultura é relativamente rica em distinções finas e sutis em uma parte de seu campo cognitivo, embora relativamente pobre nas demais. As áreas de particular concentração de oposições significativas, em que até as menores nuances são observadas e assinaladas, sem dúvida constituem o cerne do tipo de práxis determinado. Algumas dessas áreas não podem ter sua origem facilmente atribuída à tecnologia da sobrevivência biológica; ao que parece, quanto mais é assim, mais próxima está a sociedade em questão do nível da mera subsistência.

Em sociedades com tecnologia primitiva, em que o setor mais precário da práxis é aquele que tem relevância direta para a relação homem-natureza, as áreas de viscosidade que são objeto de tabu tendem a se concentrar em torno de fenômenos naturais. Em sociedades que, como no início do feudalismo na Europa Ocidental, parecem se organizar sobretudo em torno da práxis de manter alguns estômagos cheios em meio a uma maioria subnutrida, o repertório cultural é engenhoso em multiplicar distinções sociais sutis e em fazer da mobilidade social um tabu (podemos ver um quadro não muito diferente em nossa era moderna se considerarmos a humanidade como uma sociedade global).

Com as diferenças de classe perdendo um pouco de sua antiga importância em condições de relativa abundância, e com entusiasmantes mudanças rápidas oferecendo maior resistência à assimilação significativa, talvez o foco da densidade cultural passe para as áreas intergeracionais, hipótese de que é testemunha eloquente a atual corrente mística e contagiosa da geração adolescente "viscosa". Todos esses são tipos amplos de focos de densidade que não excluem – de fato, implicam – uma exuberante diversidade de escolhas mais específicas feitas concretamente no interior de cada tipo. Tampouco queremos sugerir, neste estágio incipiente da pesquisa, qualquer espécie de determinação tecnológica ou socioestrutural dos fenômenos culturais; nada é mais estranho a nossas intenções, já que o pressuposto, repetidas vezes enfatizado neste estudo, é de que todas essas facetas da existência do homem têm origem na mesma raiz da práxis humana.

Ao analisar a práxis, seria melhor desafiar e abandonar a difundida tendência a dividir as facetas analiticamente distinguíveis do processo em causas e efeitos. Se alguém despreza ou não consegue realizar essa tarefa, a penalidade inevitável é outra rodada de discussão estéril entre duas posições bem-fundamentadas, mas também unilaterais.

Sabe-se bastante bem, por exemplo, que a frequência e a sofisticação dos *rites de passage* de Van Gennep, ou, como diz Raymond Firth, dos ritos telécticos ("despir o velho e vestir o novo"),[64] reduziram-se de modo drástico com o advento da sociedade moderna, complexa e de grande mobilidade. O fenômeno foi comentado por uma série de antropólogos. Em sua festejada teoria das cerimônias, Max Gluckman vinculou – aliás, de modo correto – a origem da súbita desaparição de ritos antes onipresentes ao fato de a passagem para um novo papel estar associada, em nossa sociedade, na maioria dos casos, a uma mudança no conjunto de pessoas em interação; tanto os novos quanto os velhos grupos conhecem o indivíduo em questão num único papel, de modo que o anúncio público de uma nova qualidade social desse indivíduo (que é a essência dos ritos de passagem) se tornaria supérfluo.

O raciocínio subjacente, sem dúvida, é o seguinte: a onipresença e a elevada frequência dos ritos são produto das exigências de uma sociedade pequena e autossustentável, em que os indivíduos acumulam múltiplos papéis, cada qual desempenhado num contexto de interação funcionalmente distinto, porém no mesmo grupo; mas, numa sociedade moderna, complexa, embora eles se encontrem em planos diversificados, os espectadores, destinatários e parceiros de cada papel que um indivíduo pode desempenhar mudam com o papel desempenhado naquele momento; os ritos, portanto, não apenas perdem sua função, tornando-se redundantes, como também veem-se desprovidos de significação para o público desconhecedor de seu contexto estrutural. Por conseguinte, eles deixam de ser "determinados" pela estrutura da sociedade, e aos poucos vão definhando.

Embora se possa considerá-la convincente e aceitável, essa explicação – apesar de toda a sutileza e do refinamento da noção de determinação que emprega – não passaria no teste da metodologia da práxis. É verdade que o contexto de uma rede de intensa interação social em camadas múltiplas, de pequena escala e autossustentável, "pressiona" para que se concedam evidência e alta visibilidade aos signos indicadores de cruzamentos comportamentais. Ainda assim, a facilidade e a versatilidade com que os indivíduos passam de um papel para outro, certos de que a resposta adequada de seus companheiros virá, é um feito pelo qual os ritos de passagem devem ser considerados responsáveis.

O tipo de sociedade em discussão é criado e perpetuado, entre outras coisas, pela práxis dos ritos. Essa aparente reciprocidade de influências muitas vezes é tratada com um conceito que desafia a lógica, o de "interação de causa e efeito", o qual ridiculariza, em vez de resgatar, o determinismo convencional. Toda ideia de causa em relação a efeito presume a existência da primeira independentemente da ocorrência ou não do segundo; mas esse não é o caso no exemplo analisado, assim como não é, na verdade, em qualquer outro campo da práxis.

Da mesma forma, a relação que tentamos compreender resiste a ser tratada em termos convencionalmente funcionais. O projeto do funcionalismo como metodologia explanatória mira um alvo contraproducente. Ele não se contentaria em moldar a rede de comunicação entre as unidades de um sistema acessível do ponto de vista empírico, ou imaginável da perspectiva lógica; deseja ser responsável pela ocorrência de algumas dessas unidades em termos de "exigências", "pré-requisitos" ou simplesmente determinação por outras unidades do "sistema" como um todo, como uma supraentidade.

I.C. Jarvie observou, aliás de maneira correta, que, ao selecionar o sistema como principal fonte de referência, o projeto funcionalista dificilmente poderia concretizar suas próprias pretensões; ele "não vai além dos fatos que procura explicar";[65] assim, o que oferece não é o que estamos acostumados a entender por "explicação" (redução a uma regra mais geral do que o caso explicado).

Embora esse aspecto possa ser importante, as causas da inconveniência endêmica do projeto funcional no tratamento da práxis humana são muito mais profundas que a inabilidade, ainda discutível, do funcionalismo diante da tarefa de deduzir "funções" a partir de "pré-requisitos" (em vez de postular "pré-requisitos" a partir da presença de "funções", o que ele faz, em oposição a seu projeto explícito). Essas causas vão tão fundo que chegam ao próprio pivô da metodologia funcionalista, a classificação das unidades analíticas em dependentes e independentes, herança da metodologia determinista absorvida e assimilada pelo funcionalismo; como diria Ernest Nagel, nas Ms ("metas") e CEs ("coordenadas de Estado") do sistema.[66]

As Ms foram especificadas de muitas maneiras diferentes; entre os substitutos mais populares podemos apontar a sobrevivência de determinada rede de relações sociais, a estabilidade de um valor de grupo central, a manutenção de um corpo político em particular. Em cada um desses casos, a posição metodológica é bem semelhante: alguns padrões de práxis humana passíveis de repetição são "explicados" assinalando-se o papel por eles desempenhado a serviço de uma "M".

Nesse sentido, o arcabouço lógico essencial do raciocínio apresenta notável semelhança com o que é consagrado pela tradição determinista: em alguns eventos investigados, um deles é dotado de papel superior, o outro, de papel subordinado ou derivado. A única diferença entre os dois projetos explanatórios consiste no fato de o determinismo buscar *deduzir* o segundo evento *a partir* do primeiro, enquanto o funcionalismo pratica uma *redução* do segundo ao primeiro. Quando, porém, confrontada com a metodologia dialética da práxis, essa diferença, independentemente das paixões intelectuais que provoca, revela-se de pouca importância. A metodologia da práxis opõe-se de forma radical ao tratamento preferencial de qualquer aspecto distinto do processo social em termos analíticos: dessa perspectiva, a "estrutura social" e as facetas "culturais" (no sentido ideacional da distinção) do processo são tão inseparáveis e resistentes a qualquer "hierarquização" quanto o *signifiant* e o *signifié* num evento-signo.

A diferenciação das comunidades culturalmente distintas do ponto de vista de seu foco de "densidade cultural" (o ponto em que se concentram as mais intensas atividades antiviscosidade) pode ser mais bem explicada se enfrentarmos o problema a partir da metodologia da práxis. As próprias regras da práxis, que transcendem as fronteiras de qualquer comunidade cultural tomada de modo isolado, podem ser "explicadas", à maneira determinista, por referência às suas raízes biológico-evolutivas ou ao seu substrato biológico-neurofisiológico; ou em termos funcionais, quando se destaca sua correspondência à natureza préhumana do Universo, e, por conseguinte, seu valor adaptativo. Mas nem o projeto determinista nem o funcionalista podem dar uma explicação para o uso específico que se atribui a essas regras em culturas particulares, pelo menos uma explicação imune à acusação de inconsistência e unilateralidade.

Seria proveitoso ter em mente as advertências de Boas, hoje fora de moda, em relação ao desprezo à história, sem necessariamente concordar em tudo com este que é um dos mais influentes adversários dos universais culturais. O que desafia todas as tentativas de aplicar as abordagens deterministas ou funcionalistas com coerência à práxis histórica é sua essencial imprevisibilidade, não necessariamente em contradição com sua "inevitabilidade" (como no caso da evolução biológica ou, na verdade, do desenvolvimento da inteligência, a junção particular que Piaget, seguindo Lalande, chamava de "vecção").[67]

O que ocorreu (se é que ocorreu alguma coisa) foi "determinado" pela pura lógica do arcabouço analítico determinista; mas nada que ainda não tenha ocorrido, nada que ainda não tenha sido realizado, pode ser deduzido de maneira inequívoca a partir do que já se petrificou num fato, visto que eventos anteriores limitam mas não determinam suas sequências em processos como a evolução biológica, o aumento do conhecimento ou a totalidade da história humana. Nada senão os universais formais da práxis, suas "regras generativas", constitui o núcleo duro, invariante, da história humana; e talvez só se possa afirmar racionalmente isso à medida que confinemos nossa visão, de maneira deliberada, ao tempo de existência de nossa espécie, o que em si mesmo constitui um evento histórico num contexto mais amplo.

2) A segunda dimensão de variação nas reações à viscosidade relaciona-se à matéria de que são feitos os sinais de advertência que dizem "Cuidado, pista escorregadia". Trata-se de exemplo específico de um tema muito mais amplo, da diversidade de substâncias a partir das quais os itens-signos culturais são fabricados, e da relação desse veículo com as distinções socioculturais que esses itens assinalam e produzem.

Tratamos desse problema, apresentado de maneira mais geral, no Capítulo 2; apontamos então que, qualquer que seja a posição na linguagem, os signos culturais não linguísticos não passam no teste da arbitrariedade do *significant* em relação ao *signifié*. A maioria dos itens culturais, independentemente dos artefatos da práxis ou de seus padrões, relaciona-se de mais de uma forma com o processo humano de vida, e não apenas de maneira semiótica. No presente contexto, o importante é que o peso relativo atribuído a formas específicas pode mudar, dependendo de alterações no foco da densidade cultural.

Em seu abrangente levantamento dos estudos sobre comportamento agressivo, R. Charles Boelkin e Jon F. Heiser mencionam a ameaça ao status como um dos maiores estímulos à reação agressiva. A posição estabelecida de um indivíduo é perpetuada e fortalecida por uma abundância de signos padronizados sobretudo no ritual da interação:

> Entre dois homens de diferentes posições numa mesma organização, o de categoria inferior prestará deferência ao superior abrindo-lhe as portas; caminhando atrás dele, e não à sua frente, nos corredores; dando-lhe a vez no bebedouro, no restaurante ou no bar; falando menos e ouvindo mais; e de tantas outras maneiras que seriam demais para mencionar aqui.[68]

Boelkin e Heiser concentram essa descrição em signos destinados a garantir diretamente o status de um indivíduo, ou seja, pela conduta dos outros em relação a ele e para ele orientada. Mas, do ponto de vista semiótico, estes pertencem à mesma categoria de outros signos reguladores, responsáveis pelo estabelecimento e a guarda de fronteiras, bem como pela continuidade dos arranjos de eventos significativos, previsíveis e, portanto, seguros. O que está ameaçado pela retirada dos signos de deferência do status "individual" é a sensação de certeza e administrabilidade da situação. Mas a mesma sensação, fundamental para a interação, estará em perigo se algum outro "portão" construído em alguma das "zonas de fronteira" (termos de Kurt Lewin)[69] e governado por regras impessoais, dispersas, ou por "porteiros" personalizados específicos, sair de controle. Podemos assim postular uma ampliação similar do escopo da "violação de fronteira" a que se aplica o seguinte resumo de Boelkin e Heiser:

> Um superior detecta, em primeiro lugar, os elementos de um desafio quando um inferior imediato deixa de agir com deferência e

assume padrões de comportamento coerentes com os que prevalecem entre os de mesma categoria [ou seja, engendra uma situação tipicamente "viscosa"]. Reconhecendo uma ameaça a seu status [ou, mais genericamente, a violação de uma ordem baseada no caráter inequívoco das discriminações], o indivíduo ameaçado [em sua segurança cognitivo-emocional] pode dar início a uma variedade de medidas repressivas destinadas a "colocar o pretensioso em seu devido lugar".

A predisposição a reações agressivas é provocada e estimulada por uma variedade de eventos que dificilmente compartilham alguma característica entre si, com exceção da incidência da "violação de fronteiras". Com um discernimento admirável, Thelma Veness[70] explica a agressão comum provocada pela violação do espaço pessoal em condições de superlotação postulando um medo endêmico de perda da identidade. Tudo que entra no "espaço pessoal" logo se torna viscoso e libera o impulso de estabelecer um tabu.

Ora, deveríamos ter cuidado em adotar a noção de "espaço pessoal" em sentido muito literal; a tendência de muitos psicólogos, em particular dos etologistas, a definir o conceito no sentido imediato, topográfico, de "proximidade física", é bastante compreensível tendo em vista o interesse que eles têm por propensões comportamentais de base ampla, que os seres humanos compartilham com outros animais; mas o espaço em que vivem os homens é muito simbólico; e a tendência a discriminar, que no caso dos animais só pode se materializar nos ambientes fornecidos pela natureza, é estabelecida pelos seres humanos sobre uma tela simbólica que muitas vezes resiste a qualquer tentativa de situá-la no espaço ou no tempo "físicos". Assim, "espaço pessoal" significa a segurança do status e também a do corpo; é o "espaço da vida", delimitado pela proteção das fronteiras do grupo e pela inviolabilidade do território de caça ou pastagem – enquanto uma ampla área de fronteiras conceituais é impensável fora de um universo simbólico e, assim, na melhor das hipóteses, só tem uma pequena relação com o mundo animal.

Uma vez mais, o problema diante do qual muitas fronteiras simbolicamente marcadas são consideradas vulneráveis, e portanto o que mais produz visco, depende, em última instância, da práxis humana, tal como a tolerância ao cruzamento de fronteiras e ao uso ilícito de sinais inconvenientes, impróprios e, portanto, confusos. O material com que os signos são moldados é, acima de tudo, uma questão técnica. Mas, apesar de algumas substâncias perenes universalmente fornecidas pela natureza (cabelo, ornamentos faciais, modelagem de braços e peito etc.),[71] que constituem a primeira opção em muitas circunstâncias, quase todos os materiais variam, dependendo do tipo de substância processada no curso da práxis.

O importante, aqui, é que nenhuma diferença "natural" é percebida necessariamente e em todas as circunstâncias como um posto de fronteira; ela só se torna isso quando um significado social lhe é atribuído pela práxis comunal. Não muito tempo atrás a roupa dos jovens era a roupa comum "dos adultos" cortada em tamanho menor, porque os jovens eram socialmente definidos como "gente grande" em miniatura e avaliados pela proximidade em relação aos padrões estabelecidos para os adultos. Os padrões de alfaiataria passaram por drásticas mudanças em consequência do abandono do antigo conceito de "aprendizado" e do acúmulo de distinções sociais significativas em torno das fronteiras intergeracionais.

De modo similar, existem amplas evidências de que a cor da pele passava despercebida no Mediterrâneo antigo e não era considerada importante o bastante para merecer registro; na miscelânea racial do Império Romano, as diferenças sociais não se sobrepunham às divisões "naturais", e as distinções "naturais" entre os homens passavam pura e simplesmente despercebidas, atraindo pouca atenção. Diz Roland Barthes que é necessário um mito para "transformar história em natureza",[72] para acreditar que o produto da práxis humana é uma lei natural inescapável. É difícil imaginar uma exceção a essa regra, mesmo no caso de diferenças tão "obviamente naturais", posto que quase pan-históricas e universais, como a que existe entre homens e mulheres.

A práxis moderna corrói com vigor nossa crença aparentemente inabalável na irrevogabilidade dessa distinção estabelecida ao desafiar oposições sexuais consagradas em matéria de vestimenta, papéis no namoro e no intercurso, hábitos sociais, hierarquia de deferência etc. Não que os signos de fronteira tenham se tornado de repente ilegíveis ou tenham perdido seu poder de atração com uma recente mudança na moda: o que de fato ocorreu nesse caso, como em todos os casos semelhantes de signos específicos que perdem seu poder de significação, foi o afastamento da própria fronteira; os signos, sem deixar de existir no sentido físico, não são mais marcos fronteiriços, e seu oscilar desordenado não leva à "viscosidade" das áreas invadidas.

3) A última dimensão que desejo comentar é a da diferenciação entre indivíduos e grupos no interior de um todo que pode ser racionalmente considerado uma cultura única. Não há uniformidade no grau de tolerância à viscosidade definida em termos culturais. O problema da reação à viscosidade é coextensivo aos temas denominados reações à incerteza ou ao sentimento de insegurança, como a ação sob estresse, o impacto de tentativas frustradas etc. Muito se tem escrito sobre todos esses tópicos, e há um acordo bem amplo entre os psicólogos de que as variáveis individuais (a biografia pessoal, com ênfase particular na infância e na experiência pré-natal, assim como as variações genotípicas individuais) e de grupo (frequência e qualidade das interações, acessibilidade da informação, relações de dominação etc.) modificam o comportamento humano nos sentidos já mencionados, embora haja muito menos acordo em relação ao volume e sobretudo ao mecanismo da intervenção.

Concorda-se, contudo, que a tolerância a situações ambíguas é inversamente proporcional à insegurança pessoal e de grupo, embora se possam reunir evidências também abundantes para sustentar a tese da existência de uma relação íntima entre insegurança e criatividade, presságio de uma falta de respeito quanto às divisões consagradas pela tradição. Duvido que o progresso de nosso conhecimento mais correto sobre o problema tenha deixado obsoleta a conclusão a que chegou Gordon W. Allport, em 1954: no caso de qualquer condensação particular de intolerância à ambiguidade, "a compreensão máxima do problema só pode ser alcançada pelo conhecimento do contexto histórico em cada um dos casos"[73] – o que significa recorrer à práxis. Em vista do caráter inconclusivo das descobertas psicológicas, o que se segue deve ser tratado como uma sondagem do terreno, e não como uma hipótese articulada.

Talvez o fracasso em se chegar a uma visão universalmente sustentada do tema em questão se deva a uma confusão despercebida, presente em alguns estudos sobre a reação à ambiguidade. Uma vez que, por motivos óbvios, a visão de determinado pesquisador se reduz a um só tipo de ambiguidade, por mais genérico que ele seja, o que se toma por atitude tolerante à ambiguidade em si só pode atestar uma "guinada temática" na sensibilidade ao viscoso. Pela mesma razão, talvez todo o esforço de ordenação do universo de um indivíduo ou grupo, em desafio à atitude típica de sua vizinhança social mais ampla, seja condensado numa única distinção ou num conjunto delas; e por uma boa razão, com certeza, já que a preservação dessas distinções, e somente delas, pode decidir todo o resultado da práxis do grupo – por exemplo, garantir para o grupo a busca do lócus na estrutura social que forneça o ponto focal DAE da sua visão geral de mundo.

É questionável se os grupos ou categorias de indivíduos podem ser classificados de acordo com a intensidade global dos ressentimentos a todos os tipos de ambivalência. Isso porque (graças às peculiaridades da práxis do grupo ou a idiossincrasias individuais) os focos de ambiguidade de que as pessoas mais se ressentem, ou os tipos de viscosidade mais obsessivamente temidos, estão situados em locais diferentes.

A percepção da veemente intolerância apresentada pelos movimentos radicais pode basear-se, ao menos em parte, numa espécie de ilusão de ótica. Uma vez que a totalidade da existência social do grupo depende da promoção de suas finalidades ainda não atingidas; e já que essas finalidades só existem como um projeto ainda pouco assegurado pela visão de senso comum da realidade (ao contrário de seus adversários mais bem-estabelecidos, que são aceitos pela "razão" popular), depreende-se que uma intensidade emocional singular deve ser concentrada nessa tarefa única, e cabe tomar um cuidado incomum para preservar a pureza do grupo e a clareza de suas fronteiras.

A totalidade da práxis do grupo de fato se acumula em torno da linha de fronteira "eu-eles" (à custa das outras fronteiras, que seriam vulneráveis e sensíveis; daí a notória dissolução do indivíduo em seu grupo na maioria dos movimentos radicais), como um só "nós", escolhido em detrimento de todos os outros, tão variados em circunstâncias "usuais". Talvez a lógica da práxis peculiar, mais que a autosseleção de indivíduos peculiares, explique de forma inteligível a estranha conduta dos grupos radicais. Na verdade, a situação de um grupo em guerra radical com a sociedade deixa pouco espaço para uma atitude liberal, o que foi adequadamente definido por Barthes como "uma espécie de equilíbrio intelectual baseado em lugares reconhecidos".[74]

A práxis de um movimento radical refere-se ao "desreconhecimento" de lugares reconhecidos; acima de tudo, estão longe de se reconhecer os lugares e a realidade projetada dentro da qual o movimento radical pode ser situado. A visão já bastante aceita da forte intolerância dos indivíduos e grupos radicais em relação à ambiguidade dificilmente pode ser equiparada à notória presteza de muitos movimentos radicais em desafiar e ultrapassar outras divisões consagradas; a totalidade de sua suposta intolerância é descarregada na vigilância expressa na famosa fórmula "quem não está conosco está contra nós", destinada a eliminar a viscosidade numa única, porém vital, fronteira.

Neste ponto, estamos diante de uma distinção importante que, *malgré tout*, deve ser estabelecida no interior do "campo radical". Como reza a sabedoria popular, exacerbada por muitos intelectuais de mentalidade liberal, *les extrèmes se touchent*, e o radicalismo de direita e de esquerda se dissolve numa imagem abrangente de intolerância belicosa, militante. Eles de fato se encontram – mas apenas da perspectiva do liberalismo, que é a

Weltanschauung de um mundo seguro e bem-estabelecido, em que todos se restringem ao seu lugar já reconhecido; a tolerância é ampliada de boa vontade, já que dificilmente é necessária. Quando se aplica a perspectiva de tolerância (em relação à ordem estabelecida, ou melhor, a todo mundo, já que todo mundo a reconhece) versus intolerância (em relação à ordem estabelecida, ou melhor, à maioria, uma vez que esta a reconhece), os radicalismos de direita e de esquerda de fato se aproximam de forma suspeita.

Nessa perspectiva, o esforço de estabelecer uma linha nítida entre os dois se frustra. Em certo sentido, o fracasso final está embutido no pecado original de selecionar uma perspectiva cognitiva inadequada para a tarefa. Ao contrário da opinião que vem ganhando terreno na ciência acadêmica, parece haver critérios razoavelmente claros para sustentar a tradicional distinção entre os radicalismos de direita e de esquerda (embora não entre organizações que reivindicam esses rótulos), não importa o número de Mussolinis e Doriots que possam aparecer como prova persuasiva em contrário.

Queremos sugerir as seguintes distinções: o traço distintivo do radicalismo de direita é uma intolerância difusa, não especificada, amorfa e dispersa. Sua sensibilidade à ameaça da viscosidade não é produto do projeto que ele tenta impingir ao mundo, mas que julga estar em discordância com a realidade; pelo contrário, ele escolhe a realidade habitual, espalhada por toda parte, bem-sustentada, espelhada em diversos eventos que se reforçam, previsível e discretamente óbvia, como o único universo tolerável (ou, na verdade, habitável). Ele carece, de forma endêmica, de qualquer projeto que se desvie das rotas muito trilhadas; na verdade, é motivado em seu radicalismo pelo medo intrínseco do incomum, do estranho, do ainda não materializado, do desconhecido; é o medo da ideia que se ergue contra a realidade.

O radicalismo de direita não pode transcender o ponto de vista do real; é por isso que fica aterrorizado por uma ideia que questione o monopólio e a sabedoria indisputáveis do real, e assim exige a minuciosa investigação do óbvio, ou seja, do inescrutável. A intolerância da direita, portanto, é tão desprovida de foco quanto a própria realidade que defende. Em vez disso, jaz à espreita em diversas emboscadas montadas onde quer que a realidade possa encontrar seu próprio futuro.

Há um tipo (mas não uma classe) social cujo status o predestina ao papel de principal abastecedor do radicalismo de direita. Desde Marx, esse tipo tem sido chamado de pequeno-burguês. Mais uma vez citando Roland Barthes, "o pequeno-burguês é um homem incapaz de imaginar o outro. Quando se vê cara a cara com ele, fica cego, ignora-o e o nega, ou então o transforma em si mesmo. ... Isso porque o outro é um escândalo que ameaça sua essência".[75] Não há espaço para o outro no finito universo de significados do pequeno-burguês, já que sua essência é o espelhar-se universal, interminável, monotonamente repetido, de um e do mesmo padrão existencial; é o médio elevado às alturas absolutas da universalidade. O modo de ser do médio é o viscoso; ele é o protótipo da viscosidade.

O médio rumina sobre tudo que encontra. Devora, digere e transforma grotescamente tudo que lhe cai à boca. Tal como a relva alpina devorada por um bando de ovelhas vorazes, o mundo suavizado pelo médio transforma-se numa uniformidade monótona, numa charneca sombria. Tudo que é borrifado com imprudência na traiçoeira superfície calma e pacífica do médio desaparece para sempre; o médio ganha sua força (na verdade perpetua sua existência) desintegrando tudo à sua volta para transformar em seu próprio corpo, cada vez maior, que jamais atinge um limite.

O médio não é a única entidade que cobiça e se expande; seu traço distintivo, porém, consiste no fato de a gula ser o único modo de sobrevivência à sua disposição. Pode escolher entre engolir e assimilar tudo aquilo com que faz contato ou morrer. Para o médio, todo o resto do mundo se divide entre a substância a ser engolida e o inimigo a ser combatido de maneira incansável e impiedosa. Não há espaço para distinções sutis nem para contemplar os matizes e nuances da tela. Consistindo ele mesmo numa generalidade pura e sem forma, o pequeno-burguês não consegue deixar de ver seu inimigo como o arqui-inimigo, um poder satânico onipotente, uma concentração generalizada de todas as suas ameaças genuínas ou fantasiosas.

Foi o pequeno-burguês que se agarrou com avidez à fórmula simples (pois generalizada) de Dan Smoot sobre as complexidades da política mundial: "Considero o crescimento do Estado de bem-estar social equivalente ao socialismo, e o socialismo ao comunismo."[76] Ou leiam atentamente as estatísticas do *Bulletin* da John Birch Society, que estimou o controle comunista sobre os Estados Unidos como de 20-40% em 1958, 30-50% em 1959 e 40-60% em 1960 (a estimativa correspondente para a Grã-Bretanha, em 1960, foi de 50-70%).[77] Ou absorvam as notícias eletrizantes da concentração do inimigo ao estilo *all-inclusive*, em que rebeldes religiosos, separatistas caribenhos, Harold Wilson,* jornalistas, professores universitários, entusiastas dos direitos civis, adversários do time de críquete da África do Sul e estudantes baderneiros se reúnem e se misturam de forma conveniente para produzir uma substância infernal.

A mistura concisa de tudo que é bizarro e fora da média num único composto, fácil de apreender, fácil de identificar e poderoso o bastante para manter elevada a necessidade de vigilância resulta numa "crença histérica", definida por Neil J. Smelser como "um credo que dota um elemento ambíguo no ambiente do poder generalizado de ameaçar e destruir". Talvez pareça que o aguçamento de paroxismos histéricos dificilmente serviria de instrumento de cura se a ansiedade profunda fosse a moléstia que se pretende tratar; em vez de acalmar as mentes afetadas pelo terror, isso expandiria o medo até limites quase insustentáveis ao inflar o perigo real ou ilusório. De fato a histeria é um remédio, e muito eficaz nesse sentido. Ela suaviza a doença de duas maneiras: primeiro, mais uma vez citando Smelser, ao estabelecer certo nível de "estabilidade":

---

* Harold Wilson (1916-1995): político e economista britânico, por duas vezes ocupou o cargo de primeiro-ministro (1964-70 e 1974-74) pelo Partido Trabalhista; foi um dos artífices da adesão da Grã-Bretanha à Comunidade Europeia (1973).

A crença histérica elimina a ambiguidade que produz a ansiedade ao apresentar uma ameaça que é generalizada e absoluta. Assim a ameaça, originalmente apenas ambígua e precária, ganha a certeza de prejudicar e destruir. Dessa maneira, uma crença histérica estrutura a situação e a torna mais previsível, ainda que o processo estruturante resulte em pessimismo profundo ou em medos terríveis. Num ambiente ambíguo, uma pessoa é ansiosa porque não sabe o que temer; sustentando uma crença histérica, a pessoa pelo menos conhece aquilo que teme.[78]

O fenômeno é muito mais geral do que a propensão do pequeno-burguês a generalizar seu temor em relação ao fora da média, já que, tal como o herói de *O zero e o infinito* aprendeu com algum sofrimento, "toda dor física *conhecida* era suportável; quem conhecesse exatamente de antemão aquilo por que ia passar suportava-o como a uma operação cirúrgica – por exemplo, a extração de um dente. Ruim mesmo era apenas o desconhecido". Além disso, porém, a histeria tem eficácia comprovada em lidar com o tipo de ansiedade que emana da presença do viscoso: ao juntá-lo com um inimigo aberto, indisfarçado, supostamente bem-conhecido, a crença histérica priva o viscoso de sua peçonha mais venenosa, a traiçoeira carência de uma forma distinta, e assim faz com que tudo volte ao lugar "certo", incluindo a integridade do ego ameaçado.

Em suma, como Clyde Kluckhohn postulou no caso de um desses inimigos generalizados, capazes de explicar tudo, "uma das 'funções' manifestas da crença na bruxaria é que ela fornece respostas a perguntas que de outra forma seriam desconcertantes – e, por serem desconcertantes, perturbadoras".[79]

Ao examinar os movimentos sociais de direita, "que se baseiam no pressuposto de que a humanidade está sendo conquistada por uma conspiração poderosa e difundida", Hans Toch assinala que, para o homem da rua, que "por vezes mostra uma distinta predileção por teorias que incluam complôs",

> além de fornecer um alvo concreto para as tensões, as conspirações podem simplificar o sistema de raciocínio daquele que crê e sua

concepção de causação social. ... Numa conspiração, a causação torna-se centralizada (pelo fato de que todos os eventos podem ser atribuídos a um grupo de conspiradores), além de integrada (já que os conspiradores em tese *sabem* o que estão fazendo e *desejam* que se concretizem as consequências de suas ações).[80]

A teoria da conspiração preenche o requisito da generalização que se origina no modo existencial do pequeno-burguês; o vínculo íntimo, muitas vezes enfatizado, entre o pequeno-burguês e o radicalismo de direita não é de modo algum acidental. Orrin E. Klapp, contudo, chama nossa atenção para válvulas de escape alternativas, utilizadas com a finalidade de descarregar a mesma e excessiva ansiedade pequeno-burguesa sem recorrer a um complô implacável e onipotente. Pessoas que "não sabem o que é errado, em especial quando existe prosperidade material, mas ao mesmo tempo têm a sensação de estar sendo enganadas", podem tentar se salvar da ansiedade profunda, mas indeterminada, com a prática do '*ego screaming*', a preocupação com trajes e ornamentos, as rebeliões de estilo, a inquietação com gestos emocionais, e não com efeitos práticos, a adulação de heróis, o cultismo e coisas desse tipo".[81]

Há uma evidente diferença de ênfase entre a primeira solução e a segunda: a primeira orienta-se para fora, a segunda, para dentro. O pequeno-burguês pode tentar ressaltar a estranheza do outro; pode também pôr-se a trabalhar no extremo oposto, na tentativa de assumir sua própria identidade reforçando-a com sinais de alerta redundantes. Qualquer que seja o caminho escolhido, intenções e resultados são semelhantes: a demarcação nítida e clara da fronteira "nós-eles", reforçando a postulada e visível oposição entre o "nós", o universal, e o "eles", o esquisito, o repelente, o inassimilável.

Tratamos até agora de mecanismos defensivos destinados a restaurar ou reforçar barreiras ou identidades enfraquecidas ou solapadas, o que é uma práxis típica de direita; ou de artifícios elaborados para salvaguardar uma identidade frágil, incipiente, ameaçada por um projeto novo e incomum, que é a característica definidora de uma práxis de esquerda. Mas uma nova tendência, amiúde associada ao conceito de modernidade, tem ganho ímpeto no mundo ocidental. Em virtude da propensão natural a classificar tudo que é bizarro em categorias já significativas, essa tendência muitas vezes é descrita como um novo espécime de uma categoria já assimilada em nossa imagem de mundo, seja como "nova esquerda", seja como "neofascismo".

A tendência em questão dificilmente cairia em uma dessas classes. A razão pela qual é possível contestar com facilidade qualquer tentativa de identificá-la com um dos extremos do espectro – e a rapidez com que se reúnem argumentos contra qualquer oferta de classificação inequívoca – é o fato de que as características que a destacam não se situam no eixo esquerda-direita. A tendência da modernidade vai contra ambas e lhes devolve sua controvérsia e seu argumento comum com a leniência indolente e descuidada do liberalismo mais obsoleto. Essa tendência não se distingue pelo lugar em que propõe erguer os redutos e as torres antivisco; ela nega a própria necessidade de luta, nega a viscosidade do viscoso; estende pontes onde isso era considerado impossível, transcende o intransitável, consolida o imiscível. O projeto de descobrir os pais fundadores do surrealismo, movimento pioneiro do Modernismo, tal como descrito por Alfred Willener, pode servir como padrão bastante típico:

> Estabelecer *contatos entre* esferas até então vistas como estranhas entre si, a fim de promover, a partir do choque resultante, a *destruição* da sensibilidade. ... Não há barreiras entre campos diferentes, ou, pelo menos, as separações que ainda sobrevivem podem ser derrubadas, e o trabalho de derrubá-las deve ser iniciado.[82]

Sem dúvida cabe distinguir com cuidado as formulações incisivas da vanguarda – dirigidas de modo aberto e desabrido "contra o todo de uma sociedade próspera e que funciona bem", contra todos os princípios de ordem significativa até hoje consagrados (assim separando a vanguarda das massas e limitando o pool de seus potenciais militantes a "minorias ativas, sobretudo entre a intelligentsia jovem de classe média)[83] – da mudança talvez menos espetacular e perturbadora, porém mais profunda, que corrói hábitos populares estabelecidos. A "minoria ativa" da vanguarda chegaria a ponto de proclamar "a irreverente rejeição do tempo linear, da lógica, da própria história", e exigir um "novo estilo de vida primitivo" que "é a entrega a um jogo infindável: um jogo que deve quebrar até a regra de que todas as regras devem ser quebradas".[84]

Dada a narcisística falta de limites da vanguarda e os sádicos arroubos que parece experimentar ao colocar em teste a resistência dos outros, a "maioria" tende a ser atraída para a ilusão das protetoras couraças enferrujadas e fora de moda; a precipitação ultrafervorosa e intransigente exibida com profusão pela vanguarda na verdade pode levar à ressurreição das tradicionais reações pequeno-burguesas à situação de confusão e incerteza, o que novamente tornará ainda menos inteligíveis as tendências genuínas da sociedade moderna. Embora seja compreensível, nessas circunstâncias, negligenciar os novos padrões de práxis que permeiam a vida atual seria um erro imperdoável. O que parece emergir de modo lento e talvez errático é um novo nível de tolerância em relação à viscosidade e à ultrapassagem de fronteiras de significado vital.

Ainda não está nada claro se apenas as fronteiras específicas, até hoje reconhecidas e consagradas, são as vítimas destacadas do atual levante semiótico; ou se a turbulência de agora pressagia uma revisão total dos padrões de práxis do passado. Pela primeira vez, porém, há ao menos uma chance, embora reduzida, de que o princípio "da busca da paternidade é proibido", proclamado com orgulho pelo código napoleônico dois séculos atrás, possa se transformar no estilo de ação e de pensamento humanos. Ainda é cedo demais para proferir o julgamento final. Se essa chance se materializar, a cultura humana assistirá a uma revolução jamais vista no passado, de vez que o único aspecto dela até agora nunca questionado – e que invariavelmente emergiu vitorioso e intacto das águas profundas de tumultos e agitações revolucionárias – é a estrutura da práxis humana.

Cultura e sociologia

A cultura tem tido um tratamento reconhecidamente duro por parte da sociologia. Quando não é reduzida a um "ramo" do que por tradição era tido como o domínio de um estilo intelectual (*belles lettres*, música e arte refinadas, atividades de lazer) ou ampliada para abarcar a totalidade da existência humana e/ou social, agora, na melhor das hipóteses, é tratada de uma forma que inevitavelmente a torna redundante.

Trazido para o reino do moderno discurso sociológico sobretudo pela antropologia cultural americana, o conceito de cultura de início foi adotado para expressar a premissa teórico metodológica da ordem social sistêmica como, acima de tudo, uma realização obtida por normas internalizadas, comuns, mutuamente coerentes. O mesmo curso da interação humana, rotineiro, monótono, repetitivo e previsível, o qual os antropólogos britânicos trataram com sucesso sob o rótulo de "estrutura social", foi organizado em termos cognitivos por seus colegas americanos no plano das normas e não dos atores.

É verdade que essa funesta compreensão da cultura fora gerada na Inglaterra. Foi sir Edward Tylor quem convidou os cientistas sociais a examinar a "condição da cultura" como "um tema adequado ao estudo das leis do pensamento e ação humanos", capaz de explicar "a uniformidade que permeia tão amplamente a civilização", assim como seus "estágios de desenvolvimento ou evolução, cada qual resultado da história precedente".[85] Mas foi sobretudo o meio século de experiência e debate norte-americanos que Kluckhohn e Kelly resumiram em 1945, definindo a cultura como "um sistema historicamente criado de projetos implícitos e explícitos para o viver, que tende a ser compartilhado por todos ou por alguns membros determinados de um grupo num ponto específico do tempo".[86] Havia uma firme opinião entre os antropólogos americanos de que a cultura "apresenta regularidades que permitem sua análise pelos métodos da ciência",[87] ou seja, ela é uma entidade ordenada que se comporta de forma sistêmica.

Interpretada segundo o espírito do uso americano já estabelecido como "reciprocidade de orientações normativas", a noção de cultura foi abarcada pela teoria parsoniana da ação acima de tudo como *tradição* cultural.[88] Objeto ou elemento de orientação do ator, a cultura é vista aí como uma realidade que precede a ação, moldada e estabelecida muito antes que a verdadeira ação possa de fato começar. Trabalhando sobre a forma pela qual o conceito de cultura é empregado, Kluckhohn o descreveria como "um condensado de história", e insistiria em seu "caráter sistêmico", observando que a cultura não pode "ser usada como instrumento conceitual de previsão, a menos que se leve na devida conta essa propriedade sistêmica".[89] Ao mesmo tempo, o termo "cultura", quando usado dentro dos limites de pensamento estabelecidos pelas ideias seminais de Tylor, não transmite informação alguma que o conceito de "sistema social" já não contivesse.

Tal como a noção de sistema social, o termo "cultura" responde à necessidade de expressar a vaga ideia de elementos da vida humana entrosados, encaixados, a hipótese de uma congruência intrínseca da biografia individual humana, assim como de uma grande coerência na interação dos "indivíduos"; representa a esperança na previsibilidade essencial das reações humanas diante das contingências padronizadas, esperança construída sobre o pressuposto da natureza determinada da atividade existencial humana.[90]

A veracidade da última afirmação não é assim tão óbvia. O emprego da palavra "cultura" não seria indicativo de que o homem é visto "ao mesmo tempo como escravo e senhor de suas próprias criações passadas"?[91] Os viciados em sociologia da cultura não estariam ávidos demais por enfatizar o aspecto criativo do equipamento cultural? Em geral, não se admitia que a cultura, como característica humana singular, representava em primeiro lugar a peculiar capacidade humana de criar seu próprio mundo? O lugar de destaque atribuído a essa capacidade não seria considerado a vantagem principal e consciente da abordagem "culturalista" em relação ao mecanismo inerte do determinismo behaviorista?

A uma segunda aproximação, porém, torna-se evidente o caráter espúrio do elemento de atividade, criatividade e liberdade supostamente associado ao conceito de cultura. A ideia de criatividade é em geral tratada por uma referência ritualizada à origem "humana" de tudo que é cultural, em oposição a "natural". Vez por outra, aponta-se uma circunstância adicional – o elemento da escolha ratificado pela evidente diversidade de modos e maneiras humanos. Mas nem a reflexão acrescenta muita força à afirmação da natureza endemicamente "ativista" do conceito de cultura.

No que se refere à "origem humana" da cultura, ela sustenta a criatividade do homem de modo tão eficaz quanto o fato de seus grilhões se terem transformado em salvaguardas, "feitas pelo homem", da liberdade do condenado. Sir Peter Medawar havia captado a própria essência do argumento do "feito pelo homem" ao anunciar que a "distinção fundamental entre as fontes da ação nos camundongos e nos homens" (aquela que o conceito de cultura em geral sustenta) é que "os camundongos não têm tradições", o que leva à conclusão de que somente a evolução humana "não é mediada pela hereditariedade", mas pela "transferência de informações por canais não genéticos de uma geração para outra".[92]

A segunda reflexão não faz muita diferença: a liberdade humana de escolha é reconhecida apenas em retrospecto, quando a decisão já foi tomada e em seguida incorporada pela cultura, isto é, quando suas consequências começaram a se imprimir sobre o comportamento humano com um poder capaz de lembrar o da natureza. Para ser "cultural" – em contraste com idiossincrático, aberrante, irregular e inadequado ao tratamento científico –, um item deve ter sido engrenado a alguma espécie de arranjo ordenado; deve existir como elemento da *realidade*, como realização convincente. Só essa realidade pode ser submetida à investigação da ciência, e o tratamento científico do fenômeno da cultura sempre foi, e será, a ambição inabalável dos sociólogos.

Em uma profissão de fé culturalista, David Kaplan e Robert Manners admitiram com relutância que "devemos modificar nosso desejo de perfeição teórica e aceitar algo menos do que 100% de certeza";[93] eles concordaram melancolicamente com Anatol Rapoport: o objetivo do cientista social "deve ser menos ambicioso que o do físico";[94] mas não capitulariam se lhes pedissem que aceitassem que a física e a sociologia não pertencem necessariamente ao mesmo continuum, e que aquilo que as separa é mais que a natureza quantitativa. Objetariam com violência se alguém tentasse questionar sua certeza de que a física fornece o ideal insuperável que todo esforço acadêmico deveria imitar, se não em seu método e estratégia de pesquisa, ao menos no tipo de precisão e poder de previsão que ela alcançou, e na capacidade de controle de que dotou os homens.

Tenhamos clareza quanto ao alvo de nosso ataque. Tem circulado muita tolice sobre a condição filosófica da ciência moderna, graças sobretudo à militância ferrenha dos convertidos à versão específica, schutziana, da "fenomenologia". (É incomum que esses militantes sejam tão profundos quanto as obras que avaliam com uma ingenuidade que passa por autoafirmação; suas opiniões sumárias sobre o "positivismo" – e, pode-se suspeitar, seu conhecimento sobre ele – assentam-se cada vez mais apenas em citações de Schutz e, à guisa de reforço recíproco, de seus companheiros de crença.[95] Não se pode resistir à tentação de mostrar um paralelo histórico. É verdade que os precedentes de um comportamento desse tipo não são numerosos na história da ciência, mas são comuns na história das igrejas, sejam elas sagradas ou seculares. Os devotos do cristianismo podiam aprender a respeito das posições dos primeiros críticos dessa religião, como Celso, apenas a partir de fragmentos citados nos textos dos Padres da Igreja. Como disse um deles, Tertuliano: "Depois de Jesus Cristo, não precisamos de curiosidade, assim como depois do Evangelho não precisamos de busca.") Nem Kaplan e Manners nem os outros autores que citamos representam algum campo particular, estritamente circunscrito, da ciência moderna que se possa com sensatez isolar do restante do conhecimento científico atribuindo-lhe um rótulo restritivo, como, por exemplo, positivismo. Sua conduta e os postulados que esses intelectuais apresentam são não apenas legítimos e típicos da ciência moderna em sua totalidade, como constituem a única conduta e o único projeto metodológico admissível no arcabouço científico tal como ele historicamente surgiu no Ocidente.

A ciência moderna é a única herdeira e a única elaboração lógica da posição grega do Τέχνη ("cosmo"), que presumia a existência objetiva e autossustentada do cosmo como suporte da capacidade e da ambição manipulatórias dos seres humanos quando orientadas para o objeto. O elaborado louvor de Francis Bacon à utilidade da ciência como único fulcro seguro de conhecimento tecnológico e a celebrada expressão convencional de Auguste Comte "saber para prever, prever para poder", longe de serem apenas pronunciamentos sectários de determinada escola filosófica, refletem com fidelidade o tipo de atitude em vigor no berço da ciência como tal; e continua muito presente entre nós, permeando todo o esforço científico. A ciência positiva é, nesse sentido – naquele que foi atribuído ao termo pelo próprio autor do *Curso de filosofia positiva* –, um projeto muito amplo e seminal para ser reduzido ao (ou pior, confundido com) banimento idiossincrático e arbitrário das entidades não sensíveis por um Skinner. Suas premissas essenciais ainda são a pedra de toque da ciência como um todo. Esse aspecto deveria ser considerado altamente importante, pois o que está em jogo não é apenas a sutileza da definição. A neblina terminológica gerada em parte pelo esquecimento humano, em parte pelas vicissitudes da luta sectária, tem se espalhado numa velocidade que ultrapassa a discussão bem-informada.

O projeto baconiano-comtiano da "ciência positiva" destinava-se acima de tudo, como apontou Jürgen Habermas, a "libertar o conhecimento do interesse".[96] Isso não significa que a atividade cognitiva resultante tenha se desvinculado, de fato, de todos os interesses humanos. A própria ideia de um conhecimento "livre de interesses" (ou, mais tarde, *wertfrei*, ou "neutra") foi atribuída à intenção prática e utilitária dos seres humanos. Desde o início, esse conhecimento foi um corajoso *tour de force* voltado para o descobrimento – no interior da ordem cósmica, autossustentada – dos princípios orientadores da atividade de sucesso.

Mesmo quando consciente de sua motivação, esse conhecimento deve esconder o verdadeiro impacto do interesse motivador sobre o curso de sua investigação sobre a forma dos fatos que registrava, sobre a estrutura das teorias que elaborava; de outro modo, o propósito de todo o esforço e a autoridade de qualquer resultado de sua atividade teriam morrido no berço. Assim, ele devia lançar um olhar cego sobre seu próprio trabalho, e, de maneira discreta, porém imperturbável, recusar-se a concentrar a atenção no processo de investigação. Esse conhecimento gostaria de ter seu espelho (ou pelo menos fingir tê-lo) adelgaçado até o ponto da transparência inequívoca; se possível, dissolvê-lo de todo no objeto transcendental em que a única autoridade e a única esperança de conhecimento seguro e fidedigno estão investidas. Não é ao interesse humano que se nega o status no reino da ciência; o interesse pode ser visto, por assim dizer, como objeto da investigação científica – e nesse caso não haveria contestação à sua legitimidade.

Em ambos os aspectos em que os valores entraram na investigação e no discurso sociológico rotineiros – como objetos de ação e como atitudes motivadoras dessa ação[97] –, eles estavam permeados pelo interesse humano; mas o interesse de que estavam imbuídos era o de objetos *humanos* da investigação. A postura científica em si não foge à questão da natureza do objeto de estudo, mas decide sem concessões à natureza do sujeito investigador. É o sujeito que deve ser *wertfrei* – o ideal científico está ali "para fornecer a ele uma purificação extática das paixões".[98] Nada pode impedir o sujeito investigador de se submeter, com obediência e boa vontade, à realidade inquestionável do objeto transcendental.

É preciso distinguir, portanto, entre as características acidentais deste ou de qualquer outro corpo de prática científica, desta ou de outra filosofia científica, por um lado, e, por outro, os atributos necessários da postura científica em si, universais o suficiente para envolver estratégias tão distintas quanto as das ciências empírico-analíticas e da hermenêutica. São características do tipo inclusão ou exclusão, evidências "factuais" admissíveis da experiência objetiva dos seres humanos investigados, circunscrevendo o corpus de impressões a que se atribui o status de "dados primários"; ou as regras que determinam a maneira pela qual os conceitos devem se ligar a esses dados a fim de serem admitidos no discurso científico; todos pertencem à primeira categoria. Radicais e intransigentes como possam ser as atitudes assumidas em relação a esses assuntos, elas continuam no interior do vasto território da "ciência objetiva" tal como delineado pelos princípios seminais baconiano-comtianos.

Além do pressuposto do abismo intransponível entre o dever ser "abstrato" e o ser "real", o reconhecimento da supremacia incondicional do objeto no processo de cognição e verificação e o postulado da indiferença, da neutralidade e da imparcialidade totais da parte do sujeito cognoscente integram a segunda categoria; eles, na verdade, são constituintes indispensáveis da atitude científica. O último postulado dota todo signo de uma autoconsciência reprimida; mas, como Habermas observou, essa falsa consciência tem uma importante função protetora: remove o escudo do autoengano, e nada ficará que possa decepcionar e expor o incongruente absurdo de uma genética "soviética" ou de uma física "fascista".[99] A ciência positiva, com todos os seus pressupostos – mesmo com sua cegueira voluntária, obstinada e pertinaz –, é a única maneira pela qual o interesse humano na perícia técnica pode ser recompensado.

Aceitar isso não significa, contudo, acatar o positivismo, a menos que este se defina como atitude científica. Do ponto de vista histórico, o positivismo já foi uma escola predominante em filosofia, afirmando que a ciência é o único conhecimento que vale a pena, a única fonte de declarações confiáveis o bastante para merecer a atenção humana; que a cognição só não é um esforço fútil (ou mesmo deletério) quando subordinada às regras da ciência positiva; e que não há nada a ser apreendido e cognitivamente apropriado além do tipo de realidade acessível por meio da ciência positiva e sustentada por seus pressupostos.

De vez que a regra que proíbe extrair conclusões normativas de afirmações sobre a realidade sempre foi a pedra de toque da ciência positiva, há no argumento positivista uma insuficiência irredutível e inerente. O positivismo é em si mesmo uma atitude normativa; e essa é a espécie de modalidade que ele menospreza como cognitivamente supérflua e irrelevante. Desdenhoso dos meios que lhe poderiam ter fornecido o tipo de autoridade atribuído de modo arbitrário à realidade transcendental, o positivismo está destinado a prosseguir como ato de fé.

Pode-se apresentar um argumento poderoso em favor da hipótese de que o positivismo é a autoconsciência da sociedade alienada. É possível ver uma congruência marcante entre o tipo de vida gerado por essa sociedade e os pressupostos positivistas seminais sobre a natureza do universo e a origem e função do conhecimento. A sociedade alienada estabelece uma distinção aguda entre as esferas pública e privada da vida humana. Mas dessa separação emerge a esfera privada dividida em duas partes separadas por uma brecha intransponível e em constante expansão. O fenômeno chamado sociedade é comprimido entre as metades, alimentando-se dessa fissura, vicejando na incurabilidade da ferida e excluindo os significados gerados de forma espontânea em cada uma das partes.

A primeira metade da esfera privada é o talento da pessoa, com sua capacidade de trabalho específica; a segunda é a satisfação de suas necessidades singulares. Tendo sido irremediavelmente cortado o laço natural entre ambas, o único caminho (sempre secundário) que leva da primeira à segunda cruza agora a esfera pública por meio da "sociedade". O esforço contínuo e inconcluso de fechar a brecha entre as duas partes e restaurar a unidade primeva pode ser visto como a fonte inexaurível da preocupação dos seres humanos com a sociedade e da persistente tendência a hipostasiar o social.

A separação entre criação e controle – a própria essência da alienação – está na base da realidade social e de sua imagem mental. O ato de criação é o único caminho aberto ao homem para controlar sua existência no mundo, ou seja, para concretizar o processo em duas fases de assimilação e acomodação.[100] Como o controle foi arrancado do ato de criação e transplantado para a esfera do transcendental, os restos truncados do trabalho humano se apresentam a seu sujeito como um ato esvaziado do seu significado original e inato. A própria subjetividade torna-se trivial e sem sentido, já que nenhum significado óbvio e autoimposto pode ter origem na parte do processo de vida que restou como domínio privado. A esfera transcendental do público – "a sociedade" – torna-se o único local de controle. A única forma pela qual uma pessoa pode consumar sua existência (que sem isso seria deformada e imperfeita) é utilizar-se dos recursos de controle acumulados na esfera pública. O processo de vida subjetivo da pessoa só pode completar-se transformando o sujeito em objeto de controle; a pessoa só se apropria de sua subjetividade ilusória ao reconhecer a autoridade inquestionável do público.

A filosofia do positivismo reflete fielmente a realidade do mundo alienado dos seres humanos. Ela torna uma virtude dissolver o sujeito cognoscente na transcendentalidade do objeto cognoscido. Recria, no universo idealizado da mente, o que já se efetivou na realidade da condição humana: o expediente de transformar a melhor parte do sujeito em objeto de controle autoritário e tornar o resto irrelevante e sem significado. A harmonia íntima entre a visão positivista do aspecto cognitivo das relações do homem com o seu mundo e a realidade alienada de seu aspecto prático talvez constitua a causa mais importante da vitalidade surpreendente e da força admirável do argumento positivista.

Quem sabe o florescimento da *ciência positiva* tenha seus alicerces (como Habermas argumentaria) na imortalidade do interesse humano pela técnica; o sucesso marcante do *positivismo* como filosofia mundial se baseia, sem dúvida, na histórica supressão temporária da criatividade subjetiva expropriada de controle e na redução da criatividade a mera tecnicalidade, que tem sido a consequência de sua supressão. As ideias positivistas encontram uma resposta calorosa e solidária na "autoevidência intuitiva", ou em qualquer coisa que passe por isso para um membro de uma sociedade alienada; mas essa autoevidência intuitiva não emana de uma "atitude natural" supratemporal (ou melhor, parece que assim é para os investigadores filosóficos do absoluto); "simplesmente significa a certeza subjetiva", como nos lembra Piaget;[101] e a certeza subjetiva, com muita frequência, pode ter origem na repetitividade e na coerência da experiência de senso comum, tal como iluminada e organizada em termos de percepção pelo conhecimento de senso comum.

O positivismo é, portanto, mais que a filosofia dos filósofos profissionais e que a práxis dos cientistas profissionais. Suas raízes epistemológicas, assim como seus brotos axiológicos, estão intimamente interligadas na própria textura do processo de vida humano numa sociedade alienada. O grau de difusão dos princípios básicos do positivismo, graças às raízes fincadas na práxis alienada, é demonstrado pela disposição ingênua com que muitos críticos da restritiva epistemologia positivista aceitam, tácita e docilmente, o expediente de transformar a necessidade em virtude: a forma pela qual o positivismo reduz a relação multifacetada do sujeito com seu mundo (com seu mundo alienado, devo repetir), a sua plataforma cognitiva. Esse erro, inspirado nas práticas restritivas da mente positivista, consiste em acreditar que a batalha contra o positivismo deve ser travada, disputada e vencida apenas nesse plano. O erro só é compreensível porque tanto os positivistas quanto seus inimigos desejam basear-se no mesmo senso comum da sociedade alienada – e recorrer a ele.

A tragédia das concepções positivistas, frágeis e desconfiadas demais (apesar da violência compensatória de seu vocabulário) para reconhecer seu erro, consiste no dilema de: (a) transformar-se, afinal, em outra ciência, feita de acordo com o positivismo (com a suprema autoridade do objeto-realidade inquestionada e os focos cognitivos meramente rearranjados); ou (b) arriscar-se à dúbia companhia de colegas não requisitados e indesejados, quando chega a ponto de rejeitar não apenas o imperialismo positivista, mas a própria ideia de ciência positiva.

Podem-se distinguir duas categorias essenciais em que classificar essas concepções infelizes. Ambas presumem o que se espera de uma mente moldada pela sociedade alienada e treinada na "obviedade do self" positivista e de senso comum: que a relação entre o indivíduo e seu mundo seja – ao menos para fins de investigação – essencialmente cognitiva; isto é, ela pode ser alterada por uma operação realizada no campo da cognição. A luta contra o positivismo deve ser travada em termos de "ilusões", "mitos", "hipóstases", "falsa consciência" – e seu repúdio.

A frequência e a intensidade dos ataques antipositivistas são estimuladas pela insatisfação com a própria realidade social, mais do que apenas com suas reflexões filosóficas; com a práxis da subjetividade suprimida e da privacidade difamada, mais do que com o desprezo epistemológico dos filósofos pelo tema. Mas o triunfo da filosofia positivista alcança seu apogeu mais sensacional na eficiência com que ela serve de para-raios, interceptando relâmpagos cujo alvo é o mundo social que ela acabou de descrever. Com os mísseis desviados da trajetória planejada, os principais bastiões da realidade alienada, o verdadeiro alicerce da supremacia intransigente do ser sobre o deve ser pode emergir, e de fato emerge, incólume.

Ardente como é ao desafiar o feitio específico da ciência social positiva que ganhou ascendência ao ser elaborada com base nas ideias de Durkheim, a postura da "pessoa epistemológica" quase chega a questionar os verdadeiros princípios seminais do positivismo. A rejeição da crença positivista na supremacia do ser sobre o deve ser está fora de questão, da mesma forma que qualquer dúvida quanto à virtude da neutralidade de valores do investigador. Não apenas a tendência em discussão continua silenciosa em relação às virtudes ou vícios de nossa sociedade, ou de qualquer outra, como ela se priva dos meios intelectuais que poderiam capacitá-la a incorporar, como seu componente legítimo, qualquer declaração nesse sentido.

Graças à natureza puramente formal, sóbria, de suas categorias básicas, ela não pode produzir um fulcro resistente o bastante para sustentar uma reprovação à forma assumida por qualquer sociedade humana em termos históricos, assim como nenhuma medida que se possa utilizar para avaliar as qualidades de uma sociedade. O que essa escola busca de forma explícita é uma revolução do pensamento. É contra os colegas cientistas sociais que ela dirige suas flechas mais venenosas e seu ódio mais apaixonado. São eles que ela se propõe a curar e reformar. De outra maneira, seria impossível ver como qualquer outra coisa pode ser remodelada, mesmo em consequência de uma reforma de pensamento abrangente e exitosa. Tal como é, a escola não promete ensinar às pessoas como *deveriam* construir sua sociedade; seu único objetivo é descobrir como elas de fato têm feito isso desde tempos imemoriais, sem nenhuma esperança de que a consciência recém-adquirida venha a fazer qualquer diferença para o que é, em tese, o atributo epistemológico, genérico, do modo humano de ser e estar no mundo.

O único impacto animador (embora transitório e efêmero) da reforma de pensamento pretendida pode ter sido outro despertar da já ampliada consciência da natureza do mundo social em que vivemos; somos convidados, contudo, a recuar para a posição pré-marxista (que se imaginava abandonada), pela qual a alienação, da mesma forma que sua força insuperável, era vista, muito ao estilo dos *philosophes*, como uma operação essencialmente mental. Foi a opiniões semelhantes propostas por Bruno Bauer e autores de mentalidade parecida que Marx respondeu: "As ideias nunca levam além da situação estabelecida, só além das ideias de uma situação estabelecida. Ideias não podem realizar absolutamente nada. Para se tornar reais, as ideias exigem homens capazes de aplicar uma força prática." E novamente:

> Nenhuma forma, ou produto da consciência, pode ser dispersada pela crítica mental, pela dissolução na "autoconsciência" ou pela transformação em "aparições", "espectros", "fantasias" etc., mas somente pela superação prática das relações sociais concretas que deram origem a esse engodo idealista. ... Não é a crítica, mas a revolução que é a força motriz da história, assim como da religião, da filosofia e de todos os outros tipos de teoria.[102]

Marx definiu essa revolução, no curso do mesmo argumento, como "a coincidência da mudança de circunstâncias com a atividade humana, ou a automudança".[103]

A esperança (se é que algum militante dessa escola ainda tem esperança) de devolver à subjetividade inibida e mutilada a dignidade perdida (ou, nesse sentido, jamais apropriada) pelos meios que a escola oferece é fútil e ilusória. Sem dúvida não foram a filosofia de Comte e os princípios metodológicos de Durkheim que subordinaram o mundo subjetivo do indivíduo ao despotismo arbitrário da sociedade "objetiva". A tirania não tenderá a desaparecer no momento em que Comte e Durkheim forem publicamente estigmatizados e expostos ao ridículo.

Ao menos em um aspecto essa concepção antipositivista parece apoiar o mundo alienado de modo mais consequente e abnegado do que seus inimigos filosóficos. Ela compartilha com o positivismo a exigência constante de neutralidade e indiferença em relação a valores no pensamento cognoscente. Mas estende o campo em que essa regra deve viger até limites com que o positivista comum, ou melhor, o praticante usual da ciência positiva, não ousaria sonhar. A indiferença da ciência positiva limita-se à sobriedade em relação a valores, ideais e tudo o mais que o ato de canonização da realidade transcendental relegou à selva extracientífica do deve ser. Mas a ciência positiva irá desprezar com indignação qualquer conselho para ver de maneira equânime o problema do verdadeiro conhecimento da "realidade". Pelo contrário, todo o projeto da ciência positiva, e de fato da ciência como tal, baseia-se na crença inabalável na possibilidade essencial de selecionar, a partir da multiplicidade de relatos contraditórios da realidade, aquele que seja mais verossímil, adequado e digno de confiança do que todos os demais.

Os exploradores da "pessoa epistemológica" não se contentariam com isso. O que foi reverenciado como "a realidade social" pelos cientistas sociais positivistas é degradado ao status de subproduto contingente, variável, do trabalho "tipificador" dos "membros"; porém, o aspecto mais importante é que o atributo da realidade não se baseia em seu subproduto objetivo, palpável e perceptível (se assim fosse, então a escola em discussão teria sido apenas uma das muitas teorias atuais do processo societário, que dificilmente poderia ser considerada excepcional em sua rebeldia); a realidade é a única característica das visões compartilhadas que seus membros têm da esfera de negociação ou da "realização em curso".

Essas visões, contudo, são reconhecidamente diversas; nada há que as impeça de ser contraditórias entre si. Mas também nada há que distinga a verdadeira da falsa; de fato, a escola teria dificuldades em expressar a definição de verdade na linguagem que considera legítima. Não apenas os termos "certo" e "errado", mas também "verdadeiro" e "falso" estarão fora de lugar se forem incluídos à força nesse vocabulário. Não se pode permanecer leal aos axiomas dessa escola e declarar que uma "definição de situação" específica está errada; ou, na verdade, tentar apresentar o problema de que determinado portador de uma "definição" particular foi enganado, ludibriado, traído ou – pura e simplesmente – revelou sua culpabilidade ou estupidez. Assim, a escola pode oferecer pouca orientação a uma pessoa em busca de um objetivo perdido. Quando tudo vale a mesma coisa, já que é "vivenciado", não se pode confiar que algo seja a forma certa de escapar à situação.

O laço mais íntimo entre o positivismo e a nossa sociedade alienada encontrou sua expressão na profissão de fé positivista de que o único conhecimento válido é aquele desprovido de interesse e, portanto, *wertfrei*. Essa complacente aquiescência da condição humana em que a posição de controle do processo de vida está além do alcance da pessoa que vive essa vida foi honestamente aceita pelos pretensos contestadores do positivismo. Suas incursões antipositivistas se desviaram para atingir o culto positivista da verdade objetiva – único reduto incontroverso da filosofia que forneceu à nossa civilização o seu maior recurso: a ciência positiva. É como se os contestadores recentes do positivismo se empenhassem em dissolver o sedimento mais valioso da erosão positivista do intelecto, apenas para expor os princípios seminais da filosofia, que em suposição condenam: aqueles que devem tanto sua origem quanto sua persistência à realidade da sociedade alienada.

Nenhum ataque a esses princípios pode ser totalmente exitoso se limitado apenas à crítica filosófica, se a filosofia positivista for destacada como o único alvo, enquanto a sociedade alienada, à qual ela deve seu ânimo e sua influência irresistível sobre o senso comum, é aceita de maneira tácita como realidade incontestável. O positivismo ascende e decai com a sociedade que dá força ao seu argumento sobre o lócus transcendental de toda autoridade, seja ela prática ou cognitiva. A forma de demolir os alicerces da ascendência positivista não passa pelo questionamento do direito humano de fundir interesse e conhecimento, mas consiste em desafiar o presumido monopólio do "real" como fonte do conhecimento válido. Isso não significa que o conhecimento do real não seja válido; as leis "naturais" da economia política, diria Antonio Gramsci, sustentaram-se bem enquanto as massas humanas se comportavam de modo rotineiro, monótono, mecânico e habitual numa sociedade alienada; enquanto o fazem, pode-se com facilidade confiar na evidente repetitividade dos fenômenos observados como a base de um conhecimento fidedigno.

Mas essa base supostamente segura vira uma confusão no momento exato em que as massas emergem de sua conformidade comatosa para embarcar numa aventura "incomum", "ilegal", "improvável", "injustificável". A ciência positiva pouco nos pode dizer sobre esses súbitos surtos de criatividade das massas, muito menos "prevê-los" da maneira como antevê o comportamento de uma solução numa proveta. A ciência positiva faz o seu melhor trabalho quando analisa o real, mas tem o seu pior momento quando lhe pedem para discutir o possível. Ao que se espera, a ciência positiva, com todas as suas inquestionáveis realizações, não é o único conhecimento de que os homens necessitam ou que podem criar. É aqui, pensamos nós, que entra o conceito de cultura.

Começamos essas considerações com a queixa de que a ideia de cultura, tal como apropriada e utilizada pela ciência social, fora indevidamente reduzida para cobrir apenas o aspecto previsível, rotineiro, institucionalizado do comportamento humano. Feito isso, o fenômeno da cultura foi acomodado com sucesso no campo da "realidade transcendental", onde pode ser tratado da forma adequada pela ciência positiva – e só por ela. A ciência positiva encontrou no conceito de cultura um parente muito favorável, que parece um epítome condensado, mas proveitoso, do interesse que – explícita ou implicitamente – pôs em movimento o projeto científico.

Kaplan e Manners, seguindo o uso universalmente aceito, descreveriam a cultura como "o mecanismo primário pelo qual o homem começa adaptando-se e termina controlando seu ambiente"[104] – afirmação quase perfeita da visão utilitária, submissa, da "função técnica" produzida pela sociedade alienada: você não pode alcançar seus objetivos a menos que se submeta à autoridade do real; então será capaz de controlá-lo, ou seja, de empregar suas regras para fazer o que considera melhor para você, isto é, cortar a fatia mais grossa para uso pessoal.

A cultura é uma adaptação à realidade dura, inflexível, que só pode se tornar utilizável caso adaptada. As repetitivas declarações sobre a natureza "criativa" dessa adaptação soarão falsas enquanto o paradigma seminal da realidade transcendental, suprema e esmagadora, permanecer inquestionado. A criatividade resume-se à adequação, à habilidade e destreza exibidas por pessoas astuciosas ao transformar um ambiente inóspito em benefício próprio. A engenhosidade de um corretor de valores ou de um comerciante sagaz fornece o padrão já pronto para esse tipo específico de criatividade que o mundo alienado, duro, cruel e manchado de sangue transforma em condição de sobrevivência dos homens. Mas desejamos objetar, com Habermas:

> A sociedade não é apenas um sistema de autopreservação. Uma força natural sedutora, presente no indivíduo como libido, destacou-se do sistema comportamental de autopreservação e anseia pela realização utópica. ... O que pode parecer pura sobrevivência sempre é, em suas raízes, um fenômeno histórico. Pois está sujeito ao critério daquilo que a sociedade deseja para si mesma como *a boa vida*.[105]

A atividade humana no mundo transcende a pura lógica da sobrevivência em pelo menos dois aspectos importantes: o valor de sobrevivência de um projeto em que os seres humanos se engajam em geral é empurrado para baixo na lista dos critérios que eles aplicam para avaliar a desejabilidade do projeto; e o que os move é sempre um estado ideal que *deveria* ser atingido, em vez do reconhecimento do que *poderia* ser alcançado.

Essa qualidade notável da espécie humana (precisamente a característica singular que queremos assinalar ao declararmos que os homens são os únicos "animais dotados de cultura") foi há muito tempo debatida em profundidade por Karl Marx:

> É verdade que o animal também produz. Constrói para si um ninho, um abrigo, como a abelha, o castor, a formiga etc. Mas ele só produz aquilo de que necessita de imediato para si mesmo ou para sua prole; produz de forma unilateral, enquanto o homem produz universalmente; produz apenas sob a pressão da necessidade física imediata, enquanto o homem produz livre da necessidade física, e portanto só produz de fato quando está livre; produz apenas a si mesmo, enquanto o homem reproduz toda a natureza. Seu produto pertence de imediato ao seu corpo físico, enquanto o homem pode separar-se livremente de seu produto. O animal só conforma as coisas segundo os padrões e necessidades da espécie a que pertence, enquanto o homem sabe como produzir segundo a medida de cada espécie, e sabe em toda parte como aplicar ao objeto seu padrão inerente: portanto, o homem também conforma as coisas segundo as leis da beleza.
>
> Assim, é trabalhando sobre o mundo objetivo que o homem se afirma pela primeira vez como um ente-espécie. Essa produção é sua vida-espécie ativa. Por meio dela a natureza aparece como seu trabalho e sua realidade. O objeto do trabalho, portanto, é a objetificação da vida-espécie do homem; pois ele se duplica não apenas de modo intelectual, em seu pensamento, mas também de maneira ativa na realidade, e assim pode contemplar sua imagem num mundo que criou.[106]

A criatividade humana está em sua melhor forma quando o homem é livre – livre da necessidade imediata de garantir os meios de sua sobrevivência, livre da intensa pressão de suas necessidades fisiológicas. A ordem das coisas é exatamente o reverso daquela que está implícita na identificação da cultura e na sobrevivência adaptativa. Não apenas é falso que a criatividade humana seja solicitada pela pressão de um ambiente hostil, mas também é verdade que essa criatividade só se desenvolve plenamente quando a pressão arrefece ou é suprimida.

A moderna abordagem do mesmo tema por Abraham H. Maslow vem de pronto à mente: a distinção entre "necessidades de deficiência", que os seres humanos compartilham com outros animais, e "necessidades de crescimento" ("O crescimento é visto não apenas como uma satisfação progressiva de necessidades básicas até o ponto em que elas 'desaparecem'; mas também sob a forma de motivações de crescimento específicas sobre e acima dessas necessidades básicas, ou seja, talentos, capacidades, tendências criativas, potencialidades constitucionais"), que só se apresentam quando as motivações de deficiência são descartadas. Enquanto as necessidades de deficiências básicas, animais, motivam o homem,

> o objetivo fundamental do organismo é livrar-se da necessidade irritante, e assim alcançar o fim da tensão, o equilíbrio, a homeostase, a quietude, o estado de repouso, a ausência de dor. ... [Do contrário], o apetite por crescimento é estimulado, e não aliviado pela satisfação. ... O crescimento motiva, ... mantém a tensão no interesse de objetivos distantes e muitas vezes inatingíveis. ... A nova experiência é validada por *si mesma*, e não por critérios exteriores. É autojustificante e autovalidadora.[107]

Só as motivações de crescimento, como a cultura, são de fato especificamente humanas. O rebuliço adaptativo dos homens, motivado pela sobrevivência, não é ainda de todo humano; suas atividades práticas, obrigatórias, só adquirem significado humano quando limpam o terreno para o modo genuinamente humano de ser e estar no mundo. A humanidade é o único projeto conhecido que visa a ultrapassar o plano da mera existência, transcender os domínios do determinismo, subordinar o *é* ao *deve ser*. A cultura humana, longe de ser a arte da adaptação, é a mais audaciosa de todas as tentativas de quebrar os grilhões da adaptação como obstáculo fundamental à plena revelação da criatividade humana. A cultura, sinônimo da existência especificamente humana, é um audacioso movimento a fim de que o ser humano se liberte *da* necessidade e conquiste a liberdade *para* criar. É – parafraseando Santayana – uma faca com a ponta aguçada sempre pressionando o futuro.

Apresentada de uma forma um pouco diferente, a cultura representa o que Erwin W. Strauss tinha em mente quando chamou o homem de "ser questionador" que "irrompe no horizonte dos fenômenos sensoriais" e "transcende o presente imediato".[108] Ou o que para Maurice Merleau-Ponty significava a "ambígua dialética humana": "ela se manifesta em primeiro lugar pelas estruturas sociais ou culturais cujo aparecimento provoca e nas quais aprisiona a si mesma. Mas seus objetos de uso e seus objetos culturais não seriam o que são se a atividade que provoca seu aparecimento também não tivesse como significado rejeitá-los e ultrapassá-los."[109] A cultura constitui a experiência humana no sentido de sempre enfatizar a discordância entre o ideal e o real, de tornar a realidade significativa ao expor seus limites e imperfeições, de misturar e fundir, de maneira invariável, conhecimento e interesse; ou melhor, a cultura é um modo de práxis humana em que conhecimento e interesse são uma coisa só.

Ao contrário da postura da ciência positiva, a cultura tem sucesso e fracassa sobre o pressuposto de que a existência real, tangível, consciente – a única já realizada, sedimentada, objetificada – não é nem a única nem a mais autorizada; muito menos é o único objeto do conhecimento interessado. O caráter inacabado, incompleto e imperfeito do real, sua falta de firmeza e sua fragilidade sustentam o status da cultura, da mesma forma que sua autoridade suprema, inquestionável, é o esteio da ciência positiva.

Numa sociedade alienada, essa natureza não alienada da cultura tende a ser obliterada ou escondida. Como os centros de controle do poder estão afastados para além do alcance de uma pessoa (na condição de pessoa), todos os postulados salientes, descontrolados e refratários da cultura se apresentam como aberrações irrelevantes, bizarras. Como diz Herbert Marcuse,

> os modos de pensamento e de pesquisa que predominam na cultura industrial avançada tendem a identificar os conceitos normativos com sua realização social preponderante, ou melhor, tomam como norma a maneira pela qual a sociedade traduz esses conceitos em realidade, tentando, na melhor das hipóteses, melhorar a tradução; o resíduo não traduzido é considerado uma especulação obsoleta.[110]

O correlativo intelectual da tirania da realidade transcendental numa sociedade alienada é o fato de que os postulados culturais só podem manter seu status e sua dignidade intelectuais como supostos atributos ou descrições da realidade. Presume-se que sejam incorporados ao ser consumado. O que quer que se distinga de modo suficientemente visível para desafiar esse pressuposto é banido para o reino da "subjetividade irredutível", transformado em assunto apenas pessoal, incomunicável, no drama eterno das ânsias trágicas e solitárias de um self incompleto, aliviado apenas pela consoladora filosofia do tipo de liberdade alcançável à parte das realidades societárias e apesar delas; nessa aparência profundamente personalizada e subjetiva ao extremo, é expulso dos domínios da cultura como projeto coletivo da humanidade. É privado do mais importante de todos os atributos da cultura: sua capacidade crítica, baseada em sua supremacia sobre o real, presumida e tenazmente perseguida.

Transformar o conteúdo irrealizado da cultura em autoaperfeiçoamento e autolibertação da pessoa subjetiva significa sucumbir à supremacia inabalável do real no plano societário, inter-humano. O correlativo positivista da sociedade alienada, diria Marcuse, refere seus conceitos e métodos à experiência restrita e reprimida das pessoas no mundo administrado, e desvaloriza os conceitos não comportamentais como confusões metafísicas. Assim, a validade histórica de ideias como liberdade, igualdade, justiça, indivíduo estava precisamente em seu conteúdo ainda inconcluso – no fato de não poderem se referir à realidade estabelecida, que não as validou nem poderia validá-las por serem negadas pelo funcionamento das próprias instituições que supostamente as concretizariam.

O papel histórico da cultura está nessa negação e no esforço incessante de refazer essas instituições. A cultura só pode existir como crítica prática e intelectual da realidade social existente.

Ora, a sociologia, tal como surgiu e ganhou forma historicamente, é uma ciência positiva, ávida por compartilhar as esperanças e ansiedades de todas as outras disciplinas acadêmicas irrepreensíveis. Ela aceita a validade universal dos critérios da ciência. Concorda com Weber, em que "a sociologia é uma questão de descoberta, não de invenção".[111] Visa à explicação de um tipo de realidade, não importa o que se possa dizer das características peculiares e da singularidade desse tipo particular.

O positivismo tornou-se uma etiqueta que é elegante e satisfatório acrescentar a qualquer coisa que desagrade nas premissas metodológicas explícitas ou implícitas de outros sociólogos; essa circunstância não deveria, contudo, diminuir nossa vigilância diante da verdade de que os positivistas – sejam genuínos ou imaginários, assim como seus adversários *Verstehende* – aprovam sem reservas os princípios fundamentais de qualquer ciência positiva, tais como a neutralidade de valores ou a natureza causal da explicação. (Como afirma Runciman, "a ação humana não é menos explicável – na verdade, é mais – quando se origina da busca autoconsciente por meios mais eficazes para se atingir um fim livremente escolhido".[112]) Seja pela louvável modéstia dos sociólogos, seja pelo seu complexo de inferioridade ainda incurado, em geral tendemos a negligenciar e subestimar a vasta quantidade de conhecimento tecnicamente valioso que a sociologia tem acumulado enquanto permanece confinada nos limites da ciência positiva.

Entretanto, quanto mais precisa e tecnicamente sagaz se torna a sociologia em sua busca do registro factual e da explicação científica, mais provável é a sucessiva erupção de dissensões, tendendo sempre a nada menos que uma total rejeição do projeto sociológico. É como se uma tendência quase neurótica ao autoinsulto e à autointimidação tivesse sido fixada à própria estrutura da sociologia como pretensa ciência da atividade humana. É como se o seu desenvolvimento devesse para sempre ser tortuoso e cheio de reviravoltas como tem sido até agora.

O drama estranho e singular do registro cíclico da sociologia é um fato trivial demais para ser tratado com amplitude. O que, contudo, se conhece menos – e ainda é menos claramente compreendido – é que a maioria dos esforços para se desvencilhar das exaustivas revoluções da rotina a fim de colocar a sociologia numa trilha reta se completa porque eles são, desde o princípio, adulterados pela compreensão equivocada da verdadeira natureza do projeto sociológico. Esses esforços consistem em infindáveis realinhamentos do foco da realidade – de situações humanas a suas definições, e de volta ao início.

Qualquer que seja a localização atual desse foco, ele é sempre apresentado ao estudioso como uma realidade consumada, completa, intrinsecamente exaustiva, ou seja, transformada na condição em que pode ser manipulada por meio da ciência positiva. Sempre se coloca diante da mente inquisitiva a tarefa de apreender a realidade humana em sua qualidade (parafraseando a notória máxima de Hegel) de "um cadáver deixado para trás por seu impulso de viver".[113]

Mas a questão é que – no que se refere aos assuntos humanos – nossa crença de que o horizonte cognitivo, tal como circunscrito por sua metodologia, é suficiente para abranger a totalidade dos temas relevantes só pode se sustentar no pressuposto de que o mundo humano manterá indefinidamente seu caráter "natural"; isso equivale à suposição de que a sociedade continuará a ser alienada. Só assim pode a lógica da vida humana reforçar com continuidade a aceitação da supremacia do ser sobre o dever ser.

A cultura como rejeição crítica da realidade seria então vista, em termos racionais, não como um ramo autônomo, bem-fundamentado e fidedigno da sociologia, mas – no máximo – como um entre muitos objetos do estudo positivo. Seria fácil detectar nessa difamação intelectual da cultura um reflexo mental de sua degradação prática. O desaparecimento da imaginação sociológica, observado com pesar e ansiedade por Wright Mills, é apenas o complemento necessário de uma realidade social que defende com muito sucesso seus próprios princípios estruturais. Com os instrumentos de controle longe do alcance humano, não há dificuldade em dissolver o apelo cultural por liberdade, igualdade e proteção da subjetividade na consagração de supostas liberdades, da equidade social e do individualismo espúrio das instituições existentes.

O mesmo ocorre com a postura cultural em si, o desafio do presente orientado para o futuro; a louvação sincera do futuro é reduzida à aquisição de inovações – o porvir capturado, materializado, encapsulado e fixado ao presente já realizado e finito. O estilo de modismos passageiros comprimidos na proximidade superficial do presente vem a substituir a orientação para o futuro que caracteriza a norma cultural dominante. Alguns autores seguem os publicitários ao transformar o embuste em crença pública e chamar de "choque do futuro" o que é somente a falsidade, o tédio e a deformidade de um presente achatado, abandonado e privado da cultura que lhe confere significado. O resultado é "a insegurança do progresso moderno que, estranhamente, não tem passado nem futuro, e assim está obcecado com a conformidade".[114]

A cultura é a única faceta da vida e da condição humana em que o conhecimento da realidade e o do interesse humano pelo autoaperfeiçoamento e pela realização se fundem em um só. O conhecimento cultural é o único que não tem vergonha de seu sectarismo e do viés dele resultante. É, na verdade, o único conhecimento audacioso o bastante para oferecer ao mundo seu significado, em vez de acreditar (ou fingir acreditar), com ingenuidade, que o significado está ali, já pronto e completo, à espera de ser descoberto e aprendido. A cultura, portanto, é o inimigo natural da alienação. Ela questiona constantemente a sabedoria, a serenidade e a autoridade que o real atribui a si mesmo.

Nossa ideia, portanto, é que, em vez de considerarmos o papel da cultura como uma entre muitas categorias – ou melhor, objetos – da investigação sociológica, deveríamos sondar o vasto espaço cognitivo que a apropriação da postura cultural pela sociologia pode deixar em aberto. Assumir a postura cultural não exige a rejeição da atitude que sustenta o projeto da ciência positiva. Mas implica transcender o espectro de questões e ferramentas metodológicas que essa atitude consente em legitimar.

Sem desafiar a busca científica da verdade como uma correspondência entre conhecimento e realidade, a postura cultural recusa-se a consentir com a atitude limitadora da ciência positiva e sua pretensão de que somente a realidade já realizada, consciente, "empírica", alcançável, da mesma forma como nos apropriamos do passado, pode ser admitida como padrão do conhecimento válido. Embora abrangendo o futuro em sua qualidade singular de irredutibilidade ao passado, a postura cultural admite uma multiplicidade de realidades. O conjunto de universos que ela explora da forma como as ciências positivas investigam o real também contém os mundos possíveis, potenciais, desejáveis, ansiados, mesmo que ainda improváveis. Esse conceito da sociologia é muito próximo da sugestão, feita alguns anos atrás e com muita hesitação, por Johan Galtung, à qual, lamentavelmente, nossa disciplina parece ter dado pouca atenção até agora. É ideia de Galtung que uma das tarefas do sociólogo

> é não apenas descobrir mecanismos para explicar o empiricamente existente, e prever o que vai acontecer. Também é fugir da camisa de força do empiricamente existente e do âmbito estreito das previsões para o espaço total do socialmente possível. Ou seja, presume-se que a ordem social empiricamente encontrada seja apenas uma de muitas ordens possíveis e, ainda que tenha sido encontrada, não deveria ganhar uma preeminência indevida. ... Não se discute o objetivo de previsão em ciência, mas se deveria debater, pelo que

sentimos, o tipo de pensamento que sempre indaga: "Dadas estas condições, que irá acontecer?"; e nunca "Qual é o espectro total de variação possível e quais são as condições para que se obtenham diferentes estados do sistema social dentro desse espectro?". Devem-se descobrir mecanismos para explicar e prever, e eles também são indispensáveis para abrir o espectro de possibilidades àqueles que desejam formar uma ordem social.[115]

A cultura é singularmente humana no sentido de que só o homem, entre todas as criaturas vivas, é capaz de desafiar sua realidade e reivindicar um significado mais profundo, a justiça, a liberdade e o bem – seja ele individual ou coletivo. Assim, normas e ideais não são relíquias de um pensamento metafísico pré-racional que deixa o homem cego às realidades de sua condição. Pelo contrário, elas oferecem a única perspectiva a partir da qual essa condição é vista como a realidade humana e adquire dimensões humanas. Só adotando essa perspectiva e se apropriando dela é que a sociologia pode ascender ao plano das humanidades, além de ser uma ciência, e resolver, portanto, o antigo dilema, aparentemente insolúvel, que assombra sua história.

Então, e somente então, poderá a sociologia entrar em contato direto com a práxis humana (a alternativa, como disse Jules Henry, seria a seguinte situação: "Em toda parte as disciplinas humanas fogem da humanidade dos seres humanos. Está claro, então, que os seres humanos se afastarão das disciplinas humanas."). A práxis não distingue entre o é, que está "lá fora", poderoso e não problemático, e o deve ser, que está "aqui dentro", frágil e cheio de dúvidas. Também não distingue entre o conhecimento, louvável e fidedigno, e o interesse, mutilado e infame. Pela cultura, o homem se encontra num estado de revolta constante, no qual, como diria Albert Camus, ao mesmo tempo realiza e cria seus próprios valores, sendo a revolta não uma invenção intelectual, mas uma experiência e uma ação humanas.[116]

À medida que a práxis humana retém sua natureza de revolta sacrílega, incontrolável, as profecias de Cassandra de um mundo privado de significado podem ser e, de fato, são desvalorizadas, perdem seu impacto sinistro e paralisante. A falta de significado do mundo não passa de uma forma distorcida de dizer que a sociedade alienada forçou o homem a uma obsequiosa rendição do certo e da capacidade de atribuir significado ao mundo – as faculdades de que apenas *ele* pode usufruir. O conhecimento humano, cujos limites são tarefa e perspectiva apenas daqueles que se dedicam à ciência positiva, é culpado de apoiar e implementar essa rendição desumanizante.

Como disse um dissidente romântico do marxismo, Anatoli Lunatcharsky:

> Marx não poderia ser um pensador cosmocêntrico, já que a prática humana era para ele o único mundo real. ... A única coisa de fato conhecida é a espécie humana – cuja vida, a energia pulsante, tensionada, sentimos dentro de nós mesmos. Essa é para nós a força que cria todas as coisas, a fonte de nosso alento, a verdade, a beleza, o bem vivos – e sua raiz.[117]

· Notas ·

Introdução *(p.7-81)*

1. Ver Reinhart Koselleck, "Richtlinien für das Lexikon politisch-sozialer Begriff der Neuzeit", *Archiv für Begriffsgeschichte*, v.9. Ver também Odo Marquard, *Abschied Von Prinzpiellen: Philosophische Studen*, Stuttgart, Philip Reckan, jun 1991.
2. John Carroll, *Humanism: The Wreck of Western Culture*, Londres, Fontana Press, 1983, p.2.
3. Friedrich Nietzsche, *The Will to Power*, Londres, Weinfeld & Nicholson, 1968, p.476 [trad. bras., *A vontade de poder*, Rio de Janeiro, Contraponto, 2008].
4. H.G. Wells, *Anticipations of the Reactions of Mechanical and Scientific Progress upon Human Life and Thought*, Londres, Chapman & Hall, 1901, p.317. Ver a discussão de John Carey sobre o tema em *The Intellectuals and the Masses: Pride and Prejudice among the Literary Intelligentsia 1880-1939*, Londres, Faber & Faber, 1992, cap. "H.G. Wells getting rid of people".
5. Ver Paul Ricoeur, "Autonomie et vulnérabilité", in Antoine Garapon e Denis Salas (orgs.), *La justice et le mal*, Paris, Odile Jacob, p.166-7.
6. Ibid., p.178.
7. Ver Talcott Parsons e Edward Shils (orgs.), *Towards a General Theory of Social Action: Theoretical Foundations for the Social Sciences*, Nova York, Harper & Row, 1951, p.16, 24 (grifos nossos).
8. Georg Simmel, "On the concept and the tragedy of culture", in *Conflict in Modern Culture and Other Essays*, Teachers College Press, 1968, p.29 e 30.
9. Georg Simmel, "The conflict in modern culture", ibid., p.11, 15.
10. Cornelius Castoriadis, "Le délabrement de l'Occident", *La montée d'insignificance*, Paris, Seuil, 1996, p.87 e 85.
11. Marc Fumaroli, *L'État culturel: Essai sur la religion moderne*, Paris, Fallois, 1991, p.42, 171-2.
12. Cf. Paul Virilio, "Un monde superexposé: Fin de la histoire, ou fin de la géographie?", *Le Monde Diplomatique*, ago 1997, p.17. A ideia de "fim da geografia" foi apresentada pela primeira vez, pelo que sei, por Richard O'Brien

(cf. seu *Global Financial Integration: The End of Geography*, Londres, Chatham House/Pinter, 1992).

13. Michael Benedikt, "On cyberspace and virtual reality", *Man and Information Technology* (palestras realizadas num simpósio internacional organizado pela Comissão sobre Homem, Tecnologia e Sociedade da Real Academia Sueca de Ciências da Engenharia [IVA], em 1994), Estocolmo, 1995, p.41.

14. Timothy W. Luke, "Identity, meaning and globalization: Detraditionalization in postmodern space-time compression", in Paul Heelas, Scott Lash e Paul Morris (orgs.), *Detraditionalization*, Oxford, Blackwell, 1996, p.123 e 125.

15. Paul Virilio, *The Lost Dimension*, Nova York, Semiotext(e), 1991, p.13.

16. Cornelius Castoriadis, *L'Institution imaginaire de la société*, Paris, Seuil, 1975. Aqui citado da tradução inglesa de Kathleen Blamey (Cambridge, Polity, 1987, p.218-19).

17. Friedrich Nietzsche, *Beyond Good and Evil*, apud Geoffrey Clive (org.), *The Philosophy of Nietzsche*, Nova York, Mentor Books, 1965, p.211.

18. Ernest Gellner, *Nations and Nationalism*, Oxford, Blackwell, 1983, p.48-9.

19. Frederick Barth in Frederick Barth (org.), *Ethnic Groups and Boundaries: The Social Organization of Cultural Difference*, Bergen, Universitets Forlaget, 1969, p.14-5. Eis o que Elias Canetti tinha a dizer sobre o papel, o absurdo e os custos das fronteiras: "Os heróis que por elas morreram e sua posteridade, que ampliaram as fronteiras a partir das tumbas. Muros em lugares errados, e onde eles realmente deveriam ser erguidos se não devessem estar em outros lugares, há muito. Os uniformes dos agentes de fronteira mortos e os prejuízos em passes difíceis, transgressões e deslocamentos eternos, e detritos inconfiáveis. O oceano arrogante; tempestades incontroláveis; pássaros de um país para outro, uma proposta de exterminá-los." *The Human Province*, Londres, Deutsch, 1985, p.20.

20. "La douceur d'être inclu", in F. Thelamon (org.), *Sociabilité, Pouvoirs et Société*, atas do Colóquio de Rouen, nov 1983, Rouen, Université de Rouen, 1987, p.19. A alternativa à *douceur d'être inclu* é *la cruauté d'être exclu* (p.31). Pode-se imaginar que seja precisamente o medo da crueldade da exclusão que torne tão doce a expectativa de pertencer; a experiência da exclusão (às vezes fruto da expulsão, outras do desaparecimento ou definhamento das estruturas que tornavam o pertencimento seguro e irreflexivo) precede a adoção consciente da inclusão como fim e tarefa; ela cria a sede de identidade e desencadeia a busca ativa pelo doce néctar do pertencimento; ou seja, da confirmação autorizada da identidade, imprimindo sobre ela um visto de entrada.

21. Ernest Renan, de "L'avenir de la science", *Pages Choisis*, Paris, Calman Levy, 1896, p.27 e 31.

22. Robert Muchembled, *L'Invention de l'homme moderne: Sociabilité, moeurs et comportements collectives dans l'Ancien Régime*, Paris, Fayard, p.12, 13 e 150. A ideia dos efeitos bifacetados, profundamente diferenciados, do "processo civilizador" (voltada, de forma polêmica, contra o modelo "gradualista" popularizado por Norbert Elias) foi também perseguida de maneira sistemática por Muchembled em suas outras obras (ver, em particular, *La violence en village: Sociabilité et comportements en Artois du XVeme au XVIIeme siècle*, Paris, Bregnols, 1989). De acordo com Muchembled, as mutações mais profundas nos padrões de sensibilidade e comportamento no cotidiano eram limitadas a uma pequena elite; funcionavam ao mesmo tempo como veículo de autodistanciamento e como ponto de vista para uma nova perspectiva a partir da qual o resto da população era visto de cima como uniformemente vulgar e, pelo menos no período inicial, *incivilizável*. O refinamento como estratégia da elite se justapunha ao confinamento, ao policiamento e à vigilância universal como estratégia a ser empregada no trato com as "massas". O processo civilizador é mais bem entendido como a "recomposição" da nova estrutura de controle e dominação no momento em que as instituições pré-modernas de integração social se mostraram inadequadas e foram aos poucos desmontadas (desenvolvi essa discussão com maior profundidade em *Legisladores e intérpretes*, Rio de Janeiro, Zahar, 2010).

23. Gellner, op.cit., p.34. Relembremos que Renan (embora suas opiniões sobre o tema sejam recordadas sobretudo pela descrição da nação, com frequência citada, como *"un plébiscite de tous les jours"*) jamais aceitaria que *le peuple* (não é por nada que ele o via, e temia, como *"la masse lourde et grossière"*) pudesse votar nesse plebiscito de direito. Ele considerava a liberdade de educação um absurdo; o que os objetos da ação educacional necessitavam era de *autoridade*, não de liberdade de escolha, que eles de qualquer forma não saberiam como exercer. Até que a educação atinja seu propósito e os aprendizes sejam moldados e preparados de maneira adequada, "pregar a liberdade é pregar a destruição; é como se, em respeito às leis dos ursos e dos leões, alguém abrisse as jaulas do zoológico" (cf. Renan, op.cit., p.28-34). Quase um século antes de Renan (em 1806), Fichte postulou que a nova educação devia consistir nisso, "que ela destrói totalmente a liberdade de escolha no solo em que tenta cultivar, e produz, ao contrário, uma necessidade estrita na decisão da vontade. ... Se você quer influenciá-lo [o objeto do esforço educativo] de alguma forma, deve fazer mais do que apenas conversar com ele; deve moldá-lo e moldá-lo e moldá-lo de tal forma que ele simplesmente não possa ter uma vontade diferente daquela que você quer que ele tenha" (apud Elie Kedourie, *Nationalism*, Londres, Hutchinson, 1960, p.83).

24. Maurice Barrès, *Scènes et doctrines du nationalisme*, Paris, Émile Paul, 1902, p.443.

25. Ibid., p.8-13.

26. Ibid., p.16 e 20.

27. Ver Charles Taylor, "Can liberalism be communitarian?", *Critical Review*, v.8, n.2, 1994, p.257-62.

28. Alain Touraine, "Faux et vrais problèmes", in Michel Wiewiorka (org.), *Une société fragmentée? – Le multiculturalisme en débat*, Paris, La Découverte, 1997, p.312, 306 e 310.

29. Stuart Hall, "Who needs identity?", in Stuart Hall e Paul Du Gay (orgs.), *Questions of Cultural Identity*, Londres, Sage, 1996, p.3-4.

30. Cornelius Castoriadis, *Imaginary Institutions of Society*, Cambridge, Polity Press, 1987, p.163.

31. Jorge Luis Borges, "Averroes' search", *Labyrinths*, Harmondsworth, Penguin, 1970, p.187-8 [trad. bras., "A busca de Averróis", *O Aleph*, São Paulo, Companhia das Letras, 2008].

32. Clifford Geertz, "Distinguished lecture: Anti-anti-relativism", *American Anthropologist*, n.2, 1984, p.263. Resumindo o longo debate sobre os limites linguísticos de todas as crenças, Leszeck Kolakowski assinala que "a legitimidade é sempre relativa a certo jogo, cultura, propósito individual ou coletivo. ... Não temos ferramentas que possam nos capacitar a abrir à força o portão que leva além da linguagem, além das normas culturais contingentes, além dos imperativos práticos que formam nosso pensamento". *Horror Metaphysicus*, Varsóvia, PWN, 1990, p.9.

33. Anthony Giddens, "The future of anthropology", *Defense of Sociology: Essays, Interpretations, and Rejoinders*, Cambridge, Polity Press, 1996, p.121-6.

34. Wojciech J. Burszta, *Czytanie Kultury*, Lódz, 1996, p.73, 68 e 70.

35. Cf. Richard Rorty, "On ethnocentrism: A reply to Clifford Geertz", *Objectivity, Relativism and Truth*, Cambridge, Cambridge University Press, 1991, p.202-4.

36. Ver a entrevista de Michael Bess com Michel Foucault in *History of the Present*, primavera 1988, p.13.

37. Jeffrey Weeks, "Rediscovering values", in Judith Squares (org.), *Principal Positions*, Londres, Lawrence & Wishart, 1993, p.192-200.

1. Cultura como conceito *(p.83-154)*

1. W.J.M. Mackenzie, *Politics and Social Science*, Harmondsworth, Penguin, 1967, p.190-1.

2. Cf. E.E. Evans-Pritchard, *Social Anthropology*, Oxford University Press, 1951, p.40 (grifos meus).

3. Cf. *Culture: A Critical Review of Concepts and Definitions*, Papers of the Peabody Museum, Cambridge, Mass., 1952.

4. Cf. "A formal analysis of definitions of 'culture'", in Gertrude E. Dole e Robert L. Carneiro (org.), *Essays in the Science of Culture*, Nova York, Crowell, 1960.

5. *Culture, Language, and Personality*, University of California Press, 1949, p.79-80.

6. Para exposições filosóficas dessa teoria, cf. por exemplo L. Wittgenstein, *Philosophical Investigations*, Oxford, Blackwell, 1953 [trad. bras., *Investigações filosóficas*, São Paulo, Nova Cultural, 1999, Col. Os Pensadores]; Gilbert Ryle, "Ordinary language", *Philosophical Review*, 1953, p.167s.; ou G.E. Moore, "Wittgenstein's lectures in 1930-33", *Philosophical Papers*, Londres, Allen & Unwin, 1959.

7. Gilbert Ryle e J.N. Findlay, *Symposium, Proceedings of the Aristotelian Society*, supl. v.35, 1961, p.235.

8. Para a diferença entre linguagem e fala, desse ponto de vista, cf. ibid., p.223s.

9. A.J. Greimas, *Sémantique structurale*, Paris, Larousse, 1966, p.44 [trad. bras., *Semântica estrutural*, São Paulo, Cultrix, 1973].

10. Luis J. Prieto, *Messages et signaux*, Paris, Presses Universitaires de France, 1966, p.18, 20.

11. J. Burnet, "Philosophy", in sir Richard Livingstone (org.), *The Legacy of Greece*, Oxford University Press, 1969, p.76.

12. Cf. Harry Levin, "Semantics of culture", in Gerald Holton (org.), *Science and Culture*, Boston, Houghton Mifflin, 1965, p.2.

13. *De Anima*, II i., 1 [trad. bras., *De Anima*, São Paulo, 34, 2006].

14. Cf. *Phaedo*, 245 C-246 A.

15. Robert A. Nisbet, *Social Change and History*, Oxford University Press, 1969, p.9, 22.

16. Cf. *Republic*, 352 D-354 A [trad. bras., *A república*, São Paulo, Nova Cultural, 2008].
17. Cf. *Paidea, Die Formung des grieschischen Menschen*, Berlim, Walter de Gruyter, 1959 [trad. bras., *Paideia, a formação do homem grego*, São Paulo, Martins Fontes, 1995].
18. *Education in the Perspective of History*, Nova York, Harper, 1960, p.80.
19. Aristóteles, *Nicomachean Ethics*, 1.9.
20. E.H. Diels, *Die Fragmente der Vorsokratiker*, Berlim, 1903, v.53.
21. Cf. "Concepts and society", reed. in Dorothy Emmet e Alistair MacIntyre (orgs.), *Sociological Theory and Philosophical Analysis*, Londres, Macmillan, 1970, p.13941.
22. *Soziologie*, Leipzig, Duncker und Humblot, 1980, p.732-46.
23. Segundo o pertinente resumo do conceito de Simmel por Donald N. Levine, "Some key problems in Simmel's work", in Lewis A. Coser (org.), *Georg Simmel*, Englewood Cliffs, N.J., Prentice-Hall, 1965, p.108-9.
24. *On the Theory of Social Change*, University of Chicago Press, 1962, p.65, 75.
25. Reed. in Edward Sapir, *Culture, Language and Personality*, University of California Press, 1949, p.90.
26. Segundo a regra formulada pelo preeminente filósofo social polonês Kazimierz Kelles-Krauz como a lei do "retrospecto turbulento"; cf. *Pisma Wybrane*, v.1, Varsóvia, Książka i Wiedza, 1962, p.241-77.
27. "Remarks on a redefinition of culture", in G. Holton (org.), *Science and Culture*, Boston, Houghton Mifflin, 1965, p.225 [trad. bras., *Cultura e sociedade*, São Paulo, Paz e Terra, v.1, 2010].
28. Cf. a formulação dessa regra, ao estilo legal, por Karl Marx in Karl Marx e F. Engels, *The German Ideology*, Londres, Lawrence Wishart, 1968, cap.1 [trad. bras., *A ideologia alemã*, São Paulo, Boitempo, 2007].
29. Cf. Heródoto, in C. Hude (org.), *Oxford Text*, I. 193-4, 202-4; II. 35; IV. 75.
30. Na visão medieval das diferenças culturais, o desvio pertencia, conceitual e funcionalmente, a uma categoria de fenômenos intelectuais inteiramente distinta.
31. *Plan de deux discours sur l'histoire universelle*, Paris, Guillaumin, 1844, p.645. Apud Marvin Harris, *The Rise of Anthropological Theory*, Londres, Routledge & Kegan Paul, 1968, p.15.
32. *An Essay Concerning Human Understanding*, Oxford, Clarendon Press, 1894, p.66.
33. "The transition to humanity", in Sol Tax (org.), *Horizons of Anthropology*, Londres, Allen & Unwin, 1965, p.47.
34. Ruth Benedict, *Patterns of Culture*, Londres, Routledge & Kegan Paul, 1961 [1935], p.170.
35. Ibid., p.171.
36. *Habitat, Economy, and Society*, Londres, Methuen, 1963 [1934], p.7.
37. *The Evolution of Culture*, Nova York, McGraw Hill, 1959, p.3 (grifos meus).
38. *Theory of Cultural Change*, Urbana University Press, 1955, p.184.
39. Essa é, muito obviamente, apenas uma das explicações possíveis. Outra, sempre plausível, é uma tendência onipotente a projetar o conceito hierárquico de cultura numa imagem "nós-grupo", agora incorporando a totalidade da espécie humana. Nossos padrões são convincentemente superiores (mais efi-

cientes, mais convenientes, mais humanos etc.); por que, então, alguém iria rejeitá-los?

40. "Culture and environment: the study of cultural ecology", in Sol Tax (org.), *Horizons of Anthropology*, p.140-1.

41. "The superorganic: science or metaphysics", in Robert A. Manners e David Kaplan (orgs.), *Theory in Anthropology*, Londres, Routledge & Kegan Paul, 1969, p.22.

42. Apud David F. Aberle, "The influence of linguistics on early culture and personality theory", in *Theory in Anthropology*, p.311.

43. *Mirror for Man*, Nova York, McGraw Hill, 1949, p.23 (grifos meus).

44. Aberle, op.cit., p.305-6.

45. Marvin Harris, *The Rise of Anthropological Theory*, Londres, Routledge & Kegan Paul, 1968, p.17-8.

46. Cf. *Man and Culture*, Nova York, Crowell, 1923, p.50s.

47. "The common denominator of cultures", in Ralph Dinton (org.), *The Scene of Man in the World Crisis*, Columbia University Press, 1945, p.145s.

48. "Social anthropology, past and present", in Robert A. Manners e David Kaplan (orgs.), op.cit., p.51-2.

49. Apud Sol Tax, *An Appraisal of Anthropology Today*, University of Chicago Press, 1953, p.109.

50. *Rethinking Anthropology*, Londres, Athlone Press, 1966, p.2, 6 [trad. bras., *Repensando a antropologia*, São Paulo, Perspectiva, s.d.].

51. *Argonauts of the Western Pacific*, Londres, Routledge & Sons, 1922, p.25.

52. *Gesammelte Werke*, v.VII, Stuttgart, Teubner, 1926, p.207-9; ed. ingl., H. P. Rickman (org.), *Wilhelm Dilthey, Pattern and Meaning in History*, Nova York, Harper & Row, 1962, p.119-21.

53. *Race, Language, and Culture*, Londres, Macmillan, 1948 [1932], p.258-9.

54. Cf. Clyde Kluckhohn, *Culture and Behavior*, Nova York, Free Press, 1962, p.52.

55. Cf. *Anthropology*, Nova York, Harcourt, Brace, 1948, p.293-4.

56. "Style", in Sol Tax (org.), *Anthropology Today*, University of Chicago Press, 1962, p.278.

57. *Early Anthropology in the Sixteenth and Seventeenth Centuries*, Filadélfia, University of Pennsylvania Press, 1946, p.179s.

58. *The Psychological Frontiers of Society*, Nova York, Columbia University Press, 1945, p.viii.

59. "Configurations of culture in North America", *American Anthropologist*, v.34, 1932, p.24.

60. *The Little Community, Viewpoints for the Study of a Human Whole*, University of Chicago Press, 1955, p.88.

61. 1957, apud William C. Sturtevant, "Studies in Ethnoscience", *American Anthropologist*, v.66, 1964, p.101.

62. Cf. *Language in Relation to a Unified Theory of Structure of Human Relations*, Summer Institute of Linguistics, Glendale, Califórnia, parte I 1954, parte II 1955, parte III 1960.

63. Kenneth L. Pike, "Towards a theory of the structure of human behavior", in Dell Hymes (org.), *Language in Culture and Society*, Nova York, Harper & Row, 1964, p.55.

64. "Notes on theory and non-theory in anthropology", in *Theory in Anthropology*, Londres, Routledge & Kegan Paul, 1969, p.4.

65. *Peasant Society and Culture*, University of Chicago Press, 1956, p.6.
66. Cf. M.T. Hogden, *Early Anthropology in the Sixteenth and Seventeenth Centuries*, Filadélfia, University of Pennsylvania Press, 1946, p.86, 114.
67. Cf. Margaret Mead, "Character formation and diachronic theory", in *Social Structure, Studies Presented to A.R. Radcliffe-Brown*, Oxford University Press, 1949, p.21-6.
68. Pequena amostra de estudos coletada por Robert W. Green in *Protestantism and Capitalism*, Boston, Heath, 1959, oferece uma boa visão geral desse argumento multifacetado.
69. Cf. *On the Theory of Social Change*, Dorsey Press, Homewood, Ill., 1962, esp. p.86s.
70. Cf. *Meeting of East and West*, Nova York, Collier-Macmillan, 1960.
71. Cf., por exemplo, a seguinte fração diminuta de uma imensa literatura: Ralph Braibanti e Joseph J. Splenger (orgs.), *Values, and Socio-Economic Development*, Cambridge University Press, 1961; W. Ian Hogbin, *Social Change*, Londres, 1958; Leonard W. Doob, *Becoming More Civilized*, University of Chicago Press, 1960.
72. Clyde Kluckhohn, op.cit., p.73, 31.
73. Peter Berger, *A Rumour of Angels*, Harmondsworth, Penguin, 1971.
74. Cf. Ernest Brehaut, *An Encyclopaedist of the Dark Ages, Isidore of Seville*, Nova York, 1912, p.207-21.
75. Cf. M.T. Hodgen, op.cit., p.30.
76. Cf. *The Science of Culture, A Study of Man and Civilization*, Nova York, Grove Press, 1949.
77. "The transition to humanity", in Sol Tax (org.), *Horizons of Anthropology*, p.37.
78. Cf., por exemplo, F. Clark Howell, "The humanization process", in Sol Tax (org.), *Horizons of Anthropology*, p.58.
79. *The Evolution of Culture*, Nova York, McGraw Hill, 1959, p.17.
80. "Cultural anthropology: a science", *American Journal of Sociology*, v.41, 1936, p.305.
81. "The psychological approach in anthropology", in Sol Tax (org.), op.cit., p.73s.
82. "Universal categories of culture", in Sol Tax (org.), *Anthropology Today*, University of Chicago Press, 1962, p.318.
83. Clyde Kluckhohn, op.cit., p.275, 285.
84. "The philosophical presuppositions of cultural relativism and cultural absolutism", in Leo R. Ward (org.), *Ethics and the Social Sciences*, University of Notre Dame Press, 1959, p.62-3.
85. "The universally human and the culturally variable", *Human Nature and the Study of Society*, University of Chicago Press, 1962, p.451.
86. *The Science of Culture, A Study of Man and Civilization*, Nova York, Grove Press, 1949, p.29.
87. *La linguistique synchronique*, Paris, Presses Universitaires de France, 1965, p.2.
88. *On Human Communication*, MIT Press, 1966 [1957], p.10.
89. Claire Russell e W.M.S. Russell, "Language and animal signals", in Noel Minnis (org.), *Linguistics at Large*, Londres, Gollancz, 1971, p.167.

90. Cf. "The genetic roots of thought and speech", in *Thought and Language*, MIT Press, 1970, p.33-51 [trad. bras., *Pensamento e linguagem*, São Paulo, Martins Fontes, 1991].
91. *Structuralism*, Londres, Routledge & Kegan Paul, 1971, p.118-9 [trad. bras., *O estruturalismo*, São Paulo, Difel, 1979].
92. Perdido, infelizmente, na tradução para o inglês de Michalina Vaughan, publicada sob o título de *The Uses of Structuralism*, Londres, Heinemann Educational, 1971.
93. É difícil compreender por que a expressão "la définition effective" foi substituída, na tradução para o inglês, por "operational definition". Esse último termo, "definição operacional", tem um significado preciso na metodologia das ciências sociais – um significado que dificilmente seria o pretendido por Boudon. O que ele tinha em mente era, em vez disso, uma definição "positiva", em oposição a uma definição meramente "intencional".
94. Cf. "Introduction", in *La naissance de l'intelligence chez l'enfant*, Neuchâtel, Delachoux et Niestlé, 1959; também publicado como *The Origin of Intelligence in the Child*, Londres, Routledge & Kegan Paul, 1953 [trad. bras., *O nascimento da inteligência na criança*, São Paulo, LTC, 1987].
95. "An essay on mind", in Jordan M. Scher (org.), *Theories of the Mind*, Nova York, Free Press, 1962, p.285-7.
96. "Computing machinery and intelligence", *Mind*, v.LIX, 1940; reed. in Alan Ross Anderson (org.), *Minds and Machines*, Englewood Cliffs, N.J., Prentice-Hall, 1964.

2. Cultura como estrutura *(p.155-214)*

1. Cf. P. Chambadal, *Évolution et applications du concept dentropie*, Paris, Dunod, 1963, §20.
2. Cf. *Zur Verteidigung der organischen Methode in der Soziologie*, Berlim, 1898.
3. "What is information?", in Alfred G. Smith (org.), *Communication and Culture*, Nova York, Holt, p.51.
4. *Sociology and Modern Systems Theory*, Englewood Cliffs, Prentice-Hall, 1967, p.14.
5. *Calcosc I roswój w swietle cybernetyki*, Varsóvia, PWN, 1963, p.12, 19, 26.
6. Cf. "The principles of self-organization", in Heinz von Foerster e George W. Zopf Jr. (orgs.), *Principles of self-organization*, Oxford, Pergamon Press, 1962.
7. "Genèse et structure en psycho-physique", in Maurice de Gandillac, Lucien Goldmann e Jean Piaget (orgs.), *Entretiens sur les notions de genèse et de structure*, Haia, Mouton, 1965, p.27.
8. Cf. *The Mathematical Theory of Communications*, University of Illinois Press, 1949.
9. A ideia foi elaborada particularmente pelo cibernético polonês Henryk Greniewicz. Cf. *Cybernetyka niematematyczna*, Varsóvia, PWN, 1969, p.203-50.
10. Comentário de Francis Macdonald Cornford in *Plato's Theory of Knowledge*, Londres, Routledge & Kegan Paul, 1970 [1935], p.230.

11. *Sophist*, 246 A, B.
12. Cornford, op.cit., p.6, 244.
13. Ibid., p.3, 2.
14. *The Essential Descartes*, Margaret D. Wilson (org.), Nova York, New American Library, 1969, p.80, 82, 83, 168.
15. Cf. *Structural Anthropology*, Nova York, Doubleday, 1967, p.275.
16. Quentin Lauer, *Phenomenology, Its Genesis and Prospects*, Nova York, Harper & Row, 1965 [1958], p.9.
17. Edmund Husserl, *The Paris Lectures*, Haia, Nijhoff, 1967 [1907], p.9.
18. Edmund Husserl, *The Idea of Phenomenology*, Haia, Nijhoff, 1968 [1919], p.41.
19. *Literature, Psychology, and the Social Sciences*, Haia, Nijhoff, 1962, p.157.
20. *Le hasard et la nécessité: essai sur la philosophie naturelle de la biologie moderne*, Paris, Seuil, 1970, p.116-7.
21. Ibid., p.119.
22. *Structural Anthropology*, Nova York, Doubleday, 1967, p.225 [trad. bras., *Antropologia estrutural*, São Paulo, Cosac Naify, 2008].
23. Claude Lévi-Strauss, *Du miel aux cendres*, Paris, Plon, 1966, p.330 [trad. bras., *Do mel às cinzas*, São Paulo, Cosac Naify, 2010].
24. *Problems of Knowledge and Freedom* (Russell Lectures), Londres, Fontana, 1972, p.33, 41-2.
25. David MacLellan, *Marx's Grundrisse*, Londres, Macmillan, 1971, p.133.
26. *Writings of the Young Marx on Philosophy and Science*, L. Easton e K. Guddat (orgs.), Nova York, Anchor, 1967, p.413.
27. Cf. *Système, structure, et contradictions dans Le Capital, Les Temps Modernes*, 1966, p.864.
28. Cf. "The sociology of ethics and the ethics of sociologists", in Edward A. Tiryakin (org.), *The Phenomenon of Sociology*, Nova York, Appleton-Century-Crofts, 1971, p.259-76.
29. *Moral Education*, Nova York, Free Press, 1961, p.76.
30. *The Sociological Tradition*, Londres, Hinemann, 1967, p.53.
31. Roland Barthes, *Elements of Semiology*, Londres, Jonathan Cape, 1969 [1964], p.56 [trad. bras., *Elementos de semiologia*, São Paulo, Cultrix, 1971].
32. Cf. "'Distinktive' und 'delimitative' Funktionen", in N.S. Trubetzkoy, *Grundzuge der Phonologie*, Göttingen, Vanderhoeuk und Ruprecht, 1967, p.241.
33. Cf. A.J. Greimas, *Sémantique structurale*, Paris, Larousse, 1966, p.19-20.
34. *Messages et signaux*, Paris, Presses Universitaires de France, 1966, p.17.
35. A distinção remonta ao *semainon* e *semaineon* dos antigos estoicos; cf. Roman Jakobson, "A la recherche de l'essence de langage", *Diogène*, 1965, v.51, p.22.
36. Cf. Z. Bauman, "Marxism and the contemporary theory of culture", in *Marx and Contemporary Scientific Thought*, Haia, Mouton, 1969, p.483-97.
37. Joseph H. Greenberg, "Language universals", in Thomas A. Sebeok (org.), *Current Trends in Linguistics*, v.III. Haia, Mouton, 1966, p.61.
38. Cf. Lucien Goldmann, "Introduction générale", in Gandillac, Goldmann e Piaget, op.cit., p.12.
39. Cf. Z. Bauman, "Semiotics and the function of culture", *Social Science Information*, n.5, 1968, p.69-80.
40. Trubetzkoy, op.cit., p.17.

41. V.V. Martynov, *Kibernetika, Semiotika, Lingvistika*, Minsk, Nauka i Technika, 1966, p.118s.

42. A versão mais ampla dessa teoria aparece nos três volumes de *Language in Relation to a Unified Theory of the Structure of Human Behaviour,* de sua autoria, Summer Institute of Linguistics, Glendale, 1954-60. As citações que se seguem foram extraídas do artigo de Pike intitulado "Towards a theory of the structure of human behavior", in Dell Hymes (org.), *Language in Culture and Society*, Nova York, Harper & Row, 1964, p.54-62.

43. In Harry Hoijer (org.), *Language in Culture* (Conferência sobre as Interrelações da Linguagem e os outros Aspectos da Cultura, 23-27 mar 1953), Chicago University Press, 1960, p.163.

44. Ibid., p.126.

45. Cf. "Anthropological data and the problem of instinct", in Clyde Kluckhohn e C. Murray (orgs.), *Personality in Nature, Society and Culture*, Nova York, Knopf, 1949, p.111.

46. Cf. "Linguistic techniques and the analysis of emotionality in interview", *Journal of Abnormal Social Psychology*, v.54, 1964.

47. Karl Buhler, *Sprachtheorie*, Jena, 1934.

48. *La linguistique structurale*, Paris, Payot, 1968, p.28.

49. *Strukturnaja lingvistika kak immanentnaja teoria jazyka*, Moscou, Nanka, 1958, p.29.

50. In Noel Minnis (org.), *Linguistics at Large*, Londres, Gollancz, 1971, p.139-58.

51. Barthes, op.cit., p.41.

52. *Le langage*, Paris, Minuit, 1968, p.135.

53. B. Trnka et al., "Prague structural linguistics", in Donald E. Hayden et al. (orgs.), *Classics in Linguistics*, Nova York, Philosophical Library, 1967, p.327.

54. "The Sapir-Whorf hypothesis", in *Culture, Language and Personality*, University of California Press, p.97-8.

55. Cf. a importante discussão do fenômeno da "fissão" por Umberto Eco, "Lowbrow highbrow, highbrow lowbrow", *Times Literary Supplement*, 1971, p.1210.

56. André Martinet (org.), *La linguistique*, Paris, Denoel, 1969, p.165.

57. Cf. Jakobson e Schoepf, op.cit., p.44-5.

58. Cf., por exemplo, W.R. Ashby, R.W. Sperry e G.W. Zopf in Foerster e Zopf (orgs.), *Principles of Self-Organization*, Oxford, Pergamon Press, 1962.

59. Cf. "Le développement des langues", in *Linguistique historique et linguistique générale*, v.II, Paris, Klincksiek, 1936, p.75s.

60. Quero enfatizar o uso do termo "correlacionada" em vez de "determinante" e "determinada". A relação entre os dois fatores lembra-nos muito mais o que os cibernéticos denominaram "retroalimentação positiva".

61. Além do íntimo vínculo entre as ferramentas e a *emergência* da ordem sociocultural, há também uma ligação próxima entre o nível de desenvolvimento das ferramentas e os tipos de sistemas socioculturais reguladores. Uma boa ilustração moderna foi apontada por William G. Elliot Jr.: "Sem o veículo a motor, os sinais rodoviários poderiam muito bem continuar primitivos, locais e altamente *individualistas*. O veículo a motor ampliou enormemente o âmbito das viagens e trouxe consigo uma era de viagens individuais para as massas; contudo, criou também novos perigos e a necessidade de uma orientação aperfeiçoada para os forasteiros que dirigem em novas rodovias conduzindo a lugares distantes." "Simbology of the highways of the world", in *Simbology*, Art Directors Club of New York, 1960, p.50.

62. O que se segue é uma das muitas manifestações do paradigma tradicional. T.O. Beidelman debate "a interação entre cultura e sociedade" como aquela "entre a ideologia (tal como a exibida na cosmologia e nas normas morais) e a ação social (tal como a presente tanto na adesão quanto na divergência em relação a essas normas)". "Some sociological implications of culture", in John C. McKinney e Edward A. Tiryakin (orgs.), *Theoretical Sociology*, Nova York, Appleton-Century-Crofts, 1970, p.500.

63. "Introdução" a *Handbook of American Indian Languages*, Smithsonian Institution, 1911; republicado in D.E. Hayden et al. (orgs.), *Classics in Linguistics*, Nova York, Philosophical Library, 1967, p.220.

64. Charles E. Osgood, "On the nature of meaning", in E.P. Hollander e Raymond G. Hunt (orgs.), *Current Perspectives in Social Psychology*, Nova York, Oxford University Press, 1963.

65. Berzil Malmberg, *Structural Linguistics and Human Communication*, Heidelberg/Berlim, Springer Verlag, 1967, p.31.

66. V.A. Zvegintsev, *Theoreticheskaya i prikladnaya lingvistika*, Moscou, Prosvjeschtechnie, 1967, p.421.

67. Roman Jakobson, "Le Langage commun des linguists et des anthropologues", in *Essais de linguistique générale*, Paris, Minuit, 1963, p.40.

68. J.A. Greimas, op.cit., p.19-20.

69. André Martinet (org.), *La linguistique*, op.cit., p.155.

70. G. Balandier, "L'Experience de l'ethnologue et le problème de l'explication", *Cahiers Internationaux de Sociologie*, v.35, dez 1956.

71. Trubetzkoy, op.cit., p.67.

72. "Signe zero", in *Mélange de linguistique, offerts à Charles Baly*, Genebra, 1939, p.144; republicado in E.P. Hemp, F.W. Householder e R. Austerlitz (orgs.), *Readings in Linguistics*, Illinois, University of Chicago Press, 1966, p.109.

73. In T.A. Sebeok (org.), *Current Trends in Linguistics*, v.III, Haia, Mouton, 1966, p.72.

74. V.V. Martynov, op.cit., p.72.

75. A.V. Isatchenko, "Kvoprosu o strukturnoy tipologii slovarnowvo sostava slavianskich jazykov", *Slavia*, 1958.

76. Cf. S.F. Nadel, *The Theory of Social Structur*, Londres, Routledge & Kegan Paul, 1957, esp. p.22-6, 60.

77. "Nature de signe linguistique", *Ata Linguistica*, 1939; republicado in P. Hemp et al. (org.), *Readings in Linguistics*, v.II, University of Chicago Press, 1966, p.105-6.

78. G. Ungeheuer, "Einfuhrung in die Informations theorie unter Berucksichtigung phonetischer Probleme", *Phonoetika*, v.4, 1959, p.95-106.

3. Cultura como práxis *(p.215-303)*

1. *Elements of Social Organization*, Londres, 1951, p.42.
2. Ibid., p.211.
3. *Social Anthropology*, Londres, 1951, p.20.

4. *The Little Community, Viewpoints for the Study of a Human Whole*, University of Chicago Press, 1955, p.46.
5. *Anthropology*, Nova York, Harcourt, Brace, 1948, p.293-4.
6. *Psychology*, Nova York, World Publishing Co., 1948 [1892], p.176.
7. E assim deixamos de lado afirmações iniciais do existencialismo, em particular as de Kierkegaard, que são, precisamente, afirmações da irrelevância do tema "essências subjetivas" para as ciências sociais – o que equivale a uma afirmação de que a sociologia que as seleciona como princípio metodológico não é possível.
8. Wilhelm Dilthey, in H.P. Rickman (org.), *Patterns and Meaning in History*, Nova York, Harper & Row, 1962, p.105.
9. Ibid., p.123, 131.
10. "The superorganic", in *The Nature of Culture*, University of Chicago Press, 1952 [1917], p.41.
11. *The Science of Culture*, Nova York, Farrar, 1948, p.xviii.
12. *The Elementary Forms of Religious Life*, Londres, Allen & Unwin, 1968, p.422-3 [trad. bras., *As formas elementares da vida religiosa*, São Paulo, Martins Fontes, 2003].
13. *Social and Economic Organization*, Nova York, Free Press, 1969, p.88s.
14. *Cultural Sciences, Their Origin and Development*, University of Illinois Press, 1963, p.131-3.
15. Ibid., p.134.
16. Coabitando no interior do mesmo senso comum, evidentemente inconsistente, com outro pressuposto ingênuo, o de uma objetividade autossustentada do mundo.
17. Marx, *Theory of Alienation*, Londres, Merlin, 1970, p.279.
18. Cf. *Alienation*, Londres, Allen & Unwin, 1971, p.74.
19. *Elements of Semiology*, Londres, Jonathan Cape, 1969, p.56-7 [trad. bras., *Elementos de semiologia*, São Paulo, Cultrix, 1996].
20. *Messages et signaux*, Paris, Presses Universitaires de France, 1966, p.20, 26.
21. *Structures élémentaires de la parente*, Paris, Presses Universitaires de France, p.96 [trad. bras., *Estruturas elementares do parentesco*, São Paulo, Vozes, 2009].
22. Ibid., p.36, 56.
23. *Cosmos and History*, Nova York, 1959, p.9, 57.
24. "Anthropological aspects of language: animal categories and verbal abuse", in Eric H. Lenneberg (org.), *New Directions in the Study of Language*, University of Chicago Press, 1964.
25. Cf. Nathan Stemmer, "Some aspects of language acquisition", in Yeoshua Bar-Hillel (org.), *Properties of Natural Languages*, Nova York, Reidel, 1971, p.208s.
26. Respectivamente, abordagem inata e tendências escapistas; cf. *Animal Drive and the Learning Process*, 1930; e também John M. Butler e Laura N. Rice, "Adiance, self-actualization and drive theory", in J.N. Wepman e R.W. Heine (orgs.), *Concepts of Personality*, Londres, 1964, p.81s.
27. Cf. Lucien Lévy-Bruhl, *La mentalité primitive*, Paris, Presses Universitaires de France, 1947 [trad. bras., *A mentalidade primitiva*, São Paulo, Paulus, 2008].
28. "Anthropological aspects of language", in Lenneberg (org.), op.cit., p.38-9.

29. Outras considerações relevantes sobre esse tema in Z. Bauman, *Kultura i Spoleczenstwo* (Cultura e Sociedade), Varsóvia, Panstwowe Wydawnictwo Naukpwe, 1966, cap.3.
30. "Anthropological aspects of language", in Lenneberg (org.), op.cit., p.63.
31. *Social Change*, Londres, 1958, p.108.
32. Morton Grodzins, *The Loyal and Dysloyal, Social Boundaries of Patriotism and Freedom*, University of Chicago Press, 1956, p.6.
33. Philip Mayer, "Witches", in Max Marwick (org.), *Witchcraft and Sorcery*, Harmondsworth, Penguin, 1970, p.47, 55, 61.
34. Cf. "On human behavior considered 'dramatistically'", in *Permanence and Change*, Los Altos, Hermes, 1954.
35. *The Devils of Loudun*, Harmondsworth, Penguin, 1971, p.124-5 [trad. bras., *Os demônios de Loudun*, São Paulo, Hemus, 1998].
36. Robert Michels, *Der Patriotismus, Prolegomena zu seiner soziologischen Analyse*, Munique, Duncker und Humblot, 1929, p.120.
37. "The stranger", in *Collected Papers*, v.II, *Studies in Social Theory*, Haia, Nijhoff, 1967, p.95-6.
38. Ibid., p.104.
39. Maurice Natanson, "Knowledge and alienation, some remarks on Mannheim's sociology of knowledge", in *Literature, Philosophy, and the Social Sciences*, Haia, Nijhoff, 1962, p.170.
40. Cf. *The Rise of the Greek Epic*, Oxford, 1907, p.78s.
41. "Human migration and the marginal man", *American Journal of Sociology*, v.3, 1928, p.881-93.
42. Num livro cujo próprio título conta a história: *Weimar Culture: The Outsider as Insider*, Nova York, Harper & Row, 1969 [trad. bras., *A cultura de Weimar*, São Paulo, Paz e Terra, 1978].
43. *The Marginal Man: A Study in Personality and Culture Conflict*, Nova York, Scribner, 1969, p.154-5.
44. *Holy Prayers in a Horse's Ear*, Crown, 1952, apud Lewis A. Coser (org.), *Sociology through Literature*, Englewood Cliffs, N.J., Prentice-Hall, 1963, p.319, 320, 323.
45. Cf. G.K. Zipf, *Human Behavior and the Principle of Least Effort*, Nova York, Addison-Wesley, 1949.
46. Leonard Broom, Bernard J. Siegel, Evon Z. Vogt, James B. Watson, "Acculturation: an exploratory formulation", *American Anthropologist*, v.56, 1954.
47. Cf. *Socjologia Wychwania* (Sociologia da Educação), v.I, *Wychwujace spoleczen' stwo* (A Sociedade Educativa), Lwów, Książnica Atlas, 1928.
48. Apud Louis L. Synder, *The Idea of Racialism*, Princeton, Van Nostrand, 1962, p.164. Os dois casos, obviamente, não pertencem à mesma categoria funcional, já que no contexto alemão os próprios judeus eram trapaceiros, e a intenção das regras de Nuremberg era marcar claramente os marginais, e não evitar que surgisse a situação de marginalidade.
49. Margaret T. Hodgen, *Early Anthropology in the Sixteenth and Seventeenth Century*, Filadélfia, University of Pennsilvanya Press, 1964, p.257-8, 434.
50. Há um lúcido relato do que aconteceu às comunidades judaicas europeias com o advento da era moderna in: Howard Morley Sachar, *The Course of Modern Jewish History*, Nova York, Dell, 1958, cap.1: "The Jewish as non-European".
51. É de fato esclarecedora a frequência com que políticos (em especial os de tendência direitista, pequeno-burguesa), talvez percebendo de forma intui-

tiva o ressentimento de seu eleitorado em relação à desordem, enfatizam a incerteza e a insidiosa impossibilidade de definir o "inimigo". La Rocque ofereceu sua liderança às massas para combater nada menos que "as grandes angústias do universo contemporâneo" (*Le Flambeau*, set 1932). Drieu la Rochelle propagandeou a tranquilizadora perspicácia de Doriot enfatizando que ele "se apodera" de "grandes forças cegas e anônimas" (*L'Emancipation nationale*, abr 1937, apud J. Plumyère e R. Lassierra, *Les fascismes français 1923-1963*, Paris, Seuil, 1963).

52. In L.L. Snyder, op.cit., p.76.

53. In Paul Bohannan e Fred Plog (org.), *Beyond the Frontier, Social Process and Cultural Change*, Nova York, Natural History Press, 1967, p.124, 134.

54. *La France juive*, in J.S. McClelland (org.), *The French Right*, Londres, Jonathan Cape, 1970, p.103.

55. Cf. Hans Kohn, *The Mind of Germany, The Education of a Nation*, Nova York, Harper & Row, 1965, p.77, 94.

56. Joseph de Maistre, in J.S. McClelland (org.), op.cit., p.41-2.

57. Édouard Drumont, ibid., p.88.

58. Cf. p.695 do original francês; p.600s. da tradução para o inglês, *Being and Nothingness*, Londres, Methuen, 1969.

59. *Purity and Danger*, Londres, Routledge & Kegan Paul, 1966, p.68-9.

60. Ibid., p.115 [trad. bras., *Pureza e perigo*, São Paulo, Perspectiva, 2010].

61. Jean Piaget, *Biology and Knowledge*, Edinburgh University Press, 1971, p.212 [trad. bras., *Biologia e conhecimento*, Petrópolis, Vozes, 2003].

62. Ibid., p.123.

63. "Magical hair", in John Middleton (org.), *Myth and Cosmos, Readings in Mythology and Symbolism*, Nova York, Natural History Press, 1967, p.98.

64. "Verbal and bodily rituals of greeting and partying", in J.S. La Fontaine (org.), *The Interpretation of Ritual, Essays in honour of I.A. Richards*, Londres, Tavistock, 1972, p.3.

65. "Limits to functionalism and alternatives to it", in Robert A. Manners e David Kaplan (org.), *Theory in Anthropology*, Londres, Routledge & Kegan Paul, 1969, p.199.

66. Cf. Francesca Cancian, "Functional analysis of change", in *Theory of Anthropology*, p.204-12.

67. *Biology and Knowledge*, Edinburgh University Press, 1971, p.122-3.

68. "Biological bases of aggression", in D.N. Daniels, M.F. Gilula, F.M. Ochberg (orgs.), *Violence and the Struggle for Existence*, Nova York, Little, Brown, 1970, p.43.

69. Cf. *Field Theory and Social Science*, Nova York, Harper, 1951, p.57, 186.

70. Cf. "Introduction to hostility in small groups", in J.D. Carthy e F.J. Ebling (orgs.), *The Natural History of Aggression*, Nova York, Academia, 1964.

71. Cf. o notável estudo comparativo de Irenäus Eibl-Eibesfeldt, *Love and Hate*, Londres, Methuen, 1971.

72. *Mythologies*, Londres, Jonathan Cape, 1972, p.129 [trad. bras., *Mitologias*, 13ª ed., São Paulo, Difel, 2003].

73. *The Nature of Prejudice*, Nova York, Doubleday, 1958, p.249.

74. *Mythologies*, op.cit., p.152.

75. Ibid., p.151.

76. Apud Daniel Bell (org.), *The Radical Right*, Nova York, Doubleday, 1964, p.15-6.

77. Apud Alan F. West, "The John Birch Society", in *The Radical Right*, op.cit., p.243.
78. *Theory of Collective Behavior*, Nova York, Free Press, 1963, p.84.
79. *Navaho Witchcraft*, Kluckhohn, Bacon Press, 1962. Cf. Marwick (org.), *Witchcraft and Sorcery*, Nova York, Penguin, 1970, p.221.
80. *The Social Psychology of Social Movements*, Londres, Methuen, 1971, p.45, 51-2.
81. *Collective Search for Identity*, Nova York, Holt, Rinehart & Winston, 1969, p.vii.
82. *The Action-image Society*, Londres, Tavistock, 1970, 218-9.
83. Herbert Marcuse, *An Essay on Liberation*, Harmondsworth, Penguin, 1972, p.57.
84. In P. Stansill e D.Z. Mairovitz (orgs.), *Bamn*, Harmondsworth, Penguin, 1971, p.170.
85. Edward B. Tylor, *Primitive Culture*, v.I, Londres, Murray, 1891, p.1.
86. C. "The concepton of culture", in Ralph Linton (org.), *The Science of Man in the World Crisis*, Columbia University Press, 1945, p.78-107.
87. Melville J. Herskovitz, *Man and His Works*, Nova York, Knopf, 1948, p.625.
88. Cf. *Toward a General Theory of Action*, Nova York, Harper, 1962, p.7, 16.
89. Cf. "The study of culture", in Daniel Lerner e Harold D. Lasswell (orgs.), *The Policy Sciences*, Stanford University Press, 1951.
90. Para sermos justos, há um aspecto em que o conceito de cultura acrescenta alguma coisa à noção de "sistema social": tal como tantos outros "conceitos residuais" do mesmo tipo, ele cumpre um papel útil sempre que surge a necessidade de considerar os desvios ou meramente a variabilidade – inexplicáveis no arcabouço dos atributos básicos escolhidos do sistema. Para essas "irregularidades", tal como vistas da perspectiva teórica do "sistema social", as contingências culturais são em geral – e convenientemente – consideradas responsáveis.
91. Lewis A. Coser e Bernard Rosenberg, *Sociological Theory*, Nova York, Macmillan, 1964, p.17.
92. Cf. P.B. Medawar, *The Uniqueness of the Individual*, Londres, Methuen, 1957, 141-2.
93. *Culture Theory*, Englewood Cliffs, N.J., Prentice-Hall, 1972, p.15.
94. "Various meanings of theory", in N.W. Polsby, R.A. Dentler e P.A. Smith (orgs.), *Politics and Social Life*, Boston, Houghton Mifflin, 1963, p.79.
95. É possível encontrar um exemplo quase puro dessa conduta dificilmente considerada acadêmica em Paul Filmer, Michael Philipson, David Silverman e David Walsh, *New Directions in Sociological Theory*, Londres, Collier-Macmillan, 1972.
96. *Knowledge and Human Interest*, Heinemann, 1972, p.306.
97. Cf., por exemplo, William L. Kolb, "The changing prominence of values in modern sociological theory", in Howard Becker e Alvin Boskoff (orgs.), *Modern Sociological Theory*, Nova York, Dryden Press, 1957, p.93-132.
98. *Knowledge and Human Interest*, p.306.
99. Ibid., p.315.
100. Sobre a dialética do processo, ver Jean Piaget, *La naissance de l'intelligence chez l'enfant*, Neuchâtel, Delachaux et Niestlé, 1959 (*The Origin of the Intelligence in the Child*, Londres, Routledge & Kegan Paul, 1953).

101. *Insights and Illusions of Philosophy*, Londres, Routledge & Kegan Paul, 1972, p.20.
102. K. Marx, F. Engels, *The Holy Family*, Moscou, 1956, p.160 [trad. bras., *A sagrada família*, São Paulo, Boitempo, 2003].
103. K. Marx, F. Engels, *The German Ideology*, Moscou, 1968, p.51, 660.
104. *Culture Theory*, p.77.
105. *Knowledge and Human Interest*, p.312-3.
106. In D. McLellan (org.), *Early Texts*, Oxford University Press, 1972, p.139-40.
107. *Toward a Psychology of Being*, Princeton, Van Nostrand, 1962, p.24, 27-9, 43.
108. *Phenomenological Psychology*, Londres, Tavistock, 1966, p.169.
109. *The Structure of Behaviour*, Londres, Methuen, 1963, p.176 [trad. bras., *A estrutura do comportamento*, São Paulo, Martins Fontes, 2006].
110. "A redefinition of culture", in Gerald Holton (org.), *Science and Culture*, Houghton Mifflin, 1965, p.225.
111. W.G. Runciman, *A Critique of Max Weber's Philosophy of Social Science*, Cambridge University Press, 1972, p.16.
112. Ibid., p.17.
113. F. Hegel "A corpse which had left behind its living impulse", in *The Phenomenology of Mind*, Londres, Allen & Unwin, 1964, p.69 [trad. bras., *A fenomenologia do espírito*, Petrópolis, Vozes, 1992].
114. *Sociology as a Skin Trade*, p.19.
115. In Joseph Berger, Morris Zelditch Jr. e Bo Anderson (orgs.), *Sociological Theories in Progress*, v.I, Boston, Houghton Mifflin, 1966, p.179.
116. Cf. Thomas Hanna, *The Thought and Art of Albert Camus*, Nova York, Henry Regnery, 1958, p.79.
117. *From Spinoza to Marx* (orig. 1925), apud ed. polonesa in *Pisma Wybrane*, v.I, Varsóvia, Ksiazka i Wiedza, 1963 [1925], p.110.

Índice remissivo

A

Aberle, David, 110-1
actus hominis e *actus humani*, 131
Adorno, Theodor, 97
agonia, 10, 154
Allport, Gordon W., 8, 269
Aquino, são Tomás de, 142, 153
Aristófanes, 91
Aristóteles, 92, 99, 142, 168, 183
Arndt, Ernst Moritz, 251
Arnold, Matthew, 10
Aron, Raymond, 249
Ashby, W. Ross, 161, 314n.18
assimilação, 30, 87-9
autonomia e vulnerabilidade, 20, 21-2

B

Bacon, Francis, 103, 282
Bailey, Nigel, 74, 75
Balandier, George, 208
Barnes, Hazel E., 252
Barrès, Maurice, 51, 52, 54
Barth, Frederick, 45, 64
Barthes, Roland, 195, 230, 234, 267, 270, 272
Bauer, Bruno, 289
Baumgarten, Alexander Gottlieb, 13
Beck, Ulrich, 28
Benedict, Ruth, 107, 118, 127

Benedikt, Michael, 35
Benveniste, Émile, 212
Bidney, David, 139-40
Boas, Franz, 114-5, 116, 138, 202, 203, 263-4
"bobilidade", 95-103
Boelkin, R. Charles, 265
Bohanan, Paul, 251
Borges, Jorge Luis, 71, 72
Boudon, Raymond, 148, 149, 172
Brehaut, Ernest, 311n.74
Brodski, Iosif, 62
Bruner, Edward M., 136
Buckley, Walter, 158-9, 160
Buhler, Karl, 193
Burke, Kenneth, 242
Burnet, J., 308n.11
Burszta, Wojciech, 76

C

Cafagna, Albert Carl, 86
Camus, Albert, 302, 320
Canetti, Elias, 306n.19
Carroll, John, 14
Castoriadis, Cornelius, 28, 42, 43, 70
Chambadal, 312n.1
Chamberlain, Houston, 250
Cherry, Colin, 146
Chomsky, Noam, 175

Cícero, 91
Comte, Auguste, 282, 290
comparações culturais, 112-3, 137-8
comunicação, 160-4, 191-5, 199-202
comunitarismo, 55, 56, 57-8, 59-60, 61, 62-3
crítica, a cultura como, 297-302
cultura e personalidade, 116-9, 223-4
cultural:
    contato, 124-9
    densidade, 258-64
    difusão, 67-8
    postura em sociologia, 229-30
Cushing, Frank, 71

D
Demeunier, J.N., 111
Derrida, Jacques, 11, 17, 40
Descartes, 168, 171, 220
Dilthey, Wilhelm, 115, 117, 221-2
discriminação e delimitação, 184-5
Dittman, A.T., 193
Douglas, Mary, 189, 253, 254
Durkheim, Émile, 12, 139, 140, 158, 180, 181, 199, 220, 222, 223, 224, 229, 237, 290

E
Eliade, Mircea, 233
Engels, Friedrich, 133
entropia, a cultura contra a, 155-6
espaço, administração do, 38-9
estranho, 243-4
estruturação, 10-1
estruturante:
    como cultura, 144-52, 158-61, 201-2
    definição, 178-9
ethos e eidos, 116-8, 217-8, 223-4
ética e êmica, 121
etnometodologia, 119-20, 280-2
Evans-Pritchard, E.E., 112, 215, 216, 247, 308n.2

F
Fichte, Johann Gotlieb, 171
Findlay, J.N., 88

Firth, Raymond, 215, 260
Forde, C. Daryll, 108
Foucault, Michel, 11, 17, 39, 79
Frazer, sir James George, 253
Freud, Sigmund, 117
fronteiras culturais, 265-7
Fukuyama, Francis, 32
Fumaroli, Marc, 31
função, funcionalismo, 136-8, 181-4, 262-4

G
Gadamer, Hans, 19, 81
Galtung, Johan, 301
Garfinkel, Harold, 120
Gay, Peter, 245
Geertz, Clifford, 74, 77, 107, 133, 134
Geist, a cultura como, 114-7, 220-4, 226-7, 230-2
Gellner, Ernest, 45, 49-50, 95, 101, 103
Giddens, Anthony, 10, 28, 74, 75
Gluckman, Max, 260
Gobineau, Arthur de, 250
Godelier, Maurice, 177
Goldmann, Lucien, 312n.7, 313n.38
Goldstein, Kurt, 186
Goodenough, Ward, 119
Górgias, 92
Gramsci, Antonio, 292
Grant, Madison, 250
Greenberg, Joseph H., 209, 313n.37
Greimas, A.J., 207, 308n.9, 313n.33
Greniewski, Henryk, 312n.9
Grodzins, Morton, 241

H
Habermas, Jürgen, 282-4, 286, 293
Hagen, Everett E., 97, 128
Hall, Stuart, 10, 66
Harris, Marvin, 111
Heidegger, Martin, 35, 219
Heine, Heinrich, 47
Heiser, Jon F., 265
Henry, Jules, 302
Heráclito, 95
Heródoto, 94, 104

hibridismo cultural, 67-8
Hjelmslev, Louis, 190, 196, 209
Hockett, Charles F., 191
Hogbin, Ian, 241
Hogden, Margaret T., 117, 126, 311n.66
Hoijer, Harry, 197
Husserl, Edmund, 171, 172, 221
Huxley, Aldous, 242

I
identidade, 43, 44-5, 46-7, 56-7, 59-60, 65-7, 68
informação, 161-6, 194-6
Isatchenko, A.V., 211

J
Jakobson, Roman, 190, 206, 209, 212
James, William, 219
Jarvie, I.C., 262
Jaspers, Karl, 219

K
kalokagathia, 94-5
Kant, Immanuel, 171
Kaplan, David, 110, 123, 124, 280
Kardiner, Abram, 117, 224
Kelles-Krauz, Kazimiers, 309n.26
Klapp, Orrin E., 275
Kluckhohn, Clyde, 85-6, 110, 116, 137, 138, 139, 274, 278, 279, 310n.54
Kolakowski, Leszek, 307-8n.32
Koselleck, Reinhart, 12, 13
Kroeber, A.L., 85-6, 116, 138, 217, 222, 224
Kuhn, Thomas, 17

L
Lafitau, Joseph-François, 111
Lange, Oscar, 161
Leach, Edmund, 113, 114, 189, 194, 195, 235, 236, 238, 239, 258
Lepschy, Giulio C., 193
Lévi-Strauss, Claude, 10-1, 39, 40, 41, 42, 141, 170, 174, 177, 188, 190, 199, 230, 231, 232, 233, 239

Levin, Harry, 308n.12
Levine, Donald, 309n.23
Lévy-Bruhl, Lucien, 237
Lewin, Kurt, 240, 265
liberdade, 15-6, 17, 18-9, 23-4, 28-9, 40-1
Linton, Ralph, 117, 319
Locke, John, 105, 106
Lowie, Robert H., 110, 134, 136
Luke, Timothy W., 37
Lunatcharsky, Anatoli, 303

M
Mackenzie, W.J.M., 84
McQuown, Norman A., 191
Maine, sir Henry, 95, 101
Malinowski, Bronislaw, 30, 113, 115, 116, 138, 183
Malmberg, Berzil, 205
Manners, Robert, 123, 124, 280
Mannheim, Karl, 246
marcado e não marcado, 189-90, 208-10
Marcuse, Herbert, 100, 297-8
marginal, homem, 241-7
Marquard, Odo, 13
Martinet, André, 145, 199, 207
Martynov, V.V., 189, 210-1
Marx, Karl, 75, 153, 176, 177, 229, 272, 294, 309n.28
Maslow, Abraham H., 295
Mayer, Philip, 242
Mead, Margaret, 192, 311n.67
Medawar, Peter, 280
Meillet, A., 200
Merleau-Ponty, Maurice, 172, 219, 296
Mészáros, Istvan, 228
Michels, Robert, 243
Mills, C. Wright, 227, 300
mito, 266-7
Moles, Abraham, 162
Monod, Jacques, 173
Morineau, Michel, 46
Morris, Charles, 204-6, 230
Muchembled, Robert, 48, 306n.22
multiculturalismo, 59-60, 65-6, 67-8

Murdock, George P., 112, 179, 231
Murray, Gilbert, 245
Myers, Edward, 94

N
Nadel, S.F., 211
Nagel, Ernest, 262
Natanson, Maurice, 317n.39
necessário e contingente, 168-77
Nietzsche, Friedrich, 16, 45
Nisbet, Robert A., 93, 181
normativa, regulação, 18-9
Northrop, F.S.C., 128
Novikov, J., 156

O
Ogden, C.K., 204, 230
ordem, construção da, 19, 38-9, 49-50
ordenamento e orientação, 200-5
orgânica, analogia, 155-8
Osgood, Charles E., 204, 230

P
paideia, 94
Pareto, Vilfredo, 158
Park, Robert, 245
Parmênides, 166
Parsons, Talcott, 24, 25, 136, 158, 161, 181, 183, 187, 279
Pascal, Blaise, 180, 223
Pedro o Mártir, 132
Peirce, Charles, 193, 206-7
pequena burguesia, 270, 317-8n.51
Piaget, Jean, 141, 147, 151, 255, 257, 264, 287
Pike, Kenneth L., 120-1, 122, 190-1
Platão, 92, 93, 99, 166, 168, 169, 220
Plog, Fred, 251
Plutarco, 91
positivismo, ciência positiva, 170-2, 280-90
Prieto, Luis J., 185, 230, 308n.10
"processo civilizador", 49-50

R
Radcliffe-Brown, A.R., 113, 125, 215, 217
radicalismo, esquerda e direita, 268-76
Rapoport, Anatol, 152, 156-7, 281
Redfield, Robert, 119-20, 124, 141, 217
regra de exclusão, 233-4
Renan, Ernest, 47, 48, 54, 307n.23
Richards, I.A., 204, 230
Rickert, Heinrich, 221
Ricoeur, Paul, 20, 21, 23, 43
rites de passage (ritos de passagem), 260
Ritter, Joachim, 13
Rorty, Richard, 77
Rousseau, Jean-Jacques, 180, 223
Rühs, Christian Friedrich, 251
Runciman, W.G., 298, 320n.111
Russell, Claire e W.M.S., 146

S
Sahlins, Marshall D., 109
Santayana, George, 133, 296
Sapir, Edward, 99, 110
Sartre, Jean-Paul, 41, 219, 252
Saussure, Ferdinand de, 111, 187, 200, 212
Schacht, Richard, 229
Schäffle, A., 156
Schapiro, Meyer, 117
Scheler, Max, 244
Schutz, Alfred, 141, 172, 219, 240, 244, 281
Sein e *Sollen*, ser e dever ser, 186, 217-9, 283-4, 287-303
Shannon, C.E.S., 163-4
Shaumian, S.K., 193
signifiant e *signifié*, 187-8, 212-3, 255
significado, 88-9, 197-200, 202-3, 205-10, 220-6, 229-31, 299-302
signo, 183-4, 197-8, 203-9, 212-3, 265-6
símbolo, 141-9
Simmel, Georg, 26, 27, 28, 40, 96, 98, 101, 224, 243, 305n.8
sincronia e diacronia, 188-9
sincronia *vs* diacronia, 41-2
sistema, 29, 30-1

Sjöberg, Gideon, 180, 181
Smelser, Neil J., 273
sociedade alienada, 228-9, 285-303
Sócrates, 91, 93
Spencer, Herbert, 156
Steiner, George, 7
Steward, Julian H., 108
Stonequist, Everett V., 245-6
Strauss, Erwin W., 141, 296
Sumner, William Graham, 240-1

T
tabu, 235-41
Tales, 166
Taylor, Charles, 55, 56
techné, 91-2, 93-4, 281-3
Toch, Hans, 274
tolerância da ambiguidade, 268-73, 276-8
Tönnies, Ferdinand, 34
Touraine, Alain, 61, 65
tradução, 72-3, 74-5
Trnka, B., 196-7
Trubetzkoy, N.S., 189, 209, 313n.32
Turgot, A.R.J., 105
Turing, A.M., 152
Tylor, Edward, 278-9

U
universais culturais, 109-15, 179-84, 231-2

V
valores e interesses, 116-7, 283-4, 287-92, 299-303
Vaughan, Ted R., 180, 181
Veness, Thelma, 266
Verstehen, 122, 220, 298
Virilio, Paul, 32, 38, 305n.12
visco, viscosidade, 252-9, 263-8, 273-7
Voltaire, 13
Vygotsky, L.S., 141, 147

W
Watson, John B., 204
Weaver, W., 163
Weber, Max, 128, 180, 181, 224, 225, 298
Weeks, Jeffrey, 80-1
Wells, H.G., 16
White, Leslie A., 108, 133, 134, 136, 142, 222
Willener, Alfred, 276
Williams, Raymond, 10
Wilson, Harold, 273
Windelband, Wilhelm, 117, 220
Wissler, Clark, 111, 137
Worms, R., 156
Wynne, L.C., 193

Z
Zipf, G.K., 317n.45
Znaniecki, Florian, 226-7, 247
Zvegintsev, V.A., 206

ESTA OBRA FOI COMPOSTA POR MARI TABOADA EM AVENIR E MINION PRO
E IMPRESSA EM OFSETE PELA GRÁFICA PAYM SOBRE PAPEL PÓLEN SOFT
DA SUZANO S.A. PARA A EDITORA SCHWARCZ EM MARÇO DE 2022

A marca FSC® é a garantia de que a madeira utilizada na fabricação do papel deste livro provém de florestas que foram gerenciadas de maneira ambientalmente correta, socialmente justa e economicamente viável, além de outras fontes de origem controlada.